華府智庫對美國臺海兩岸政策制定之影響

對李登輝總統九五年訪美案例之研究

郭壽旺　撰

封面設計：實踐大學教務處出版組

出 版 心 語

　　近年來，全球數位出版蓄勢待發，美國從事數位出版的業者超過百家，亞洲數位出版的新勢力也正在起飛，諸如日本、中國大陸都方興未艾，而臺灣卻被視為數位出版的處女地，有極大的開發拓展空間。植基於此，本組自民國93年9月起，即醞釀規劃以數位出版模式，協助本校專任教師致力於學術出版，以激勵本校研究風氣，提昇教學品質及學術水準。

　　在規劃初期，調查得知秀威資訊科技股份有限公司是採行數位印刷模式並做數位少量隨需出版〔POD＝Print on Demand〕（含編印銷售發行）的科技公司，亦為中華民國政府出版品正式授權的POD數位處理中心，尤其該公司可提供「免費學術出版」形式，相當符合本組推展數位出版的立意。隨即與秀威公司密集接洽，出版部李協理坤城數度親至本組開會討論，雙方就數位出版服務要點、數位出版申請作業流程、出版發行合約書以及出版合作備忘錄等相關事宜逐一審慎研擬，歷時9個月，至民國94年6月始告順利簽核公布。

　　這段期間，承蒙本校謝前校長孟雄、謝副校長宗興、王教務長又鵬、藍教授秀璋以及秀威公司宋總經理政坤等多位長官給予本組全力的支持與指導，本校多位教師亦不時從旁鼓勵與祝福，在此一併致上最誠摯的謝意。本校新任校長張博士光正甫上任（民國94年8月），獲知本組推出全國大專院校首創的數位出版服務，深表肯定與期許。諸般溫馨滿溢，將是挹注本組持續推展數位出版的最大動力。

　　本出版團隊由葉立誠組長、王雯珊老師、賴怡勳老師三人為組合，以極其有限的人力，充分發揮高效能的團隊精神，合作無間，各司統籌策劃、協商研擬、視覺設計等職掌，在精益求精的前提下，至望弘揚本校實踐大學的校譽，具體落實出版機能。

實踐大學教務處出版組　謹識

中華民國94年10月

感謝與感動

驀然回首，淡江七年，因為父母無條件的愛、妻兒無怨無悔的愛、師長鼓勵提攜的愛以及同學好友相互扶持的愛，撫平了我這一路的艱苦心酸。

八年前自美取得碩士學位返國後，為了挑戰自我、為了實現理想，決定繼續攻讀博士，而在學業與事業並行之下，提昇了思考的成熟度，與體驗了務實的重要性，雖然身心俱疲，卻也加倍收穫。恩師李本京教授活絡了我學習的思考模式，讓自己走出象牙塔，充分享受研究的樂趣；所長陳一新教授重新啟動我幾乎放棄的求學意志，並為我開啟了治學的另一扇窗；好友余年、學妹明麗、學弟仲志及欣宇在寫作期間的鼎力相助，使我得以如期完成寫作。秉承感恩感謝、知福惜福的人生態度，獻上內心最真誠的感謝。

如果學位的取得是種「得」，那麼過程中犧牲與家人相聚便是種「失」，事業與學業的雙重壓力，減少了服侍年邁父母的時間；內人姿岑，一路陪我走過，獨自承擔我的忙碌與情緒，犧牲奉獻的守候；吾兒境棠三年前的誕生，是上帝對我眷顧，雖然在他的成長過程中，未能全程參與，但是他的天真活潑，化解了我所有的煩憂。

博士學位的完成，是人生另一個學習階段的開始，所有的感謝與感動，都將是我在未來接受挑戰的鼓勵。

華府智庫對美國臺海兩岸政策制定之影響——對李登輝總統九五年訪美案例之研究

contents

第一章　緒論

第一節　研究目的與方法

壹、研究目的

　　美國國際地位特殊[1]，及臺海兩岸關係充滿不確定因素，向受世界矚目，期間歷史糾葛又與美國有關。因此，探討臺灣問題，勢須視美國政策取向。由於美國自二次世界大戰以來，在此區域扮演著重要的角色，不論是軍事佈局或商業貿易，無不將兩岸關係與美國利益掛勾，此外美國又擁有國際強權實力，因此任何關切兩岸事務者，都有必要研究美國外交政策制定過程中的影響變數，俾掌握影響美國外交政策的途徑。

　　美國自尼克森總統以來，歷屆總統對兩岸問題一向抱持一貫原則，即雙方和平解決兩岸問題，但是，此一原則充滿太多變數，若以內外變數區分變數類別，則內在因素涉及美國國內政治運作，外部因素來自政府體制外勢力，我國為維護自身利益，自不能不對影響美國政府制定臺海政策的外在力量多加探索，而此外在力量最引人注目的，便是智庫（think tank）。

---

[1]　本文以下使用諸如「我國」、「臺灣」、「臺北」等名稱，係指於臺、澎、金、馬地區有效行使治權之「中華民國」（Republic of China）；「美國」、「華盛頓」、「華府」係指「美利堅合眾國」（The United States of America）；「中共」、「北京」、「大陸」係指「中華人民共和國」（People's Republic of China）。以上名稱之使用純為求行文流暢，不涉主權、國號、國際承認、國際地位等政治議題，亦無任何隱射之政治意涵。

　　美國智庫在美國政策權力結構中居於外圍，近十年來，美國智庫在兩岸問題上的研究開始受到美國、中共和臺灣三方面政界與學界的關注，李登輝總統訪問母校美國康乃爾大學後造成臺海危機及一連串政治效應後，美國智庫更積極對兩岸問題發表意見及主張。因此，研究美國智庫對美國臺海政策制定的影響就更具迫切性。

　　根據一份針對美國民眾和領導階層人士詢問誰對外交決策過程有影響力之統計報告指出，有百分之七十的美國民眾認為真正的外交決策者是美國總統，百分之二十三的民眾認為是輿論；百分之九十一的領導階層也認為是總統，百分之十五認為是輿論；但是當問到哪一些決策角色應該比現在更重要時，則有百分之五十四的民眾認為是輿論，領導階層中也有百分之三十六認同這種說法。[2]這說明了解政治領袖們與意見提供者對政策形成的參與態度，對研究政府的決策過程，是非常重要的。事實上，美國各界之政策專家（policy experts）也不斷藉著提供專業意見，與國會、總統或行政官員保持密切互動，不但讓各種意見有成形的機會，也使每一個體在意見納入最後決策的過程中，扮演關鍵性角色。

　　當美國決策者不斷向大學、利益團體（interest groups）、專業性或一般商業性協會（business associations）、企業、律師事務所以及顧問公司尋求專業建議時，他們也逐漸增加依賴新興之民間研究機構（policy research institution）的習慣，而智庫

2　范賢睿、孔家祥、楊廣輝，《領袖的外腦：世界知名思想庫》（北京：中國社會科學出版社，二○○○年五月），頁一二九～一三○。

（think tank）也相對成為政府制定政策時，不可或缺的角色。[3]

智庫，一般用以指非營利性兼具學術性與政策性的研究機構，其目的在於應用其研究結果，影響公共政策。智庫是民主多元化社會的新產品、新動力。在極權及威權主義國家，政策研究多半為政府機關所壟斷，學者要就通過「得君行道」的模式，變成既有權力及決策結構的一部分，要就成為權力結構以外的獨行俠式批評者。至於結合眾多學者和不在其位的政治人物，運用民間經費從事各項政策研究，並以團體力量試圖影響政治社會發展方向的活動，即使在西方國家，都還算新興現象；其中，尤以美國智庫最具代表性與特色，也最具影響力。[4]

《美國傳統字典》（The American Heritage Dictionary）將智庫或政策研究機構定義為：一個專門為特定議題做研究和提供解決問題方法而組成的研究教育機構，特別是和科技、社會、政治策略或武器裝備等領域有關的議題。[5]《美國韋氏字典》（Webster's Collegiate Dictionary）則將智庫定義為：一個研究各種學科的研究機構、公司或是團體，特別是在科技或是社會

---

[3]　James Allen Smith,《The Idea Broker》(New York: The Free Press, 1991) ix.

[4]　魏鏞,〈在知識與權力之間──基金會與智庫在開放社會中的角色與展望〉,《中國時報》,民國七十九年十月十五日,版二。

[5]　《The American Heritage Dictionary of the English Language》, Fourth Edition, 2000. " Think Tank: A group or an institution organized for intensive research and solving of problems, especially in the areas of technology, social or political strategy, or armament," (Boston: Houghton Mifflin Company, 1976)1263.

問題的研究，智庫也因此被稱為「思想工廠」（think factory）。[6]
美國政治領導人對智庫也有所稱許與肯定，詹森總統曾經對布魯
金斯研究院（Brookings Institution）的成就加以稱讚，他說：

> 「布魯金斯研究院的工作人員以專業的分析、努力的研
> 究、客觀的寫作，及對事件因果存疑的態度，完成不少可
> 供選擇的方案，五十多年來，不斷提醒政府應該做什麼；
> 布魯金斯研究院不只是一個私人機構，更是一個國家的機
> 構，它是如此的重要，假如沒有這樣的機構存在，那我們
> 勢須找人來創造一個和它一樣的機構。」[7]

前眾議院議長金瑞契（Newt Gingrich）也曾公開對傳統基
金會（Heritage Foundation）表示讚揚，他說：

> 「在一個充滿理念戰的國家裡，傳統基金會無疑地是觸角

---

[6]　《Webster's Ninth New Collegiate Dictionary》, "think tank: an institution, corporation, or group organized for interdisciplinary research (as in technological and social problems), called also think factory," (Massachusett: Merriam-Webster Inc., Springfield, 1985) 1226.

[7]　Andrew Rich, "Think Tanks, Public Policy, and the Politics of Expertise, " diss., Yale University, 1999, 1."The men of Brookings did it by analysis, by painstaking research, by objective writing, by an imagination that questioned the going way of doing things, and then they proposed alternations " "after 50 years of telling the government what to do, your are more than a private institution...for are a national institution, so important...that if your did not exist we would have to ask someone to create you."

最廣的保守派組織,它的影響力不僅止於華府,事實上是
橫跨到整個星球。」[8]

前美國駐北約大使暨現任蘭德公司(Rand Corporation)資
深顧問杭特(Robert E. Hunter)亦曾撰文肯定美國智庫在美國外
交決策上的重要性:

> 「智庫在美國外交和國家安全政策上扮演日趨重要的角
> 色,是美國在上半個世紀以來與世界更緊密結合所產生的
> 必然結果。智庫已經結合各界精英領袖,以專業的方法來
> 協助美國領導人了解各種與公共政策有關的議題,他不僅
> 結合國會力量形成未來政策,並且教育美國百姓。」[9]

---

[8] Rich 1. "The Heritage Foundation is without question the most far-reaching conservative organization in the county in the war of ideas, and one which has had a tremendous impact not just in Washington, but literally across the planet."

[9] Robert E. Hunter, "Think Tanks: Helping to Shape U.S. Foreign and Security Policy," U. S. Foreign Policy Agenda, An electronic Journal of the U.S. Department of State, Volume 5, Number 1, March 2000, p.34. Hunter is the Senior Advisor at the RAND Corporation in Washington DC and a former U.S. Ambassador to NATO. "The growth in the role played by think tanks in U.S. foreign and national security policy has been a natural response to the deepening engagement of the United States in the world during the last half century. These institutions have helped to train America's leaders, shape future policies...engage the Congress, enlist leaders in a wide variety of professions with an interest in public policy, and educate the

　　從一九六六年到一九九四年，三位美國政治領導人對智庫的描述，指稱對象雖然是三個政治立場和經營型態完全不同的智庫，但是從詹森總統所形容的「努力的研究和客觀的寫作」到金瑞契所描述的「觸角最廣的組織」和所謂「理念戰」，可以發現一個標榜可信賴的專業，另一個凸顯對思想理念的爭論，而兩者所創造出來的產物，也說明了智庫的主要產品就是專業（expertise）和理念（ideas）。若謂理念創造結果（ideas have consequences）而政治是理念最後的戰場（politics is ultimately a battle of ideas），則智庫顯然在理念醞釀、整理以及這種政壇辯述中，扮演前鋒、中鋒、後衛的全程貫串角色；它吸引挑戰性強的新秀，也借重經驗豐富的智者，它在政治結構中擁有一定位階，影響性甚至跨越國際。這就是激使美國智庫快速茁壯的動力。[10]

　　本研究目的在探討智庫對美國制定臺海兩岸政策，到底扮演何種角色並產生何種影響。經由探索智庫的源起，以及其與政府、國會、企業、媒體的關係，不但可以明顯看到類似組織，在協助政治領袖將理念轉化為政策上的重要性。並且瞭解智庫經常性的作為包括：一、對外交及內政議題發表簡報及研究論文；二、設立聯絡處以便與兩院國會議員和助理維繫關係；三、為行政、立法當局各部會及專案小組提供諮詢服務。可以說，在政策制定的整套流程中，智庫影響力無所不至。

American public."

[10] Lee Edwards, 《The Power of Ideas: The Heritage Foundation at 25 Years》, (Ottawa: Jameson Books, Inc., 1997) 3.

貳、研究方法

由於智庫在決策過程中的參與越來越多，使得政治學者有必要重新評估，過去各種用來解釋領導者制定決策的模式與理論，藉著檢視智庫與決策者之間所進行的互動，外交政策分析家可以找到促使領導者尋求某項政策的起始原因。這並不是意謂著現代的外交政策決定理論及模式將被更替，而是希望將有助於找出政策問題及形成政策議題的方法，都納入智庫研究。如此，或許某些國際關係理論可以幫助提供一些更容易讓人理解的分析，以了解在外交決策過程中扮演越來越重要之個人與組織的角色。

為了說明為何有必要將智庫及其他民間組織納入外交決策過程的理論，並建構本研究的理論基礎，筆者以「系統模型」(system model) 和艾里遜 (Graham Allison) 所著之《決策本質：解說古巴飛彈危機》(Essence of Decision ,Cuban Missile Crisis) 一書，對一九六二年十月十六日至二十八日間美國處理古巴飛彈危機的決策模式，作為討論對於美國外交決策過程的架構，而智庫所付出的貢獻，也將併入這些模式與理論中。筆者另將本論文第二章闡述智庫與決策過程理論模式，探討智庫如何在決策過程中發揮功能，做為研究理論基礎。

一、歷史分析法

本論文主要採用歷史分析法，著重於重新檢視第一手文獻資料[11]，並參考次要資料補強本文論點，以瞭解研究智庫的政治主張

---

[11] 杜維運，《史學方法論》，第十三版（臺北：三民書局，一九九五年），

和立場。所引用的文獻種類羅列如下：（一）美國智庫和美國臺海兩岸政策有關的著作，包括中英文書籍、文章和學術性論文；（二）智庫本身所發表的期刊、書籍、研究報告，智庫學者赴國會作聽證會的書面報告，智庫學者接受媒體記者訪談的內容；（三）中英文學術性期刊、雜誌和報紙等資料；（四）與智庫和美中臺關係有關之網際網路資料，及美國政府與臺灣政府網際網路的官方文件；（五）筆者與美國智庫學者訪談內容；（六）筆者與美國行政和立法部門處理兩岸事務官員訪談內容；（七）筆者就智庫影響力為題向美國國會議員助理所做之電話調查結果等。

二、資料來源

本論文引用之圖書資料：在國內部分利用中央圖書館、淡江大學圖書館、中央研究院歐美研究所圖書館、政治大學國關中心圖書館，及美國在臺協會文化中心圖書館等。美國部分，利用美國國會圖書館、約翰霍普金斯大學圖書館、喬治華盛頓大學圖書館、布魯金斯研究院圖書館，及傳統基金會圖書館；此外各智庫所屬網站和其他有關的網際網路，亦是重要資料蒐集來源。另外筆者四度遠赴美國，實地訪問美國主要智庫學者專家，與白宮、國務院、國會執掌兩岸事務之助理人員，國會研究中心負責兩岸問題研究之研究員，中華民國駐美代表程建人、副代表沈呂巡和代表處承辦智庫業務人員，以及臺灣駐華府媒體記者，詢問他們對智庫的看法、了解他們與智庫的互動關係。在訪問美國期間，也曾嘗試訪問中共駐美國大使館官員，雖遭拒絕[12]，但仍從電話

頁六十五～六十八。

[12] 筆者為求研究之平衡性，曾多次尋求拜訪中國駐美國大使館官員和智庫

中，詢得中共大使館有關業務承辦人員對智庫的觀感[13]，再者，訪
美期間及接觸中國大陸在華府的訪問學者，以了解中國大陸學術
界對美國智庫的態度。

筆者自一九九八年起，即開始拜訪美國智庫和它的兩岸問題
專家，評估研究美國智庫對美國兩岸政策的影響性，並於二〇〇
〇年八月、二〇〇一年元月及五月，再赴美國華府訪問美國智庫
和它的兩岸問題專家，研究美國智庫對美國兩岸政策的影響性，
並於二〇〇〇年八月、二〇〇一年元月及五月再赴美國華府訪問
美國智庫與所屬兩岸問題專家，包括：前駐中共大使、現任美國
企業研究院（American Enterprise Institute, AEI）資深研究員李
潔明（James Lilley）、前美國企業研究院副總裁，現任小布希政
府國務次卿波頓（John Bolton）、傳統基金會會長佛納（Edwin
Feulner）、傳統基金會顧問，現任小布希政府勞工部長趙小蘭
（Elaine Chao）[14]、兩岸問題專家葉望輝（Stephen Yates），
以 及 戰 略 暨 國 際 研 究 中 心（ Center for Strategic and
International Studies, CSIS）亞洲研究部主任江文漢（Gerrit W.

業務承辦人員，但均以不便表示個人意見為由拒絕訪談，但筆者仍持續
以電話詢問，終於獲得「雙邊關係組」不願具名之承辦人表示，中國大
使館相當重視智庫兩岸學者專家對兩岸或中國問題所發表的言論，以便
作為參考和即時的回應。

[13] 筆者於民國九十年八月底至九月初多次以電話聯繫中共駐美國大使
館，希望訪問該館有關業務承辦人員或主管，但是對方均以未授權接受
外界訪問為由拒絕，最後從該大使館承辦「雙邊關係」業務人員鄧先生
在電話中表示，他們重視某些智庫研究學者對兩岸問題所發表的言論，
但是中國與美國政府有正式且暢通的溝通管道，不需要倚賴智庫。

[14] 趙小蘭已獲邀擔任小布希政府之勞工部長。

Gong　）。二〇〇一年五月在華府舉辦的一場國際會議中[15]，更直接訪問小布希政府之國家安全顧問萊絲（Condoleeza Rice）和原布魯金斯研究院外交政策研究部主任，獲邀擔任小布希政府國務院政策計畫幕僚（Policy Planning Staff, Department of State）的哈斯（Richard Haass）等政府要員。同年六至九月間，再針對研究期間發現的問題與需要證實的部分，赴美國實地向更多有關單位和學者專家求證，並藉由在喬治華盛頓大學西格亞洲研究中心（The Sigur Center for Asian Studies, George Washington University）擔任訪問學者的期間，參與甚多華府智庫的活動，確實瞭解美國智庫如何運作活躍於美國華府政治圈，如何將其主張與建議傳達至美國決策者，影響美國決策者在對兩岸政策之制定。

　　筆者另一項重要研究工作，是利用這段美國國會休會期間，國會議員大多返鄉之際，向國會議員助理做電話訪談調查，了解他們對智庫的看法和評價及他們與智庫間的關係。調查對象分為五十位共和黨籍國會助理和五十位民主黨籍國會助理，統計評估智庫對美國政策制定，尤其是兩岸政策制定的影響力。對行政部門人員，則

---

[15] 國際民主聯盟（International Democrat Union, IDU）於二〇〇〇年五月十四日至十六日美國華府召開會議，萊絲女士就小布希政府未來的國家安全和對外關係向與會來賓做簡短的介紹。國際民主聯盟係一由美國雷根總統和英國柴契爾夫人在冷戰期間共同發起組成的一個國際政黨組織，旨在宣揚民主與自由經濟，中國國民黨係聯盟會員政黨，筆者因任職於中國國民黨擔任國際事務秘書一職，代表國民黨參加會議，會中向萊絲提出在陳水扁就任總統後，兩岸關係再次陷入僵局的看法，是否考慮加強「二軌會談」的功能時，所得到的答覆。

以當面拜訪或電話訪問，瞭解美國行政部門幕僚對智庫活躍於美國
政壇的看法，及對智庫影響力的評估。此外，筆者亦訪問了臺灣派
駐在美國華府地區之新聞媒體記者，詢問美國智庫運作情形，並瞭
解新聞記者對智庫影響美國兩岸政策制定的觀感。

第二節　研究範圍與限制

壹、研究範圍

　　智庫面貌及本質正在快速轉變。研究美國政治者發現，智庫
與利益團體（interest group）、政治行動委員會（PAC）及其他
遊說團體（lobbyist）等非政府組織間的差異，日漸縮小。[1]更有
甚者，當今的公益團體及產業公會，為向決策當局提供更精確的
專業資訊，均在學術研究的領域中極力發展，使得智庫與類似團
體間的界限瀕臨泯沒。雖然如此，智庫仍有別於其他團體，關鍵
在於它明確而獨具的特性。

　　利益團體的訴求，泰半集中於單一或特定議題，智庫的研究
對象，則廣泛包括各類政策。再者，智庫對理念的闡揚，較為迂
迴漸進，在面對新聞媒體時，智庫成員指出政府各類政策的潛在
發展，以教育群眾，引發自覺。此外，智庫組織並不鼓勵群眾運
動，與一般利益團體，如綠色和平組織及美國醫療協會等，動輒
發動示威遊行的作法截然不同。簡而言之，由於利益團體的首要
任務，是立竿見影地直接干預或影響政府施政，手段較為激烈，
而非全力講求學術理論基礎，此點與智庫的基本特性相左，足以

---

[1]　Rich 86.

為兩者之分野。但此一差異，又因近來若干智庫在內政與外交政策上，論辯不休的行徑而模糊。為求定義明確，筆者僅將研究範圍限定為總部位於美國華盛頓特區，適用美國稅務局（Internal Revenue Service, IRS）所規定 501（c）（3）法規[2]，研究領域涵蓋中國或兩岸議題的非營利研究機構。

有鑑於智庫在政壇上的角色轉換，以及美國政府部門的專業性與領導權的萎縮，部分學者已認清，非政府組織足以影響美國政府的施政方針。例如，布魯金斯研究院資深研究員海克勒（Hugh Heclo）[3]和其他純學術理論學家，曾檢視政策體系的形成，發現公益團體、智庫、產業公會、媒體以及學術界，皆勇向政壇領導人傳達自己的理念。雖然海克勒是首先確認智庫參與實際政策制定的學者之一[4]，但其研究成果，對智庫角色的轉變，尤其是智庫如何運用管道發揮影響力，著墨不多。詳細的說，海克勒及其他學者對政策

---

[2] 美國智庫在美國稅法中列為非營利組織（non-profit organization）之機構，適用法規 501（c）（3）的規定。有關美國稅務局對智庫等非營利研究機構的規範細節，請參考附錄一。

[3] www.urban.org/gwd/gwdpr.html. Hugh Heclo is an expert on social policy. He is a former professor at Harvard University and senior fellow at the Brookings Institution. He chaired the Ford Foundation research advisory committee, which published 《The Common Good: Social Welfare and the American Future》, and is co-author of the 1988 Urban Institute Volume, 《The Government We Deserve》.

[4] Hugh Heclo,《A Government of Stranger: Executive Politics in Washington》,（Washington DC: Brookings Institution , 1977）23-32..

體系中資訊傳播的研究，有助於呈現非政府組織在政策制定程序中的地位，卻未解釋智庫為何又如何成為政壇的積極份子，亦未能指出智庫如何在層層的權力架構中發揮影響力。因此本文將以探討設立於美國華府的智庫如何在架構中發揮影響力。因此，本論文探討重點特別放在：設立於美國華府的智庫，如何在決策體系中建立其根深蒂固的影響力？以及美國眾多的外交問題亟待解決時，華府智庫為何在近十年內專注臺海兩岸問題的研究？

貳、內容概述

本章為緒論，旨在揭示本論文之研究目的、方法、範圍、限制、資料來源和文獻分析等。有鑑所謂的智庫，雖被稱為「政府規劃組織」（policy planning organization），但仍有不同的區分與特性。為求明確界定本研究主題，將智庫定義為：以研究及批評公共政策為主要功能的非營利獨立研究單位。

智庫既然被稱為政治事務的專門研究單位，大多數智庫仍將自己定位為中立的政治觀察機構，如二十世紀初期的布魯金斯學院、羅素塞吉基金會（Russell Sage Foundation）與卡內基國際和平基金會（Carnegie Endowment for International Peace）等，除致力於學術研究，並將研究結果提供決策當局參考外，鮮少直接參與實際政治決策的案例。

論文第二章便是在此範疇下，闡述智庫與決策過程理論模式，探討智庫如何在決策過程中發揮功能，做為本論文的研究模式。再一提者，筆者將以艾里遜所著之《決策本質：古巴飛彈危機》一書，作為討論對於有關美國外交決策過程的研究，並藉此將智庫運作融入這些模式與理論中。換言之，只要此一研究正確，吾人將可逕以如上模式與理論，解析或遂行智庫在政策形成過程

所扮演的角色。

　　值得一提者，本研究發現，從二次大戰後，美國智庫已逐漸由學術性的政策研究組織，轉變為積極參與外交和內政的制定，甚至企圖影響決策的團體。也就是說，以往在外界的眼中，智庫彷彿是遠離紅塵的象牙塔，但這並不意味他們毫無入世之想，智庫的成員很明瞭自己在現實政壇所佔有的地位。當然，各個智庫的取向不盡相同，例如遠離政治權力核心的蘭德公司，便表示不願涉足時有沉浮的政壇；但另有部分智庫亟欲走進華府政治圈，希望在決策體系中攻佔一席之地，傳統基金會即為最顯著的例子；其他如老字號的布魯金斯研究院，雖然仍堅持以教育和研究為宗旨，但因表現優越，即受多為民主黨總統的青睞，照樣可成為華府炙手可熱的智庫。

　　筆者在本文第三章中，將就智庫的發展與演變，探索智庫在美國華府決策圈中，力圖發揮影響力的過程，並從智庫的發展史，觀察它在美國兩岸政策制定上持續發酵的影響力。

　　在切入這個主題之前，先從智庫所發表的研究報告數量，以及對行政單位提出建議或受邀至國會做聽證會報告的頻繁度，便可感受到智庫對美國政府的影響力確實不容輕忽。大致而言，智庫在十九世紀便已存在，但政治及社會各界開始重視它對內政及外交政策的影響力，則是最近幾十年的事。雖然已有許多學者對智庫在美國政府體系中的功能及角色，做過若干專題報導，但是大多數人對智庫所扮演角色的認識，仍感欠缺。因此，不但新聞媒體已開始對智庫加強注意，學術界也紛紛針對智庫的運作情形，加以系統性地研究。

　　所謂系統性研究，自不外透過歷史變遷，找尋智庫成長軌跡及發展趨勢，最實際方法，莫如借助具體案例，予以說明。就以

在華府早享盛名的布魯金斯研究院，以及加州的胡佛戰爭革命暨
和平研究所（Hoover Institution on War, Revolution and
Peace）來說，率先將政治理念轉化為務實行動，只是其中從事
研究工作的學者。若另從時間上看，自一九一三年威爾遜入主白
宮以來，歷任美國總統皆採納智庫學者的意見，推闡美國的未來
走向；更精確的說，威爾遜時代的決策過程，對非經民選委任的
謀士，尚持保留態度，但其以後的歷任總統，則越益倚重智庫。
探究這段史實，不難看出，原先智庫並非美國政府體制內的正式
組織，其對政府所產生的影響亦有限，但近一世紀來，智庫已得
以在期間產生有效並實際的作用。

美國決策當局倚重智庫學者的趨勢，在卡特及雷根兩位總統
時代尤其顯著；事實上，在這兩位總統入主白宮前，已經與許多
著名智庫的學者有密切的合作關係，特別是在競選期間，這種彼
此的認同和交往默契，促使不少學者成為日後二人入主白宮後的
核心幕僚。

卡特在一九七六年當選總統後，對曾幫助他贏得勝選的「三邊
委員會」（Trilateral Commission）[5]、布魯金斯研究院及外交關係

---

5 http://www.trilateral.org/about.htm. The Trilateral Commission
   was formed in 1973 by private citizens of Japan, Europe
   （European Union countries）, and North America（United States
   and Canada）to foster closer cooperation among three core
   democratic industrialized areas of the world with shared
   leadership responsibilities in the wider international system. The
   most immediate purpose of the Commission was to draw
   together — at a time of considerable friction among

委員會（Council on Foreign Affairs）益加信任，且自其中援引如
布里辛斯基（Zbigniew Brzezinski）和范錫（Cyrus Vance）等人
擔任要職，繼續為卡特規劃執行各項內政及外交政策。同樣地，雷
根總統是在競選期間內及上任後，相當倚賴胡佛研究所、美國企業
研究院、傳統基金會、戰略暨國際研究中心及現代危機委員會（The
Committee on Present Danger）等智庫的學者，做為內政及外
交政策上的重要顧問。而柯林頓主政八年期間，則仰賴政客改革研
究所（Policy Progressive Institute, PPI）及布魯金斯研究院，分別
在中國問題及一般議題上，提供政策分析與建議。

　　由於智庫在卡特及雷根時代扮演吃重角色，立即引來新聞媒
體的注意，少數觀察家並且體認到，這些政策研究機構不僅對美
國內政舉足輕重，在國際舞臺上的角色也將日益凸顯。不過，整
體而言，當時社會對智庫的觀感，仍侷限於研究角色，對於智庫
在政策制定上的介入程度，鮮少注意，反倒是對利益及遊說團體
試圖在政治、經濟、國防、社會、環保等層面影響政府立法的情
形，有所指責。

　　在第四章中，筆者將分析華府智庫發揮影響力的管道，以了
解智庫透過何種方式，有效地傳達自己的政策主張和理念給決策

governments—the highest level unofficial group possible to look
together at the key common problems facing our three areas.
At a deeper level, there was a sense that the United States was
no longer in such a singular leadership position as it had been in
earlier post-World War II years, and that a more shared form of
leadership—including Europe and Japan in particular—would
be needed for the international system to navigate successfully
the major challenges of the coming years.

者。智庫影響兩岸政策的手法包括：利用新聞媒體製造輿論，邀約華府、北京或臺北政府官員出席學術會議或社交活動，就多種議題分別向國會議員發行說帖與簡報，以及派員列席國會各級委員會會議提供佐證等。至於智庫學者則可以個人身分出任政府部門中、高級官員，或隸屬於總統直轄的外交情報顧問小組（President's Foreign Intelligence Advisory Board, PFIAB）、經濟政策顧問小組（President's Economic Policy Advisory Board, PEPAB）、情報研析小組（President's Intelligence Oversight Board, PIOB），或任職美國槍支軍火管理局的顧問團（President's General Advisory Committee on Arms Control and Disarmament, GAC），甚至擔任總統候選人的軍師。[6]透過以上種種途徑，智庫得以將其政治理念轉注於實際政務之中，即為智庫之「旋轉門現象」。

美國智庫之所以會介入臺海議題，在於美國本身就是形成該議題的角色之一。尤其臺灣與中國和臺灣與美國之間並無正式的官方聯繫管道，就連好不容易建立起來的非官方管道組織，如中共海協會與臺灣海基會，雙方互信基礎不夠時，美國居中聯繫、防治戰爭的角色，便顯得迫切而且舉足輕重，美國政府需要智庫提供意見的心情可想而知。

兩岸長期分治對峙，及北京與美國已建立邦交的情勢，相對凸顯出臺美聯繫機制的薄弱，儘管臺灣在美國華府設立了「臺北經濟文化代表處」，但是美國與臺灣政府之間仍然缺乏直接的官方

[6] Donald E. Abelson. 《American Think-Tanks and Their Role in US Foreign Policy》（London, Ontario: University of Western Ontario, 1992）75.

溝通管道。而所謂「第二軌道」外交（track II），簡稱「二軌外交」的說法被提出後，給了臺灣的外交工作出現另一個努力的想像空間，而第二軌道所引述的重要管道之一，就是美國智庫。[7]由於美國特有的政治體制設計和國際情勢的改變，使得美國許多政策的制定都會影響到國際情勢，因此美國國會在美國的外交決策上所扮演的角色更居重要地位，華府智庫便掌握此一優勢，運用各類聯繫，積極介入國會的活動，間接影響行政部門的政策制定，不僅讓自己得以成為國家政策變化的要角，同時也讓自己可被信託的工具價值大幅提昇。

　　雖然有不同的聲音將智庫形容是一群在想法和理念（ideas）販賣市場上爭權奪利的人，但是在決策群裡，智庫卻已經把自己推上為重要並且具有影響力的地位，它的基礎工作室，出版涵蓋各類政策議題的摘要報告及完整的研究；延伸附加服務則包括：一、舉辦會議及研討會，並邀請決策者參加；二、提供電視新聞節目相關的評論；三、設立對外聯絡辦公室，以發展並保持與國會及總統或行政部門的接觸；四、提供服務資訊給各部會首長會議、委員會、選務工作人員和交接工作小組（transition teams），以及在各個國會委員會及附屬委員會聽證會前作證，經由這種動態、靜態活動，智庫已經儼然是政策形成過程中的常駐機構

---

[7] 美國尼克森中心亞洲研究部主任蘭普頓（David Lampton），於四月三十日在臺北美國文化中心演講時，接受筆者提問智庫對美國外交政策影響的角色與功能時表示，智庫對美國政府的重要性在於人事上，至於在外交或兩岸政策上要發揮影響力，則需將其視為第二軌道外交（track II）來凸顯其重要性。

（permanent fixtures）[8]，雖然沒有被考慮納入美國政府正式結構中，但是「智庫」已經發揮了它的功能和特色並且有效地運作了幾十年。

美國是智庫最發達活躍的國家，它的民間智庫早在十九世紀就已萌芽，一八七八年成立的全國社會福利議會（National Conference on Social Welfare），以及一九〇七年成立的羅素賽吉基金會（Russell Sage Foundation）就是美國智庫的先驅。到了二十世紀，智庫在美國，尤其是華府地區，開始蓬勃發展，近二十多年來，更可謂是智庫的全盛時期，目前民間約有一千多家智庫。[9]由於美國智庫為數眾多，而且分佈美國各地，因此筆者將於第五章研究設置於華府地區之智庫，並鎖定經常發表美國與兩岸關係文章和資金來源穩定充足之綜合型智庫，依據他們的政治立場、意識型態及與美國政府和政黨之間互動的關係，研究分析包括保守派之美國企業研究院（American Enterprise Institute, AEI）和傳統基金會，以及代表自由派之布魯金斯研究院等智庫之兩岸政策主張。

將近一個世紀的時間，智庫已經成為美國政治版圖不可或缺的一部分，做為一個包含國內和國際的專門研究機構，美國智庫為政治領導人在各種議題提供建議的功能上，扮演著很重要的角色，但是自從二十世紀中葉起，智庫做為一個公正的研究機構的角色，有了很戲劇化的轉變，智庫不再只是提供專業的建議和研究分析給決策人士參考而已，他們將所主張的政治思想，配上更

8　Abelson.

9　朱志宏，《智庫與公共政策》（臺北：亞洲與世界社，民國八十五年元月）頁五。

實際的行動和策略，朝向政治市場運作，藉此滿足智庫和「客戶」的利益。除了現實環境的需要外，贊助智庫的企業主的利益考量，也是使智庫從靜態觀察，轉而跳上國際政治舞臺的積極原因。以李登輝總統九五年訪美為例，美國幾個主要智庫均有相當程度的參與，不管是間接的撰文獻策或是直接的出面表示支持，不論被視為是親臺或親共的智庫，他們都在李登輝訪美及其造成九六臺海危機一事上，成為美國智庫的兩岸問題專家。[10]不惟如是，經過這次事件的參與，不少智庫的兩岸政策立場做了一次明顯的分野，此後，各界都認知到美國智庫對兩岸議題，有哪些基本立場和政治主張，以及各家智庫未來在美國兩岸政策上，能發揮何種影響力。

例如曾於老布希總統任內擔任助理國務卿（ Assistant Secretary of State ）的波頓[11]，在臺海危機後所引發的一連串政治效應後，以美國企業研究所副總裁身分撰文支持李登輝所發表的「特殊國與國關係」，他甚至以諷刺的口氣批評柯林頓總統對這件事的反應，認為柯林頓以提出對臺「三不」政策向北京表示善意的做法，比巴布亞紐幾內亞的外交水準都不如。波頓的說法是：

10　在美國研究兩岸問題之學者通常被稱為中國問題專家，但研究兩岸問題勢必包含對臺灣，甚至香港和澳門等地的了解，為避免該統稱涵蓋範圍僅限於對中國大陸的研究，而未包含臺灣或香港等地在內，因此筆者在本論文中將智庫研究中國問題者稱為「兩岸問題專家」。

11　波頓於二〇〇一年五月再度獲小布希政府邀請擔任國務次卿（Under Secretary of State）一職。在一場於二〇〇一年五月在華府舉辦的國際民主聯盟會議場合，波頓剛剛通過公聽會正式接受新職，他表示他不知道昨天以前所說的話，將來是否還可以繼續說下去，言下之意擔任公職後不便表達太多個人意見。

臺灣政府有效率地推動國內政策，有能力履行國際義務，以國際法的任何標準來看，臺灣早已具備足夠的條件，申請加入國際組織。波頓相信李登輝的「特殊國與國關係」論調絕不是突發奇想，而是有備而來。他認為，李登輝利用美國與中共關係低潮時刻，以及中共解放軍掌握核武和飛彈的技術之前的時機，宣佈臺灣自主立場，雖然不符外交人員的謹慎風格，但是對於像李登輝這樣靠民主選舉產生的政治領導人，正是為所當為之舉，對於這點，依事實制定國家政策，華府與北京似乎應該學習瞭解並接受事實。波頓的論點或許可以視為主觀認知，但是以波頓在美國企業研究院的地位和對兩岸事務的熟悉，只要表示看法，必能產生一定程度影響；他的發言除了滿足臺灣這個「客戶」的需求外，也同時提供共和黨籍國會議員或未來領導者批評柯林頓總統對兩岸政策的參考，事實上，事態發展到最後，波頓的政治立場和對兩岸問題所抱持的態度，也確實得到了共和黨新政府的重視，其本人也再度被邀請入閣擔任要職。

為研究智庫對兩岸事務關心的程度，筆者曾依據美國各主要智庫在二〇〇〇年之年度報告（annual report）中的年度總預算，統計出排名在前的十大智庫（如表 1-2-1），其中有八個智庫，或對中國和兩岸事務有所研究，或設置亞洲或中國研究部門，包括蘭德公司、傳統基金會、布魯金斯研究院、外交關係協會、胡佛研究院、戰略暨國際研究中心、美國企業研究院和卡內基國際和平研究所。以此為對象，筆者再針對共和黨和民主黨籍之國會助理，以電話訪問調查方式，請他們列出最具影響力的智庫，並依此歸納出；民主黨政府或政治人物最青睞代表自由派思想之布魯金斯研究院，共和黨較倚重代表保守派主義之美國企業研究院與傳統基金會。

智庫中之學者，如同智庫的靈魂，他們所撰寫的分析評論或

專書，在各智庫堅持中立和獨立的原則下，雖然不完全代表智庫的立場，但是仍然可以抽絲剝繭了解所屬智庫的意識型態。他們的影響力常常是無法估算的，有時候他們發揮的是滴水穿石的長期影響，有時則是顯現出臨門一腳的關鍵力量。例如曾任教於密西根大學的中國問題專家奧森伯格（Michel Oksenberg）受邀至卡特政府協助處理美中兩國建交事宜時，便在整個中美建交過程扮演過穿針引線的角色，或可說是發揮了臨門一腳的關鍵作用，促使中美建交得以在卡特總統任內完成。不僅是如此，奧森伯格憑著自己對中國事務的熟悉，和長期以來所建立的人脈，為布里辛斯基安排了一趟關鍵性的訪問中國的行程。[12]此外，密西根大學教授李侃如（Kenneth Liberthal）提出「中程協議」（interim agreement）的密西根大學教授李侃如（Kenneth Liberthal）和喬治華盛頓大學國際學院院長何漢里（Harry Harding）提出的「臨時協議」（modus vivendi），對美國制定兩岸政策的影響性雖然暫時看不出，但是造成臺灣當局的反感，卻影響到美中臺三方關係的轉變。

　　中國或兩岸問題專家對美國兩岸政策，往往在關鍵時候就可能發揮作用。奧森伯格和李侃如雖然未受聘於任何一家華府智庫之中，何漢里亦從布魯金斯研究院轉至喬治華盛頓大學服務，但是他們都是對兩岸事務學有專精的學者，在近十幾年來，智庫積極的網羅或培植優秀的兩岸中國問題專家，已在美國的兩岸事務議題上佔有一席之地，所醞釀的能力和資源，隨時可因機會或官

---

[12] Patrick Tyler. "（Ab） normalization of U.S.-China Relations," 《Foreign Affairs》, Vol.78, No.5（September/October 1999）104.

方決策者的眷顧而爆發，因此，追蹤智庫學者對兩岸問題的看法，也相對成為嶄新課題。

在對智庫之兩岸問題專家的研究上，筆者仍然以布魯金斯研究院和傳統基金會之兩岸問題專家為主要訪談和研究的對象[13]，其中，代表保守派親共和黨的有：傳統基金會之葉望輝（Stephen Yates）、費學禮（Richard Fisher）、武爾茲（Larry Wortzel），和美國企業研究院之李潔明（James Lilley）、林霨（Arthur Waldron）等；代表自由派思想或偏民主黨的兩岸問題專家有：布魯金斯研究院之沈大偉（David Shambaugh）、季北慈（Bates Gill）、拉迪（Nicholas Lardy），以及尼克森中心（Nixon Center）之藍普頓（David Lampton）和戰略暨國際研究中心之江文漢（Gerrit Gong）等人。但是為了深入了解與客觀比較其他不同意識型態和政治立場的智庫兩岸問題專家對美國兩岸政策制定之影響，筆者將於第六章分析他們的主張。

上述十位學者在華府智庫中各有代表性，葉望輝代表的是有志進軍美國華府政治核心的學者，利用在智庫累積的能源和人脈，一旦機會到來即可實現夢想；費學禮代表的是一旦捐款客戶有不同的立場或態度時，學者的專業可暫擱一旁，甚至因此而遭犧牲；武爾茲代表的是傳統基金會獨樹一格的經營管理模式，即智庫學者雖然沒有正式的學術背景或曾位居政府要職，仍然可以「團體戰」的模式立足於華府智庫，甚至有機會進入政治決策圈

---

[13] 部分智庫中之兩岸問題專家在筆者開始從事研究時仍然服務於智庫，但是在筆者完成研究之前已經離開原服務之單位者，仍列入筆者的研究範圍，其中包括費學禮（Richard Fisher, Jr.）、葉望輝（Stephen Yates）、江文漢（Gerrit Gong）等。

[14]；李潔明代表的是，退休官員，利用豐富的從政經驗和人脈，轉戰智庫，持續發揮影響力，充分解釋智庫又稱為「旋轉門」(the revolving door) [15]的意義，他強烈的反共色彩，使得中共格外留意他的言論，並經常撰文加以反駁；林霨則是主流派學者在智庫中以文字和政治理念影響決策制定的代表。

保守派智庫的中國問題專家大多認同「中國威脅論」，對臺灣較為同情。相對於反對「中國威脅論」的智庫學者，布魯金斯研究院的沈大偉[16]，藉由流暢洗鍊的文筆，常在報章媒體表達他自由派的思想和對中共的友善，使他在華府政治圈中普遍被視為是「親共」的學者，不僅受到中國歡迎，且經常受邀赴大陸演講；季北慈的政治言論和主張態度保守，他所代表的是，強調學術和客觀的研究分析，而沒有明顯的政治立場，雖然在智庫專業中獲得認同，但是卻可能錯失進入政府的機會；拉迪代表的是，以布魯金斯研究院的聲望和個人獨特的專業素養，贏得華府各界的認同與肯定，也獲得民主黨主政時期決策者的重視。

從布魯金斯研究院三位兩岸問題專家的研究，可同時發現，該研究院的學者均具有堅強的專業素養，政治立場也不如保守派

---

[14] Interviewed with Larry Wortzel. August 8, 2001. 根據武爾茲的談話，小布希政府曾尋求傳統基金會的專家是否有意進入政府服務，他個人表示無意願而放棄機會。

[15] James Q. Wilson. "The Activities of Interest Groups," 《American Government》(New York: Houghton Mifflin Company, 2000) 128-129.

[16] David Shambaugh is also the Director of China Policy Program of Elliot School of International Affairs of George Washington University.

　　智庫學者明顯；除了布魯金斯研究院的學者外，具自由派思想且
反對「中國威脅論」的學者，還包括藍普頓，他代表的是，憑藉
個人背景和政治主張，建立起良好的人脈關係及暢通的聯繫管
道，在華府政治決策圈中發揮影響力；最後分析以募款能力影響
生存之戰略暨國際研究中心之江文漢，為避免得罪兩岸任何一
方，在其文章或言論中，既沒有表示自己的政治主張和立場，也
看不出主張或反對「中國威脅論」，這類華府兩岸專家最後結果可
能是，一旦失去募款能力，或是所屬「客戶」轉移投資標的後，
則將失去其在智庫生存的價值。

　　第七章中是以李登輝總統在一九九五年訪問美國母校康乃爾
大學（Cornell University）為研究案例，分析美國智庫和公關公
司所扮演的角色，並探討美國智庫雖無遊說之名，卻行遊說之實，
以及智庫以學術研究的形式，匯集民意形成輿論，不但具正面意
義，且有深遠影響，不但可觸及國會，更可深入至行政部門，此
外，本章亦將探討，智庫對李登輝訪美動機的行程，及之後處置
政治效應的方式，有何種程度的參與。

　　第八張為本研究作一總結。除鋪陳智庫在進軍政壇的現象，且
再一次說明，智庫在政策初步建構過程中，地位日益重要。以傳統
基金會為例，一九七九年，傳統基金會會長佛訥眼見共和黨贏得大
選，便開始設想如何運用其組織，協助政府朝保守主義轉向。在與
部分會員磋商後，佛訥決定推展一項專題研究，製作一套有關保守
派政府外交及內政等多方面課題的施政指導手冊。佛訥表示：「我
們認為，甫就任的新政府官員，應該擁有一套包括資訊和指南的參
考資料，而毋庸求教於連任失敗的前任政府。」在被劃分為二十
個小組的三百多名的學者、顧問、律師及離職政府官員通力合作
下，傳統基金會發表了號稱為保守主義政府建構藍圖的專書《受命

樞廷——保守政府之政策經營》（Mandate for Leadership: Policy Management in a Conservative Administration）。[17]

　　一九八〇年總統大選後，佛訥將此書交給了雷根政府接收小組的負責人米斯（Edwin Meese III），米斯閱讀該書後，不僅表示雷根團隊將對該書多所倚重，並稱許道：「在未來幾年中，雷根總統和他的屬下所借助的事務中，該書可算是最有意義及最完善的一項。」[18]米斯的大力推薦，使該書在一九八一年初，連續三週登上華盛頓郵報暢銷書排行榜，並獲華府政界喻為「雷根政府必讀」；媒體及政論家甚至在該書出版期間，將雷根的施政與書籍內容進行對照比較，以顯示雷根受影響的程度。不過，對該書的影響力最為關切的還是佛訥本人，一九八二年初，佛訥估計該書所提出的建議，有百分之六十以上為雷根政府所採用。佛訥在誇示其成績時，對《受命樞廷》書中，部分內容並非傳統基金會的研究成果，而是其它智庫的多年心血一節，略而不提。據胡佛研究院前院長坎貝爾（Glenn Campbell）指出，傳統基金會的建言中，有許多襲自胡佛研究院先前出版的《一九八〇年代的美國》（United States in the 1980s）。甚至前蘇聯總理戈巴契夫，亦曾對美國國務卿舒茲及國家安全顧問麥法倫表示，在詳閱《一九八〇年代的美國》後，蘇聯方面認為雷根的政策，多採自胡佛研究院的該項論述。暫且不論傳統基金會的作品來源，該智庫在雷根政權的接收過程中，確有不可輕視的地位，而雷根的言論經常流露對臺灣的友善和對共產黨厭惡的態度，與傳統基金會長期對臺

---

[17] Interview with Edwin Feulner, The Heritage Foundation, Washington DC, January 21, 2001.

[18] Abelson 66.

灣的支持與對中共的口誅筆伐，雙方的立場和態度在對照之下，
豈可以「巧合」一語帶過。

《受命樞廷》一書，使傳統基金會置身於全國的注目下，在
新遷入距離國會山莊僅兩條街的新大樓後，此一被雷根稱為「活
躍的保守派新血」的組織，繼續致力協助規劃美國政府的施政方
針。到一九八四年，傳統基金會在政壇上的勢力，已擴展至如《新
共和》（New Republic）期刊專欄作家羅森索（James
Rosenthal）所稱：「傳統基金會輔佐政府制定政務，所作所為引
起人們在閱讀早報後廣泛討論。」[19]趁著保守主義席捲美國的浪
潮，傳統基金會迅速地躋身決策當局中，且藉由大型企業及部分
個人資助，已成長為華府首屈一指的大型智庫。然而，儘管其聲
名大噪、企圖心旺盛，所屬研究學者卻未獲邀為雷根政府服務[20]，
至於其他知名智庫如胡佛研究院、美國企業研究院、戰略暨國際
事務中心及現代危機委員會的專家學者，此刻則已披荊斬棘，企
圖穿越華府蜿蜒崎嶇的問政之路，向權力核心邁進。

雷根如同其前任總統的作風，在周遭滿佈全國頂尖的學者，
不但藉此擴展學界的支持，並吸引更多能協助其實現政治主張的
人才。在雷根的委任下，若干過去扮演旁觀者角色的智庫，在決
策體系中紮下了穩固的根基，藉由在政壇中的積極參與，許多智
庫獲得在政策制定上施展身手的機會。不過，這並不意味黨同伐
異不存在，在卡特政府中難尋知音；三邊委員會等組織的理念，
亦不被雷根接受。

---

[19] Ibid.

[20] 趙小蘭獲邀擔任小布希政府勞工部長，是傳統基金會自成立以來所屬人
員獲邀進入政府所擔任過最高層級的政府官員。

在行政部門中，有些政策制定者相當重視智庫及其所舉辦的研討會，每將其中議論用做政治風向球，但是大多數的行政部門，仍僅視智庫為一群額外的專業知識來源提供者，並不希望智庫人士代表政府的提出試探性的政策或對話。筆者向現任國家安全顧問萊絲女士問到她對智庫以第二軌道扮演兩岸間溝通橋樑的看法為何時，萊絲表示，小布希總統或是她個人並不支持所謂的「二軌會談」，因為她相信那可能造成訊息傳達人士夾雜個人意見或個人利益在其中，無法代表政府的立場，對兩岸關係也無實際幫助。以萊絲女士現在的職位不難理解她的反應，但是她卻不否認智庫對許多議題的分析研究值得參考，也不反對在政策制定前應有更多元化的思考模式。另外，她亦表示，許多智庫政策專家進入政府負起政策制定的責任，是智庫影響力提昇的因素之一。

參、研究限制

智庫雖然在美國運作的歷史將近一個世紀，其真正開始影響美國決策，尤其是臺海兩岸政策的制定，則是近十多年的事。因此，雖然美國學術界已逐漸重視智庫對美國外交政策的影響，也開始有學術著作或專文研究探討，但是有關於美國智庫對兩岸問題的影響，則至目前為止未見專書或學術性論文出版。在國內僅有朱志宏教授曾於民國八十年撰寫《智庫與公共政策》一書，探討美國智庫對美國公共政策的影響。反觀研究智庫對兩岸關係的專文，則愈來愈多，如美國史丹福大學胡佛研究所傑出客座研究員暨交通大學教授魏鏞，曾分別於民國七十九年發表〈在知識與權力之間：基金會與智庫在開放社會中的角色與展望〉，以及八十七年發表〈中美關係發展與學術外交〉等文；中央研究院歐美研究所研究員林正義曾撰之〈美國智庫與中美關係：網際網路之探

索〉，行政院研究發展考核委員會科長陳啟迪亦提出〈智庫與美國
外交政策〉等文，餘則未見專書或學術性論文出版。

　　為求研究的正確及客觀性，筆者多仰賴對智庫及其所屬兩岸
問題專家的訪談，作為研究的主要參考依據。為求研究分析的公
正性，及避免受訪者有所保留，筆者又訪問週邊有關人士，做求
證工作，使得研究的分析工作倍加困難。再者，為針對「影響」
二字做有效的評估，筆者特別針對美國國會外交委員會之議員助
理做電話訪問調查，以求確切的統計數字，作為評估「影響」的
標準。最後，為求答案的一致性，採用「封閉式問題」(close-ended
questions) [21]，要求受訪者從筆者所提供的選單裡挑出答案，封
閉式問題的缺點，在於受訪者也許會因筆者所提供的答案不足，
而無法作答，為彌補此一缺失，筆者在選項中特別設計「其他」
供受訪者選擇。

表 1-2-1　美國十大智庫

排名	智庫名稱	年度預算
1	藍德公司（Rand Corporation）[22]	USD$115,156,983
2	人口委員會（Population Council）[23]	USD$56,852,426
3	都市研究院（Urban Institute）[24]	USD$37,550,453

---

[21] 李美華譯，Earl Babbie 著，《社會科學研究方法論》（臺北：時英出版
社，民國八十七年）頁二二三。

[22] http://www.reand.org

[23] http://www.popcouncil.org

[24] http://www.urban.org

4	布魯金斯研究院（Brookings Institution）[25]	USD$32,775,050
5	傳統基金會（Heritage Foundation）[26]	USD$27,982,372
6	美國企業研究院（American Enterprise Institute）[27]	USD$23,668,282
7	外交關係委員會（Council on Foreign Relations）[28]	USD$16,930,225
8	胡佛研究院（Hoover Institution）[29]	USD$15,477,000
9	戰略暨國際研究中心（Center for Strategic and International Studies）[30]	USD$14,687,697
10	卡內基國際和平研究所（Carnegie Endowment for International Peace）[31]	USD$10,920,679

---

[25] http://www.brookings.org
[26] http://www.heritage.org
[27] http://www.aei.org
[28] http://www.foreignrelations.org
[29] http://www-hoover.stanford.edu/
[30] http://www.csis.org
[31] http://www.ceip.org

第二章　智庫與決策過程理論

第一節　智庫與外交政策理論

　　美國前國家安全顧問布理辛斯基曾說：「新世界秩序將相當程度地仰賴美國所做的選擇或其所選擇的領導者所做的決策，美國的影響、耐心、力量和相對的財富，將是決定世界秩序是否得以建立或落入世界失序狀態的致命因素」。[1]美國智庫因此更形重要，因為它可以幫助國家和領導人解析證明（identify）、採擇方案（understanding）並迂迴執行（implement）可以達成目標的明確選擇。

　　審視卡特、雷根和柯林頓前後三位前後任美國總統與智庫的關係，不難看出體制外的研究人員與體制內的政策制定，有著密切互動，但若據以推闡本研究論述，則仍有進一步解說的必要。自一九四〇年代以降，外交問題逐漸成為獨立的專業，若干學者對政府在外交政策上的取捨，即特別注意，而對重視政治實務的

---

[1] Brad Robert, Stanton H. Burrentt, Murray Weidenbaum, "Think Tanks in a New World," The Washington Quarterly Winter 1993: 181. "The new world order"…depends very much on the United States—on the choices it makes and the leadership it seeks to exercise… Where issues of order remain unresolved, U.S. influence, patience, power, and relative wealth will be critical factors in the progress toward order or the descent into disorder.

摩根索（Hans J. Morgenthau）、卡爾（E. H. Carr）及季辛吉等
人而言，親身體驗似乎是最佳的研究起點，智庫便是走出象牙塔
學者與行動知識分子發揮所長的最佳場所，同時也是退休政府官
員持續發揮影響力的最佳舞臺。

　　學習外交事務的基本方法中，在瞭解某一時期國內與國際的
政治風向後，以最樂觀的角度計算一項政策的得失，則可獲致該
政策對國家利益所可能產生的最高效益。設想一個完整、自主而
團結的政權，擁有所有可供制定一項外交政策的必要資訊，則觀
察家不難對該政權領袖在外交政策的取捨之間，歸納出數種可能
的解釋。同理，審視決策者所面對的體制約束、心理壓力及受到
其他政客的個人影響，外交理論家對該政權的作為，亦可提出更
深入的看法。

　　然而，照以上觀點來解讀政府的作為，部分學者雖然可以在外
交事務的研究上，採用較易著手的研究方向，但卻經常忽略謀士的
重要性。例如以上述方式來檢討古巴飛彈危機，艾里遜就明白指出
決策者在外交政策上，受到個人或體制壓力的程度，對其決策成敗
的影響，但亦不免忽略其間總統顧問群所扮角色。當艾里遜詳析國
家安全委員會理事會（ExCom）因應古巴飛彈危機所作的決策時，
對由智庫及其他民間學者專家所組成的總統海外情報顧問團，並無
隻字片語。[2]

　　國際關係學家針對各種系統及次系統論點，所提出的論述對
研究外交決策有重大貢獻，但由於未對政策理念上達決策者的過
程進行分析，大部分學者對智庫在政界的影響力，未能體認。事

---

[2]　Abelson 112.

實上，智庫在為領導人提供顧問，以及探討潛在危機和未來課題等方面，佔有重要地位。誠如派謝克（Joseph Peschek）指出，由於政治學家傾向將政策的制定視為政府內部工作，因此自然對智庫在其間的作用渾然不覺。政治學家對智庫的缺乏注意，或許並非是疏忽，由於難以界定政治理念的源起於某一特定個人或組織，遑論深究理論之實質影響，多數學者可能刻意僅就明確的範圍加以研討。然而，本研究將指出，經由探討智庫在決策過程中日漸加深的介入和在若干重大課題上的獻議，以及智庫與決策單位間的互動情形，可對資訊及策略上達政府高層的流程增進瞭解。進一步而言，由觀察智庫成員在政府中的官祿，以及卸任政府官員轉進智庫的人事消長，將可更深入瞭解智庫與政府高層間的共存關係。

基於內政與外交事務的高度複雜性，以及管理龐大官僚體制的重大責任，決策當局倚賴學者專家及智庫的獻議的情形不足為奇；但是，對智庫在決策過程中所佔地位並未受到注意。雖然偶爾在報章及個人回憶錄中有所披露，但有關智庫學者與高層官員間的聯繫詳情，卻少有記載。因此，欲研究此一課題者，必須如筆者一般，直接訪問智庫成員，以透視其與政府高層之關係。除了揭揚智庫學者對政策研究的廣泛淵博以外，其間有關智庫如何在外交政策制定上取得主導地位等內幕，更值得深切注意。

在此必須指出，探討智庫在外交決策上的地位，用意並非是為推翻當代各項外交學理論，而是藉此在有關外交決策的國內影響範疇中，發掘更多內幕，以補充現有學術理論的不足。此外，本研究雖以智庫在兩岸決策上的作用為焦點，但亦將在廣義學理上討論智庫在美國政壇所扮演的角色。智庫的涉足政壇，由於彼此競爭的現象存在，在其參與決策過程中的作法上，衍生出以智

庫整體為觀察對象的團體論，及以智庫成員參政情形為基調的菁英論，兩者的歧異引發了學理上的論戰。根據楚門（David Truman）的團體論論點[3]，民間團體代表不同的政治、經濟及社會利益，進入一座政治競技場，各展所能以影響政府決策；而政府則處於裁判的地位，監督競爭者遵循遊戲規則，並根據此一競爭所帶動的風潮作出回應。楚門理論的缺陷，在於始終認為公共政策並非根據競爭的結果而決定，卻未料及此遊戲規則，已隨政府高層對少數競爭者之偏聽而改變。利益團體必須憑藉其遊說技巧，說服國會議員，以獲得政治及財務支援，輾轉實現其主張；智庫則可直接為行政部門帶來長期性的政治效益。更有甚者，若是政治領袖有意假民間團體之手尋求其個人政治利益，則其需要將著重於即時且有效的建議，而非全面性的學術研究。簡言之，由於智庫的勢力已深入華府權力中心，超出楚門及其同道所定義的團體範圍，其作為亦非其團體論觀點所能涵蓋。

　　另一派學者認為，在歷任總統就職後，採用大量智庫成員在政府中擔任要職，組成「菁英新政」，從而與主流派企業界人士及各大基金會聯手，共同維護階級利益，此即由米爾斯（C. Wright Mills）和戴爾（Robert Dahl）所提出的菁英論[4]，但以上論點，僅適用於少數大型著名智庫，其他一般智庫組織，除偶而聯合就特定議題向國會議員進言外，大半皆由大型智庫主導議題。因此，除蘭德公司、布魯金斯研究院及傳統基金會等幾個大型智庫外，其餘智庫，平均成員約僅十二人，經費低於百萬美元，與菁英論

---

[3]　Abelson 116.
[4]　Abelson 113.

所針對的權力核心份子，顯然有所差距，因此，菁英論亦不足以反映智庫團體在美國政壇的角色與份量。

　　冷戰結束後美國的外交政策制定有實質的改變，整體而言，已經從以前的菁英主義制定政策模式轉為較多元化的決策過程影響模式，這種轉變增加了對外交政策有興趣的非政府組織參與外交決策過程的機會，所謂菁英模式的外交政策制定特質為：

（一）行政部門，尤其是白宮、國務院和國防部等主導。

（二）總統諮詢國會兩黨領袖意見，並經由國會表決支持後而制定。

（三）政府之外的小部分精通對外事務的政策專家的平行諮詢。

（四）利用媒體運作尋求大眾的支持與認同。

　　而多元導向的外交政策制定模式特質為：

（一）行政部門中涉及外交事務的單位明顯增加。

（二）行政部門權力重新分配至國會。

（三）愈來愈多的非政府組織或利益團體的參與，以期鞏固個人利益。

（四）國會和大眾之間對外交政策的意見和看法愈來愈分歧。

　　在貿然以團體論或菁英論為智庫定位前，以下的問題必須獲得解答，即智庫是否應被視為身處統治中心圈內？若是，則智庫如何協助統治階級維護利益？甚且，對部分智庫以代表被統治階級利益為己任的作法，菁英論者如何自圓其說？若將智庫視同於公益團體，是否切乎實際？團體論者對於美國政府身為仲裁者，卻偏向若干特定智庫贏得競爭的態度如何解釋？綜而言之，本研究的內容共計有四大要旨：

　　首先，本研究將探討智庫在決策過程中日漸活躍的趨勢。智庫過去予人的印象，是提供學者們一個獨立研究機會的場所，但實際上，智庫組織的志趣不僅止於學術研討。本研究將指出，現今智庫的主要目標，在於實際協助政策的界定與成形；換言之，在作為學術轉化為現實的媒介外，智庫並致力於對政策的創制及結果發揮其影響力，智庫組織為達此一目的，所採用的各種方式，後文中將適度詳述。

　　其次，本研究將討論對智庫的重新定位。本於智庫組織對參與決策論戰的自發性，以及其影響內政和外交政策制定過程的角色變化，在當代外交學理論中，智庫組織所代表的是國內影響因素，而由於其對華府在國際社會的作為息息相關，因此必須重新評估其重要性。

　　第三，在唐霍夫（G. William Domhoff）和戴伊（Thomas R. Dye）[5]的學說中，認為智庫組織為決策當局權力核心建立了與企業界的直接或間接流通管道，此論或許屬實，但其動機並非為一己之經濟利益。由於各個智庫必須在「政見市場」上與其他同業競爭，因此智庫組織多數傾向在不穩定的政治環境中，維持其自主性與多變性，而非致力於滿足某方面之政治或經濟利益。除非某一智庫能夠確保在時有興替的美國政壇中，能夠屹立不搖，否則斷無為某一特定團體或階級撐腰的必要。非但如此，在各大選期間，常見的現象是智庫組織化身為政治變色龍，修改其政治理想以迎合新政府體系。然而此一現象並非意味政壇的起伏操縱了

5　William Domhoff and Thomas Dye are two observers of think tanks.

智庫的作為，而應視作智庫發揮其可塑性，並改變自身觀點以確保政治地位的高度意願。

　　第四，本研究將對米爾斯和戴爾所提出的部分菁英論論點提出反面意見：財力與勢力雄厚的著名大型智庫，並不一定想要、且不一定能夠壟斷重大政策的制定。例如一九七九年所摩薩（Somoza）政權垮臺後，布魯斯金研究院、三邊委員會及美國企業研究院，分別向卡特及雷根兩位總統候選人就中美洲及加勒比海沿岸地區的安全問題提出意見，同時較小型的智庫如政策研究院（Institute for Policy Studies）、西半球事務委員會（Council on Hemispheric Affairs）以及美洲安全會（Inter-American Security）亦在此重大爭議性事件中積極參與論戰。由此可知，華府周遭的主流智庫固然對政府施政有相當程度的影響，而許多常為政論家忽略的智庫，亦有其對立法部門產生影響的方式。[6]

　　美國之外交決策是總統、國會、官僚組織、小組委員會及利益團體互動的產物。雷布迪（Randall Ripley）與富蘭克林（Grace Franklin）將美國外交與國防政策分為三大類[7]：

（一）策略性政策（strategic policy）——美國與其他國家基本軍事及外交政策，通常經由行政部門的競爭、妥協、甚至於衝突後所提出，而後由總統批准，但國會亦透過委員會或個人遊說的方式涉入政策發展過程。國會本身不主動提出策略性政策，只是回應行政部門政策合法化之要求。

6　Donald Abelson, ibid, p.115.

7　裴兆琳，《美國外交與危機處理》（臺北：中央研究院歐美研究所，民國八十二年七月）頁二二。

（二）結構性政策（structural policy）——按策略性政策之需
要，配置軍事人力，或採購輸出軍事物資的政策及計畫。

（三）危機政策（crisis policy）——對於緊急、意外而又無預警
情況下的突發國際事件之處理政策。

以上三種政策可分別如圖 2-1-1 所示。而其中危機性決策過程
顯示出，為求國家最大利益及安全，在面臨危機時，美國總統有獨
一的舉足輕重之權力。基本上，美國危機處理組織雖是總統視危機
性質而成立的超部會決策小組，但其成員大多數為政府中各相關部
會首長，因此，在危機處理期間，由政府相關部門提供危機情勢的
有關資訊和情報給超部會的危機處理小組做參考，再由危機處理小
組研討若干可行方案提供總統做最後之決策，最後交由平常政府組
織執行，可見政府組織、危機處理小組、總統三者在執行關係上密
不可分。[8]

---

[8] 裘兆琳，前揭書，頁二二。

圖 2-1-1　不同情境下的國防／外交政策 [9]

（一）結構性的決策系統

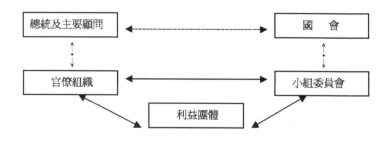

（二）策略性的決定

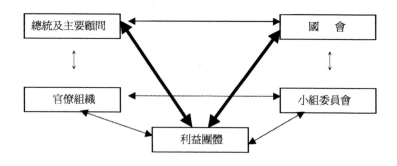

---

[9]　裴兆琳，前揭書，頁二三。

（三）危機性的決策系統

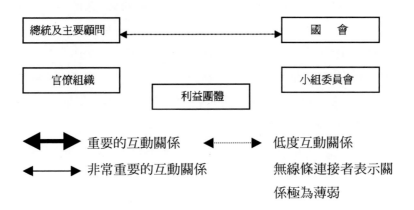

第二節　決策過程理論分析

　　美國外交政策的制定是經過一個複雜的決策（decision making）與回饋（feedback）過程，在此過程中有許多變數（variables）影響甚至決定美國外交政策的制定，這些變數的變化也會刺激美國外交決策的改變。因此，可以透過這些變數的分析，了解並分析美國的外交政策之制定。

圖 2-2-1　政策發展過程

資料來源：Sam C. Sarkesian （U.S. National Security: Policymakers, Processes and Politics）[1]

---

[1] Same C. Sarkesian. U.S. National Security: Policymakers.

在許多分析外交政策的模型中,筆者依據包含許多變數的「系統模型」(system model)。在系統模型中,外交政策的制定的環境(environment)被視為一個系統,經由外交政策輸入(inputs)、外交政策轉換過程(conversion)、外交政策輸出(outputs)以及回饋(feedback)等過程所組成的系統。在此一體系內部不斷的決策、執行與調適的循環過程中產生了美國的外交政策。[2]茲將外交政策的制定分析如下:

(一)環境:包括國際及國內的人文與自然環境,例如自然資源、人口資源與科技水準等。

(二)外交政策輸入:包括國際體系變項、國家性質變項以及決策者個人變項等許多變數,這些變數是外交政策原因(causes)、來源(sources)或者決定的因素(determinant)。

(三)轉換過程:亦即經由決策過程,將輸入轉換成輸出。

(四)外交政策輸出:就是透過決策過程而制定完成的政策。這些政策可以表現於多種型式,如外交政策取向、目標及行為。

(五)回饋:外交政策輸出實行之後,對環境產生影響,又送回成為新的輸入,而激起另一次的政策制定過程。

Processes, and Politics(Boulder: Lynne Rienner Publishers, 1995)155.

[2] 陳啟迪,〈智庫與美國外交政策〉,《美國月刊》,第三卷第十一期,民國七十八年三月,頁三二~四四。

外交政策變數分析

（一）國際體系變項（international systemic variables）：外交
　　　政策是不同國家之間雙邊或多邊的互動關係（interaction），
　　　任何一個國家在制定外交政策時都會受到他國的影響，因
　　　此在解釋國家行為變項時，必須從整個國際體系的結構與
　　　性質中尋找。國際體系是將研究的焦點由國家或政治組織
　　　所組成的國際體系，作為分析國際體系的結構、範圍、意
　　　識型態、國際經濟，以及局勢等變數對美國外交政策的影
　　　響。

（二）國家性質變項（national attribute variables）：美國是典
　　　型的民主國家，主權在民，憲法為本。所以如果從權力的
　　　根源來說，美國外交政策的制定權在全體國民。但是就實
　　　際運作而言，美國外交政策的制定者是政府中的一小部分
　　　領導人。亦即制定外交政策的權力集中在握有權力的政府
　　　官員之中，尤其指總統、國務卿或國家安全顧問等人，因
　　　此，政府的領導階層成為一切外交政策決定的中心因素。
　　　惟美國採「三權分立」，配合「制衡原則」（check and
　　　balance），將行政、立法、司法三權分別賦予總統、國會
　　　級法院來行使，互相牽制以期維護政治權力之平衡。在此
　　　原則下，美國外交權力結構乃由行政及立法兩部門分擔，
　　　即由總統領導，國會監督。

　　　此外，根據民主思想的基本精神，民主國家政府應該是一種
使民意足以轉變成政策的工具，意即政府應依據民意制定政策。
固然民主的理論在實踐上有困難，但是透過民意、菁英分子、大
眾傳播和壓力團體，美國人民雖不直接運用權力制定外交政策，

卻對外交政策的制定具有影響力。

　　同時國家能力亦影響了外經政策取向、目標與行動，如果一個國家的外交政策目標超過了一個國家的能力，則這個外交政策失敗的可能性很大，因此決策者在制定外交政策時，必須考慮其國家能力。總之國家能力是以美國為分析單元，分析美國國內的政治和社會特質對美國外交政策制定可能造成的影響。

（三）決策者個人變項（decision maker individual variables）：
　　　決策者是在一個充滿壓力的決策環境中制定政策，這些壓力來自國際體系、國際局勢、國會、行政部門、輿論界及壓力團體的各個變數，而這些壓力都必須加以考慮，並確認其重要程度，但是無論選擇是如何客觀，國家的外交政策仍然是由個人或少數幾人做最後的決定，因此決策者個人在外交決策中扮演極重要的角色。分析決策者是以其個人之個性、認知、態度、價值觀和信仰對美國外交政策制定的影響。

　　上述各個變數並非獨立存在即可發生作用，在這些不同的變項相互影響與互動之下，共同決定了外交政策的輸出。因此，沒有一個單一的變數可以完全決定外交政策的輸出，或完全解釋單一的外交事件或外交行為。而每一個變數對不同時期和不同事件有不同的影響力，有的甚至對某一政策根本不發生影響力，所以不同時期的政策可以用不同組合的變數來解釋。

變數之影響力

　　在參與外交決策的人員與組織之中，依結構的不同而產生不同程度的影響力，總統及其核心幕僚影響力最大，外交行政機構

和國會次之，壓力團體、大眾傳播和民意則對外交決策之影響最少。雖然結構如此，但是在涉及長程目標的外交政策上，往往都是經過長久的爭辯過程，協調各方觀點後才產生政策。因此，在美國的民主制度下，總統和其核心幕僚固然可以盱衡時勢做決定，但是仍然是在為民意所接受的大原則之下，所做的最後決定，如果民意已形成強烈的態勢，則總統在決策制定上則僅限於手段而已。

　　筆者將藉由探討美國外交權力結構中菁英分子所扮演的角色，引申到智庫和美國之外交政策的關係。菁英分子組成美國社會中之精華性公眾（elite public）[3]，大多數具有特殊或傑出的知識或教育背景、身分地位或是財富與事業，不但對一般人具有相當的影響力，而且其意見受到美國決策者的重視，尤其是美國學者和智庫政策專家對華府之外交決策之影響力，更值得注意。

（一）學者：美國學者經由發表文章、研究和出版的書籍來影響
　　　　政府的決策，歷史上亦有一些學者經政府延攬，實際參與
　　　　政策的制定和執行，尼克森總統時代的季辛吉就是最典型
　　　　的例子。然而，並非每一位學者都適合加入政府工作，因
　　　　此，許多學者以擔任政府的顧問或出席國會為某一政策做
　　　　證，或是擔任國會外交委員會的顧問而對外交政策產生影
　　　　響力。

（二）智庫政策專家：除了學者外，許多智庫政策專家也可以藉

3　前揭文，頁三七。公眾（public）分為一般性公眾，對外交事務較冷淡；
　　注意性公眾（attentive public），對外交問題感興趣也有所了解；精華
　　性公眾（elite public），是政策和意見的發言人，能有效傳播意見，以
　　影響公共政策的制定。

著他們的研究報告，向政府提供外交政策上的建言。這些
專家的建言有時遠超過政府中實際從事外交政策的官員。
例如，第二次大戰後，布魯金斯研究院所成立的國際事務
研究小組，就是馬歇爾援歐復興計畫的規劃者；此外，一
九五〇年和六〇年代美國國防部核子嚇阻戰略的設計，則
是由蘭德公司所提出。

除了系統模式之外，筆者也將引用艾里遜在《決策本質：解
說古巴飛彈危機》一書中所使用分析國際危機管理的三模式，（一）
理性決策模式（the rational actor model）；（二）組織過程模式
（organizational process model）；（三）官僚決策模式（the
governmental politics model），加以瞭解智庫在美國外交決策
制定過程中的影響力。[4]

（一）理性決策者模式分析

對於提出以政府為決策中心模式的人來說，用理性決策模式
來解釋政府的外交事務行為是非常實用的一個開端。在理性角色
模式裡，它將政府假設成一個理性的、單一的決策個體；而且這
個個體可以確認並選擇採取一項行動將其策略目標與目的極大
化，而政府在選擇採取什麼樣的行動來回應問題和個人在作一個
理性選擇時的這個過程是類似的，也就是說，他們採取了可以將
利益拉到最大，而成本降到最低的一項措施。[5]

---

[4] 裘兆琳，前揭文，頁七。
[5] Graham T. Allison and Philip Zelikow, Essence of Decision：
Explaining the Cuban Missile Crisis（New York：Addison Wesley
Longman, 1999）255.

　　將政府看作是一個人的角色，是試著想解釋並找出促使某些特殊的政策決定是什麼，然而，把政府簡化至一個單一個人的層級，那政府的程序結構就被實質地忽略了，換句話說，即使有些政治領袖可能比較喜歡在政治真空狀態（political vacuum）做決定，但來自於各方面的壓力，例如：反對勢力、各部會、遊說團體、委員會、利益團體、企業、工會以及其他民間組織等，常常限制了他們獨立作決策的能力。更甚的是，在像美國這樣高度分權的政治系統裡，因政治及經濟利益而組成的民間組織有許多的機會可以接觸到決策者，所以政府對外只有一個單一發言的聲音是很少且奢侈的，這樣的結果，建議政府行事像一個單一決策者是行不通的。

　　理性角色模式在檢測智庫可以如何被整合併入外交決策制定的正式理論裡，提供了一個有用的起始觀點，誠如提出理性角色模式的人所主張的，同樣假設那些代表政府的決策者們在決定一項政策建議之前會仔細評估訴諸某些行動的優缺點；既然很少有決策者擁有就特定政策領域方面的專業，因此他們會經常轉向自己內部的幕僚圈尋求指引就可想而知了。而且，就如筆者整個研究所討論的，先不談國會議員及他們的幕僚，各級首長及總統候選人常常會在發展及形成某些特別的政策過程中，請教智庫學者專家的意見。在幾個實際案例的討論中，例如：蘭德公司與國防部之間有關美國是否應該購買 F-22 戰鬥機以加強領空防衛的優越性，民主政治領袖委員會（Democratic Leadership Council）和其政策制定幕僚所進行的遊說努力，政策改革研究院（Progressive Policy Institute, PPI）協助柯林頓總統說服國會議員批准北美自由貿易協定，以及傳統基金會（Heritage Foundation）不斷說服國會山莊實施共和黨的「與美國有約」

（Contract with America）法案，這些都可以說明，和其他事情比較起來，智庫和決策者之間互動的頻繁程度。[6]

（二）組織過程模式

在艾里遜的研究著作《決策本質：解說古巴飛彈危機》中（Essence of Decision: Explaining the Cuban Missile Crisis），艾里遜揭示了理性角色模式先天上的缺失，同時藉由建構另外兩個模式範例來解釋如何對外交政策作決定：組織過程模式（organizational process model）以及官僚決策模式（governmental（bureaucratic）politics model）。對艾里遜來說，理性角色模式的提出者忽略了政策制定過程中兩個很重要的特徵：即行政官僚部門在限制政治領袖有多少可選擇的政策建議程度，以及政府官員為促進他們自己的政治與個人利益，而引發彼此之間的激烈競爭。

雖然理性角色模式假設了政府會為採取一項行動以達到它的最大目的，但艾里遜認為值得爭議的是，官僚體制的部門在某些工作上的無能以及沒有配合的意願，都會限制了可供決策者選擇的政策多元性。根據艾里遜的組織程序模式，既然個別部門被要求要遵守標準運作程序，那他們就不可能有在這樣的程序下改變他們的行為以配合決策者的目的及喜好的彈性。艾里遜在導致甘迺迪執行委員會（Kennedy's Executive Committee, ExCom）下令以軍艦封鎖古巴的一些事件的分析中指出，決策者通常偏好空中襲擊，但卻被迫對這樣作的成功機率表達出保守的態度，換

---

[6]　Abelson 117.

句話說，艾里遜認為當政治領袖心中偏向採取某個特殊的策略時，官僚體制的限制卻強迫他們尋求另一項動作。當組織決定影響公共政策與輿論時，智庫團體已經開始進行共同的努力去儘量擴大對整個政府的關係聯繫，藉由發揮他們自己的專業領域，以及和各部會機關的官員建立正式的接觸，智庫團體嘗試確保與決策者的長期聯絡管道。[7]

理性決策模式主張政府的行動就是從國家策略目標整體極大化的方案選擇結果，所以國家或政府被視為獨一的理性決策者，針對國家所面對之危機問題做出反應；因此所謂理性決策行動（action as rational choice）是依據國家安全及國家利益考量之總目標，理性決策者在不同選擇方案中，針對結果價值極大化原則做出行動抉擇。理性決策模型的主要推論類型（dominant inference pattern）是在任何政府危機行動之背後必定可以歸納出所欲達成的目標，而這些行動是由一些極大化手段（a maximizing means）所組成以達到此目標。[8]組織過程模式主張政府決策不完全是依據理性之抉擇，主要是組織功能的例行產出，所謂組織化的標準作業程序包括：（1）組織的標準作業程序（standard operation procedures, SOPs）；（2）組織所提供之有形能力（physical capabilities）及裝備；（3）組織的決策預設立場（narrow constraints）。[9]

在組織過程模式中，政府的決策端賴組織依照個別能力、文

---

[7]　Abelson 107.

[8]　裘兆琳，前揭書，頁七。

[9]　前揭書，頁八。

化和標準作業程序所產生的結果。[10]組織所能運用的資源限制了決
策者在制定政策時的有效選項，另外，領導人的決策空間也受限
於組織所能提供的選項限制。組織過程模式中的行為者既非代表
國家，亦非代表政府，而是一群鬆散的組織，在國家大政方針與
一定規範限制下，各自擁有不同的自主權，執行相當廣泛複雜的
業務。

　　哈普倫（Morton H. Haperin）曾說過，在每一個組織中，都
會有少數幾個位高權重者決定組織的能力、文化與任務的優先順
序，組織既然受到這些標準作業程序的限制，使得決策者難以操
控或是干預組織的行動，遑論居中協調各組織之間的行動，組織
文化可能塑造出在此組織內的成員正式與非正式的規範與標準。[11]
以雷根總統第一任期的國務卿海格（Alexander Haig）為例，他
與當時的亞太助卿何志立（John Holdridge）均相信中國是亞洲
最重要的國家，因此兩人在有關亞太或中國政策的制定上，都以
拉攏中共為目的，海格為了達成目的不惜與白宮的幕僚，甚至與
雷根本人交惡，並因此辭去國務卿一職。繼任者舒茲（George
Shultz）與海格的行事風格與態度截然不同，他認為日本在亞洲的
重要性高於中國，而且他也從未挑戰過雷根在外交決策上的領導
地位，雷根兩任總統期間的國務院，因為兩位不同作風的國務卿，
而使得國務院的政策優先順序與文化有極大的差異。

---

10 Graham Allison, ibid, p.78-96.

11 Morton H. Halperin, 《Bureaucratic Politics and Foreign Policy》
（Washington DC: Brookings Institution, 1947）28.

（三）官僚決策模式分析

　　官僚決策模式在解釋國際危機管理時，著眼於政府內不同的遊戲參與者（players），而這些不同的參與者不只是考慮獨一的危機事件，而是針對各個不同國家、組織和目標，對全面問題同時考量。因這些危機利害相關者為影響危機管理的走向，則必須做政治之較勁（the pulling and hauling of politics）。因此決策不是選擇的結果，而是不同利益妥協、衝突、談判的產物。政府政治模型中，國際危機當然是由影響政府決策最大的參與者，包括政府部門、利益團體、國會及媒體等所決定。而這些參與者之決策又由其所持的立場與利益所決定，權力有效地影響政府決策，又決定了不同參與者對於結果的影響效用。同時，不同參與者也由於參與管道不同，而會形成決策結果的差異。政府政治模型的基本假設是政府危機管理的企圖並不代表政府最後的行動，而各不同參與者的立場亦會由於其所處位置之不同而有所改變（where you stand depends on where you sit），每一個角色對於同一危機的看法亦會有所不同，因為不同的位置所強調的問題即不同。[12]

　　在官僚模式中，雖然總統是外交的主要決策者，但並不是唯一的決策者，參與決策制定人士往往由六至十二位凝聚性高的小團體所制定，由於參與決策制定之小組成員所執掌之業務不同，觀察問題的角度與立場也有所不同。決策小組成員不一定有相同的戰略目標，不同的組織與個人利益有不同的概念，不過，如同鑽研總統權力的學者紐斯塔特（Richard E. Neustadt）所指出

---

[12] 裘兆琳，前揭書，頁九。

的，在官員與總統之間對決策產生歧見時，總統必須用說服的力量讓決策小組成員接受總統的想法。[13]艾里遜所提的三種決策模式，恰巧給予致力於影響美國外交決策之智庫一個介入美國政府決策的正當性，這些專業的政策研究機構彌補了政府決策過程中之不足，智庫在華府決策圈中的生存地位也因此更加鞏固，而且也更可預見其未來在政府決策上與日俱增的影響力。

---

[13] Richard E. Neustadt, 《 President Power and the Modern Presidents: The politics of Leadership from Roosevelt to Reagan》, 5th ed.（New York: Free Press, 1990）11.

第三章　智庫之發展演變與兩岸關係

第一節　美國智庫之發展

　　「智庫」一詞起源於二次大戰期間之軍事術語，意指討論計畫或策略之安全室。[1]一九五〇代起則表示與政府簽訂合約之研究機構，如蘭德公司（RAND Corporation），一九六〇年起，智庫則泛指美國所有的研究機構或基金會。美國智庫與大學研究機構之不同，在於智庫為以顧客為導向（client-oriented）之研究組織[2]，它的主要職責在於針對重要內政、外交、經濟及社會福利問題進行研究和分析，然後提出具體而且具時效的政策建議。智庫的特色之一是在許多政策問題尚未出現之前，就適時提出預警和建議解決方案，具有獨特的政治敏感度和過人的效率。

　　全美國總計約有一千餘所非營利性質之智庫，而在華府地區就佔有三百餘所，知名的智庫如布魯金斯研究院、傳統基金會及美國企業研究院、戰略暨國際研究中心和蘭德公司等，他們大部分都以華府為主要據點，蘭德公司雖然將總部設立在加州聖塔蒙尼卡，但是它也在華府週邊之維吉尼亞州五角大廈附近成立一個規模約百餘位研究員的研究分部。大多數的智庫的資金來源由企業資助，他們結合一些行動派學者從事議題或政策研究之小規模研究機構，有些則是以華府為研究基地之基金會，有些或是政治

---

[1]　Smith xii.

[2]　朱志宏，前揭書，頁六。

參選者短期之競選研究單位等。無論是何種形式之智庫，他們無不致力於研究、觀察並分析政情或其他重大議題的發展，以吸引媒體採訪及大眾的支持與認同，藉此提昇知名度，以期獲得更多企業主的資金贊助，使其組織的運作得以持續。[3]

　　智庫於七〇及八〇年代間開始受到注目並急速擴增，然而智庫卻不是一個新的產物，其影響力也未必比早期的研究機構來得大，但是美國智庫卻成功地將知識與力量做一完美結合，在政治界與學術界之間建立起一道橋樑。智庫的存在反映出一種基本的美國憲法分權所造成的政治現實，一種傳統的政黨體系深入於選舉的政治野心，智庫的組織結構和組織文化亦相當程度的受到企業主個人的理念和偏好及知識分子的社會潮流等因素的影響。[4]

　　智庫雖然發跡是二十世紀，但是政策專家顧問及知識分子生活在知識陰影下的政治生命，已有兩百多年的歷史了。在西方國家中，政策顧問曾以擔任皇室貴族的老師，教導王子成為未來領導人為首要任務，例如亞理士多德（Aristotle）教導亞歷山大大帝，聖尼卡（Seneca）教導尼祿，霍布士（Thomas Hobbs）教導英國威爾斯王子成為查理士二世等等[5]，這群知識分子與統治者間的關係開啟了政策顧問與政府之間的關係。近代的甘迺迪總統時代，延攬經濟協會（Council of Economic）顧問海勒（Walter Heller）傳授凱因斯經濟原理，為甘迺迪政府經濟政策提供建言，詹森總統時代聘請高登（Kermit Gordon）為政府預算把關等先

---

[3] Interview with John Foarde, Vice President of US-China Business Council., Washington DC, August 7, 2001.
[4] Smith 22.
[5] Smith 123.

例，正式將知識分子的專業帶入政府決策階層，使這些學者的專業領域與現實生活徹底結合，不但可以檢視專業的可行性，同時亦可為官僚體系的決策過程，注入新的思維，知識分子更可藉由提供資訊或撰文影響領導人對政策制定的思考。

然而，智庫也不盡然為所有政治人物所接受，當知識或專業一旦構成足以影響政策的決定時，就會招惹有心人士的懷疑，專家的力量來自於其不可取代的專業，但它也可能會形成一種挑戰傳統權力的力量。懷著反知識分子的情結，許多人生性懷疑，對知識分子始終報以不信任的眼光。因此，有些智庫學者專家在接受筆者訪問時，均表示個人的研究室具教育性質的，並不企圖對政府決策造成任何影響，其中原因除了不得違反政府對智庫或所有利益團體的規範外，另外就是智庫學者本身希望維持超然中立的學術地位，在有機會進入政府部門之前維持其獨立研究的立場，以及個人的學術研究價值，當然對於那些不願進入政府部門之智庫學者而言，他也可以長保他的學術地位。

美國民間智庫數目之多，活動力之強，實非其他先進國家所能比擬，其主要原因為：一、智庫受到美國憲法集會結社與言論自由的保障。二、美國人民對政治權威一向抱持懷疑的態度，反而較信賴私人機構的專業研究報告。三、美國行政權及立法權分立的憲政體制，相對於美國行政部門，美國國會絕非「橡皮圖章」（rubber stamp），而是一個主動立法機構。這種類型的立法機構在做政策決定時，需要大量的資訊，智庫正是最佳的資訊提供者（information provider）。四、美國民主、共和兩大政黨並無

專設的研究部門[6]，因此他們特別仰賴智庫為他們做公共政策的研究發展。五、美國私人企業與基金會，甚至個人，一向樂於以財力支持立場超然獨立的研究機構，從事各種公共政策的研究、分析與建議。

美國智庫雖然為數眾多，但是一般而言，大多數智庫均具有下列幾項特徵：第一，美國智庫多以研究公共事務為其主要工作，其中半數以上是從事國際問題的研究。第二，美國智庫一般編制不大，每年經費使用有一定的限制，因此為了維持正常營運，這些智庫多與各大基金會維持良好的互動關係。第三，美國智庫研究人員一般素質都很整齊，而且熟知政治藝術，擅用政治手腕，其中更不乏政策行銷的能手。第四，美國智庫素有「影子政府」（shadow government）[7]或「政治旋轉門」（revolving door）之稱[8]，尤其對公共政策或國家政策的制訂有一定程度的影響力。美國政策專家及其在美國人生活中所扮演的角色，可分為三個主要的階段：

第一階段起源於十九世紀中期，當時的知識分子以企圖創造一種修正學術研究及社會改革的社會科學，主要致力於在專業訓練及政治影響力之間取得一個平衡點。使學有專精的人士，可貢獻其專業給政府決策者，讓知識分子可以為國家社會貢獻一己之力。

---

[6] 國際共和研究所（International Republican Institute, IRI）和國家民主研究所（National Democratic Institute, NDI），雖然分別為親共和黨和親民主黨之研究機構，但並非直接隸屬共和黨或民主黨，是完全獨立之研究機構，而且他們所專攻的研究範圍亦不同於智庫所做的研究。

[7] 朱志宏，揭前書，頁二一。

[8] Smith xv.

第二階段則已開始透過各種民間機構或特種機制，例如行政及國會顧問團，或者是國會研究部門等，同樣致力於將專業知識傳達予決策者。舉凡胡佛研究委員會（Herbert Hoover's Research Commissions）、經濟顧問委員會（Council of Economic Advisers）及國會預算局（Congressional Budget Office）等等，他們或是引進專家參與政策制定者之例行性討論會議，或邀請專家對政策制定提供意見，嘗試引進專業策士之建言，為國家政策方針共同努力。

第三階段則開始了專業美國顧問機構，「智庫」之產生，智庫係非利益研究團體，其角色定位於學術性的社會科學及高等教育之間，融合學術的理論與實用；或是政府與政黨政治之間，介於政策的指導者和監督者之間。換句話說，智庫扮演的是一個「中間者」的角色，客觀且務實地對政策提出建言或批評，成功地改變美國民眾對知識分子與現實生活脫離的印象。[9]

儘管在美國所有非營利之政策研究機構均統稱為「智庫」，然而其實質內涵卻各異其趣。美國各智庫之不同點包括財源、研究領域、服務對象、研究人員之招攬及職員之學術背景和意識型態等，以華府地區智庫為例，可概分為以下三類：

一、布魯金斯研究院暨美國企業研究院：其財源主要來自於慈善機構，他們與慈善團體的關係足可影響組織之生存。以華府地區最資深的布魯金斯研究院為例，雖然其財源堪稱所有智庫之中最穩定及充裕，每年約有上億美元，但它仍曾經面臨幾次的財源危機，嚴重影響組織的運作，布魯金斯研究院的

---

[9] Smith xiv-xv.

研究領域主要有經濟研究、外交政策研究及政府研究等三大部門，另外也設有教育研究部門，為政府官員或企業界領袖舉辦討論具教育性質之公共政策演講會或座談會等。[10]

以保守派慈善團體為主要經濟來源之美國企業研究院，在一九八〇年代亦面臨財源縮減而裁員的命運。該研究院自一九六〇年代起成為華府地區最知名，且最具影響力的政策研究中心之一，創始者均致力於維持此一研究院為提供知識分子一個自由開放的研究場所，研究領域包括經濟政策、外交及國防政策、社會及政治研究等三大領域，除了每年出版四十至五十本政策有關書籍和上百篇的論文外，美國企業研究院也發行期刊[11]，盡可能地傳達自己的研究成果給社會各界人士，以奠定自己的專業權威地位，爭取更多企業捐款。

二、蘭德公司（RAND Corporation）暨城市研究所（Urban Institute）：兩者均接受美國政府經費補助，其大多數的研究報告均以提供美國政府相關部門作為政策制定的參考依據。此外，史丹佛大學之胡佛戰爭暨和平研究院（Hoover Institution on War, Revolution, and Peace）及威斯康辛大學的貧窮研究中心（Institute for Research on Poverty）等，均屬於依附在大學，但卻具有相當獨立自主權的智庫，此類型機構亦接受外界捐款。

三、傳統基金會及政策研究中心（Institute for Policy Studies）：兩者為政黨及意識型態色彩較濃的智庫，因此他們的研究方

---

[10] 布魯金斯研究院簡介，可進入網站 http://www.brookings.org。
[11] 美國企業研究院簡介，可進入網站 http://www.aei.org。

向也明顯較具意識型態色彩，而非純學術研究機構。傳統基
金會係由一群保守派國會議員於一九七三年提供資金所創
立，因此，傳統基金會被視為保守派知識分子運動的旗艦，
其研究領域包含外交政策及國防研究、亞洲研究及內政研究
為主，藉由所屬學者撰文或出書來發表政治主張。傳統基金
會成功地運用大眾傳播的力量吸引大眾對它所發表的政策主
張的注意，它也自創一個人才庫，與數以百計的學者專家或
機構保持密切的聯繫，藉此可直接且快速的邀請他們就某一
特定議題或政策，發表看法和主張，提供決策當局制定決策
之依據。[12]

與當權者說真話是哲學家及遁世知識分子的天職，他們沒有進
入權力核心的野心；因此，他們可以直接而且真實地無懼於領導者
的喜怒哀樂，提出建言，對他們而言，政治權力不過是暫時的偶然。
但是如果是在等待機會的政策學者專家，他們必須以政治官僚的方
式向當權者建議，而且所建議的必須是「有幫助的事實」，這是他
們進入權力核心的一道曙光。雖然有些專家的意見確實被當權者所
採用，而他們也因此捲入政治爭論之中，但是智庫政策學者專家本
來就包含為政策而建言和為政治而建言兩派人士。

當代的環境所需要的並不是一群不一樣的政治學者專家，或是
一種特殊專業的建言，而是需要一位可以相信專家的政治領袖，必
須是一位相信這些專家可協助他制定政策目標、釐清國家方向並且
觀察執行之成效的領導人物。雖然現代領導人大都受過教育，尤其
是美國領導人更受過高等教育，但是仍應該請專家學者協助撰擬演

---

[12] 傳統基金會簡介，可進入網站 http://www.heritage.org。

說稿，並且請專家協助研究所面臨各項國家政策的藍圖。現在世界
各國的政府所面臨到的問題比以往更加複雜，現代的領袖也比以往
更需依賴專家和不同於官僚體系的學者的意見和看法。艾森豪總統
之外交特別助理洛克斐勒（Nelson Rockefeller）曾召集一群學術
界人士為美國長期之外交目標思考方向，其中的一位為當時任職於
哈佛大學的年輕教授季辛吉（Henry Kissinger），事後在他書名為
《白宮年代》（The White House Years）的回憶錄中曾描述，一
群滿腔熱誠的年輕顧問，首次受到權力核心的重視和誠摯的接待。
他更深刻地描述在所有政治人物中，洛克斐勒是他所見過最相信知
識即力量的一位政治人物。[13]

　　華府對政策思想、分析和建議的接受程度提高，也鼓勵保守
和自由兩派人士更相信大量投入政策研究工作是值得的，在兩派
智庫激烈競爭下，華府甚至全美國智庫自一九七〇年代起快速成
長，種類也變得複雜許多，很難以一概全，但是不論智庫種類性
質為何，都有幾項共同特質：

一、　在知識角色上，必須具備值得信賴的專業表現和作為聯繫知
　　　識和政策的橋樑，也就是研究掮客（research broker）的
　　　功能。

二、　在資訊流通角色上，必須利用各種方法形成輿論，並分為長
　　　程和短程的輿論，藉此影響大眾對政策議題的看法，進而達
　　　到教育大眾的功能。

三、　在決策過程上，必須藉由媒體宣傳、舉辦研討會、主題餐會
　　　等各式活動，建構一套與華府人的聯絡網，進而直接或間接

---

[13] Smith, p.125.

的參與決策過程。

智庫是把知識和力量結合在一起的一種運作，也是把學術和
政策相凝聚的一種活動，只有那些想把知識和權利相結合的人，
才會熱中於創立和推動智庫工作。具有政策研究和政治影響力的
基金會和智庫的出現，是民主多元化社會的自然趨勢，智庫的發
展，需要充足的經費、高水準的研究人員和提供及發布研究結果
的管道，於此，企業界的支持、學術界的參與、政府機關及政黨
的接納與配合、民意機關和利益團體及大眾傳播媒體的支援，均
為不可少的助力。[14]

早年美國民間少有研究軍事領域問題者，學者能深入軍事研
究的機會也不多，軍方對於外界對軍事問題的見解或意見也不以
為意；政治與軍事因此長年來隔著一條鴻溝，軍人埋首於軍事事
務中，畫地自限思想領域。二次大戰後，美國政府首先從「準備
戰爭」的角度，成立「評估機制」，廣聘學者，擴大接觸[15]，智庫
如「蘭德公司」等遂先後成立，進用學者與退伍軍人，針對可能
發生問題地區進行長期的觀察、接觸、分析、研究與討論後，將
結果提供政府與大眾參考；學界普遍成立研究軍事的單位，或為
另一種培養「智庫」人才，走向「文人武化」、「武人文化」的地
步。[16]從早年的「準備戰爭」發展到現在的「預防戰爭」。近年來

---

[14] 魏鏞，〈在知識與權力之間：基金會與智庫在開放中的角色與展望〉，《中
國時報》，民國七十九年十月十五日，版二。

[15] 唐飛，〈居安思危，重視國防〉，《臺灣有沒有明天？臺海危機美中關係
揭密》（Crisis in The Taiwan Strait），李潔明、唐思合編（臺北：先覺
出版有限公司，一九九九年），頁五。

[16] 前揭文。

跨國的「中國問題」討論會接踵而至，有「中共威脅論」、「中共虛有其表論」、「美國應積極介入兩岸接觸」和「美國千萬勿被拖下水」等論調，不管是從學術立場或是政府決策的立場，各種看法都有參考的價值。[17]在這樣的環境下，加上中國廣大市場的誘因，使得美國智庫之中國或兩岸研究因應而生，而且在美國企業財團支持下，兩岸問題成為智庫的一項主要研究範圍。

　　在二十世紀結束前，智庫在美國政壇和政策制定過程中已經無所不在，從一九六九年不到七十家的智庫，到一九九〇年代超過三〇〇家智庫的擴張情形看來，智庫在美國政治上的角色份量有愈來愈增加的趨勢，而其中新成立的智庫大多具有意識形態的色彩，而且也愈來愈走向市場導向的策略，推銷自己的產品和對議題的見解。整個大半世紀以來，新興智庫都在尋求藉由自己所屬專家的研究分析，提供給政府解決問題的方法來為自己定位，智庫學者專家們撰寫決策者有興趣的文章，以引起決策者的注意或參考，但是他們也必然在文章中技巧地避開政策制度過程最後階段的結果，將自己立身於決策圈之外，以維持其超然中立的印象。在一九一〇至一九六〇年之間，智庫專家影響的是政府組織如何運作和政府組織的大小及其組成的範圍。例如，布魯金斯研究院在二十世紀初協助政府籌組預算局（Bureau of the Budget），而蘭德公司在二十世紀中葉為國防部研發系統分析的運用程式等實例。

　　就上述兩個案而言，智庫的影響力是相當大的，但是智庫專家卻不需要直接參與更高層的政治角力，不管是代表智庫或代表

---

[17] 前揭文。

個人。而另外一種較常發生的情形是智庫專家被決策者利用來將
決策者所偏好的政策做合理化的修正，而不僅是描述政策而已。
到了一九六〇年代初期，整個美國的政治環境改變，智庫的成立
和對智庫的期許也變得更具體化，許多大型私人基金會，例如洛
克斐勒基金會和福特基金會與政府結合成為智庫的主要金錢來
源，這些企業家都是欣賞智庫的研究成果，但是到了二十世紀的
最後十年，這些傳統的支持來源一部分已經被個人、公司和較偏
意識形態的小型基金會所取代。新一代的贊助者大多希望看到智
庫能對特定議題表示一致的見解，而且必須是能見度高的表達方
式，甚至偶然還必須帶點政黨色彩。以傳統基金會為例，它特別
將其辦公大樓選擇在國會山莊附近，而它的研究報告也刻意設計
成更簡短而且更容易取得的方式來達到它的促銷效果。它所出版
的刊物還必須通過手提箱測試，也就是國會議員必須能夠在從華
府雷根國家機場到國會山莊十五分鐘的車程中完全讀完整篇文
章。傳統基金會透過基金會的國會聯絡人、簡短的出版品和一大
群的工作職員形成一部高效能的「影響機器」，將傳統基金會的政
策立場積極地、有野心地推銷給決策者和新聞工作者。自從傳統
基金會在成立之後，致力於推銷專業，取得注意和主動影響政策
辯論的工作，已經成為愈來愈多智庫的基本策略。而智庫專家們
已愈來愈注重於行銷自己的研究報告來加強他們個人的影響力，
比起行政部門或公家機構制式的研究，智庫可以更自由地藉著例
如《華盛頓郵報》等主要報章雜誌的讀者投書或和國會幕僚的聚
會等機會，得到更多的便利之處和提昇知名度，進而累積政治影
響力，而知名度和政治影響力比起嚴格規定的中立角色，是成為
許多智庫得到更多財源的關鍵因素。

　　到了二十世紀末期，和以前智庫專家所扮演的旁觀、公正的

研究者角色比較起來，現代智庫專家學者在政策制定過程所扮演
的角色就顯得更加不同和多樣化了。智庫專家已經將他們自己變
得只注意具時效性的政治和政策辯論，而愈來愈不重視公正客觀
的方式，例如像技術性的細節、利益分析、收集資料、從事研究
和專研提案等方法。現在的政策專家們，尤其是在智庫工作的政
策專家們更具攻擊性地朝向政策過程的最後階段進攻，期許最後
的政策中有他們的主張和理念在其中，致力於影響政策並朝此目
標努力。華府智庫已經開始循著傳統基金會的模式，建立一各專
職於聯絡國會或新聞媒體的部門，為政策專家創造推銷自己想法
的絕佳機會，而其他以研究為導向的組織，例如大學，就無法提
供這樣的機會給其所屬的專家學者。智庫藉由他們長期累積的經
驗、專業、人脈和他們全體組織行銷潛力的各種努力結果，已經
使他們在和決策者溝通上取得一個暢通的管道，智庫已經變成美
國政策制定過程中一個能見度高，而且被接受甚至被期待的政治
架構中的一部分。

第二節　美國智庫之演變

在美國歷史上，智庫的地位最為顯著的時期，是在卡特和雷
根總統的任期內，卡特和雷根對各自屬意的研究機構所提的建議
大多尊重甚至採納。事實上，這二位總統在當選之前，就與智庫
建立了不可分割的關係。為何當時任職喬治亞州州長的卡特，必
須求教於三邊委員會、布魯金斯研究院及外交關係委員會？又為
何當年的加州州長雷根，必須倚賴胡佛研究院、美國企業研究院、
傳統基金會、戰略暨國際事務中心及現代危機委員會等智庫？總
統候選人與智庫的關係，在選前及當選後，密切到何種程度？智

庫對卡特和雷根的施政，有多少影響？

一、卡特招賢

當一九七四年尼克森總統因水門案辭職，而續任的福特總統對其所有罪名給予完全特赦，美國民眾喪失了對共和黨的信心。因此，一九九六年的大選將由民主黨勝出，是昭然若揭的趨勢。但是，在傑克遜（Henry Jackson）與華勒斯（George Wallace）等重量級人物環伺之下，資淺復默默無聞的喬治亞州州長卡特，卻以黑馬的姿態入主白宮。

卡特能在旦夕間扭轉乾坤、脫穎而出的現象，政論家們至今仍未能歸納出一套完全的理論，但卡特與多間著名智庫的密切關係，對其聲望的提昇，確有助益。尤其是位於美國東北部地區的數間智庫，在卡特競選時期及當選後的政策規劃中，佔有重要的地位，而這些智庫對政府決策的鉅大影響力，也在此時表露無遺。

卡特在一九七〇年當選喬治亞州州長時，即有問鼎華府之志，但以其當時的政治勢力及財力，若無法取得資深民主黨人士的支持，則此志向終將成泡影。雖然卡特在美國南方樞紐的喬州首府亞特蘭大獲得廣大支持，但其致勝關鍵則在於獲得傳統勢力所在的東北部學界、財團及媒體的協助，卡特冀望以掌握全美東的資源為基礎，以建立其全國性的政治實力。

早在一九七一年，卡特即致力於提昇全國性的知名度。此時經由其親信幕僚如前國務卿魯斯克（Dean Rusk）等人的引介，結識了一些主要的贊助人，其中包括大通銀行（Chase Manhattan Ban）總裁洛克斐勒（David Rockefelle）及《時代雜誌》總編輯唐納文（Hedley Donovan）。在《時代雜誌》一九

七一年五月號以封面故事推介了卡特及其倡導的「新南方」政策，唐納文在一次會晤中介紹卡特認識了洛克斐勒的親家，外交關係委員會執行長法蘭克林（George S. Franklin），由此而得以結識洛克斐勒。他對卡特的南方背景，以及卡特在州政上倣效甘迺迪的作風印象深刻，因此在一九七三年洛克斐勒創立三邊委員會時，便邀請卡特入會。負責為洛克斐勒甄選會員的前國安會顧問布里茲辛斯基表示，卡特在東京與布魯塞爾設立喬州經貿辦事處的具體作為，顯示其在拓展美國的國際經貿事務上，與該會的理念相同，是獲邀入會的主要原因。

　　三邊委員會之羅致卡特，固然因其國際經貿觀為該會所認同，但洛克斐勒和布里辛斯基對該會會員有入主白宮的可能性，更是感到興趣。參議員高華德（Barry Goldwater）指出，洛克斐勒和布里辛斯基認為卡特是最符合他們所需要的總統候選人，故為此動員了華爾街的財力、旗下學術界的影響力，以及該會所能掌控的媒體，幫助卡特贏得黨提名及總統大選。卡特藉由成為三邊委員會的會員，得以從一個在喬州以外鮮有人知的州長，搖身一變而在各級政府、傳播媒體、學術界、各類基金會及社團組織的實力派中佔一席之地。

　　雖然在七〇年代初期，卡特與三邊委員會間的密切關係，尚未受到政論家的重視，但至一九七六年，卡特對該會的信任程度，則甚為明顯。例如一九七六年六月洛杉磯時報的一篇報導指出，卡特的首場有關外交議題的演說——倡議北美、西歐和日本等產業先進國家通力合作，以及另外多項外交方面的政見，均是根據三邊委員會的獻策。事實上，卡特對三邊委員會中的菁英分子如布里辛斯基和范錫等人的倚賴日重，以致部分觀察家認為其整套外交政策、競

選策略、甚至部分內政政策，皆由三邊委員會直接主導。

三邊委員會對卡特的內政與外交政策影響程度到何種程度，局外人很難明確指出，但無可置疑的是，卡特本人確以身為該會成員為榮，卡特在其自傳中提及「三邊委員會組織的存在，係為確保持續適時化解繁重而迫切的外交問題。由來自日本、北美及歐洲民主國家的領導級人士，每半年集會研討三方面關切的當前議題。成為該會會員，使我獲得一個學習的良機，會友們在我研究外交事務上，提供了許多協助。」[1]

三邊委員會首任理事長，後來擔任卡特政府國家安全顧問的布里辛斯基，同意有關該會提供卡特外交事務研習經驗的說法，但否認曾向卡特就內政與外交事務獻策，他表示：「三邊委員會並未扮演幕僚角色，但我認為對卡特而言，本會有兩項重要作用，首先是本會提供他首度接觸外交事務的基礎，在加入本會之前，卡特對外交事務無從瞭解。再者是結識了許多對外交實務工作有興趣的會友；其中部分會友，在卡特就任後奉委出任行政官員，我依稀記得總共有十八位左右的會員，擔任卡特政府的高級官員。卡特政府中，所有外交政策的主要負責人，都是三邊委員會的會員。」除了布里辛斯基外，任職卡特內閣的委員會會員尚包括孟戴爾（Water Mondal）、聯邦準備銀行總裁沃克爾（Paul Volcker）等。[2]

在卡特當選總統後，雖然以三邊委員會為主要班底，同時對其他著名智庫，如外交關係委員會，亦未曾忽視。事實上，許多

---

[1] Smith 128.
[2] Abelson 11.

三邊委員會的成員同時身兼外交委員會委員,而對卡特更為有利。在其主導下,至少五十四名外交關係委員會成員加入了卡特政府的行列,其中包括國務次卿哈柏(Under Secretary of State, Philip Habib)、中情局長透納(Stansfield Turner)及駐聯合國大使麥克亨利(Donald McHenry)。在羅致了多名三邊委員會和外交關係委員會成員後,卡特更轉向布魯金斯研究院求才,該學院在過去曾經為數位民主黨籍總統提供服務。卡特在一九七五年造訪布魯金斯研究院,參加了兩場討論外交及經濟事務的午餐會,卡特任命的布魯金斯研究院成員包括:白宮幕僚長海斯(Stephen Hess)、經濟顧問委員會主席舒茲(Charles L. Shultz)、財政部國貿局助理局長柏格斯坦(Fred Bergstien)、衛生教育暨福利部規劃評估業務局助理局長艾龍(Henry Aaron)、財政部副部長助理尚雷(Emil Sunley)、薪資物價穩定委員會理事長伯斯瓦(Barry Bosworth)、無任所大使史密斯(Gerard C. Smith)以及聯邦準備基金會董事提特絲(Nancy H. Teeters)。[3]

　　在卡特的四年總統任期中,對智庫的倚賴非但未曾減少,且有日漸加深的趨勢。尤其是在當時的重大課題上,如美國的國際經貿關係、中東與拉丁美洲的緊張局勢等,無論是在朝或在野的智庫學者,都得以大展身手。事實上,卡特對中東和南美的政策,顯然是由智庫所擬定,智庫在卡特政府的外交政策制定中,所扮演的角色不容忽視。

---

[3]　Abelson 62.

二、雷根納士

雷根在擔任加州州長的時期，鮮少求教於政治研究機構，直到一九八〇年二度競逐共和黨總統候選人提名資格前，才重用智庫學者。

一九七六年雷根首次逐鹿，在黨內初選時，以些微之差敗給前總統福特，當天在由堪薩斯返回加州的旅途中，便下定決心捲土重來。後來終於在八〇年七月的共和黨大會上，獲得壓倒性勝利，繼而贏得總統大選，成為美國第四十任總統。

許多評論者認為，雷根的高票當選是由於卡特政府在國際性經濟及政治事務上的失利。但平心而論，雖然卡特在伊朗與尼加拉瓜政變事件中的處置失當，但外交失利的影響，並不足以造成雷根的勝利。雷根的成功，在於其幕僚能將其保守派政治理念，詮譯成動聽且為民眾接受的政見。在一九七六年雷根首嘗敗績返鄉的歸途中，幕僚人員已著手規劃新的競選策略及內政與外交政見。雷根在一九六〇年以前，原為民主黨員，但在甘迺迪險勝尼克森而為總統後，毅然改投共和黨懷抱；競選幕僚此時的任務，便是說服選民作相同的抉擇，選擇保守路線的共和黨。[4]

雷根政治顧問的核心人物，胡佛研究院院士安德森（Martin Anderson）認為，向美國民眾傳達政見最有效的方法，就是爭取學術界的支持。由於政治理念的主要發源來自高等學府及智庫，本著「明道興邦」（ideas move nations）的信念，安德森招募了一群學術菁英，為雷根推廣政治主張。安德森於其回憶錄中指出：「早在一九七五年，當我出任雷根的競選幕僚時，即開始系統化地為雷根引援國內最優秀的經濟學者。這份學者名單，則是我

---

4 Abelson 12.

在一九六七年為尼克森助選時，便開始蒐集。引進經濟學者，是為雷根建立一支全方位『學者部隊』的初步工作。」[5]

在網羅了傅萊門（Milton　Friedman）、尼斯卡南（William Niskanen）及魏登邦（Murry Weidenbaum）等著名學者後，安德森著手設立專門小組，在內政及外交等不同領域中，更廣泛地提供謀略；此一概念，亦是安德森在尼克森時代所吸取的經驗。安德森表示：「學術界人士所提出的意見，是選戰中的重要物資。將學者們分組，並指派彙整報告的小組負責人，如此作法比一般的顧問方式來得有效多了。各小組的成員多半有很高的配合意願，無分晝夜，隨時可為候選人及其幕僚人員答詢。通常來說，有些政策上突發的疑難雜症，只要一通電話，就有全國最頂尖的專家，在短短數分鐘內，提出最合理的解答。這些動作，向來是背著新聞媒體來進行，而這類電話磋談，往往可以在政策問題擴大前加以彌縫，而避免了日後的難堪。當尼克森當選後，我們進一步發現，這群謀士的中堅分子，更是委聘高階行政官員的絕佳人力資源庫。此外，擁有如此龐大的學者陣容，大大提高了候選人的聲譽，而候選人的政見，也等於是得到了這些學者的背書。」[6]

安德森在雷根政府中，負責內政及經濟政策小組，而負責外交與國防政策的，則是胡佛研究院的艾倫（Richard　Allen）。對於智庫將意見上達雷根的方式，艾倫表示：「在我所負責的範圍下，總共有一百二十人，其中八十位負責外交政策，四十位負責國防政策。這些人是各領域中典型的專才，包括專家學者、來自國防部與國務院的退休或離職的專家，以及卸任的外交官之流，其中又分為若干小組。我有兩名主要的副手，他們是戰略暨國際

---

[5]　Abelson 13.
[6]　Abelson 15.

事務中心的艾克（Fred Ikle），和身兼胡佛研究院與戰略暨國際事
務中心成員的克里夫（William Van Cleave）。他們兩位，基本
上根據我的指示，將研究課題分發給各有關小組，這些小組各有
工作領域，有的專門研究區域性事務，有的審議國防預算，此外
還有專攻基層外交事務、中東問題、中南美事務、美蘇關係、亞
太地區局勢等等不同議題的小組。這些小組，提供資訊、建議、
部分演講稿等，經由副手傳遞給我。我們的總統候選人在詳讀這
些文稿後，如果覺得合適，就會放進他的演說中，作為政見；這
套體系的作業流程便是如此。這些研究小組，在提供議題的基本
背景資料上，尤其有效。」[7]

　　在雷根於一九八○年十月二十三日簽發的新聞稿中，對其政
策研究小組的功能和領域，留下紀錄：「雷根州長於今日宣稱，他
已完成創立二十三個內政及經濟政策研究小組，其中囊括了三百
二十九名顧問，針對大選後新政府將面對的重要議題，進行研究。
同時成立的，尚有包括一百三十二名顧問的二十五個外交與國防
政策研究小組，亦將針對各項有關的重大問題，進行審慎詳盡的
研討。」藉由發表有關從福利重整到飛彈佈署等研究，以及提出
若干政策上的建議，政策研究小組已為新政府畫下藍圖。誠如安
德森所指出：「當雷根在一九八一年掌權時，對於行使職權的整體
計畫，早已是白紙黑字，明明白白。」

　　雖然新聞媒體幾近忽略了由四百六十一名頂尖專家組成的四
十八個小組，就職後的雷根卻已迫不及待地開始大封功臣。被委
以高階政府官員者包括：聯邦準備基金會主席葛林斯潘、最高法
院大法官史考利亞（Antonin Scalia）、國務卿舒茲、國防部長溫
柏格、國防部副部長塔夫特（William H. Taft）、國家安全顧問艾

---

[7]　Abelson 17.

倫、聯邦貿易委員會主席轉任白宮管理暨預算辦公室主任米勒
（James Miller）、白宮管理暨預算辦公室副主任哈波（Edwin
Harper）、經濟顧問委員會主席魏登邦與經濟顧問委員會委員尼斯
卡南及摩爾（Thomas Moore）、財政部副部長特魯（Norman
True）、財政部長經濟政策助理羅伯斯（Craig Roberts）、駐德國
大使伯恩斯（Authur F. Nurns）、交通部副部長川特（Darrell
Trent）、國會預算辦公室主任潘納（Rudolph Penner）以及首席
內政暨經濟政策顧問安德森；其中半數以上來自智庫。

　　除上述人員以外，陸續加入雷根陣營的智庫人才比比皆是。
從一九八一至八八年間，曾在雷根政府擔任全職、備詢或顧問工
作的保守派智庫成員，將近二百人。其中以五間堪稱為雷根時代
的代表性智庫，其從政人數分別為：胡佛研究院，五十五人；傳
統基金會，三十六人；美國企業研究院，三十四人；現代危機委
員會，三十二人；以及戰略暨國際事務中心，十八人。[8]

　　部分智庫在雷根當選前後，致力推動其保守派政見的成績，
特別值得加強注意。如前述，胡佛研究院的安德森與艾倫，在一
九七六至八〇年間，在主持政策研究小組的數百名學者所從事對
內政及外交政策的研析討論工作，居功厥偉。然而，當研究小組
完成階段性任務而功成身退，保守派政府的施政方針方始奠基，
智庫的首要工作則轉變為輔助雷根實踐其各方面的政治理念，對
傳統基金會而言，此一時機，正是等待了四年的曙光。

　　知識確實是最有利的政治工具，群眾可能被知識所左右，政
治領導人也可藉由知識提昇個人的政治影響力，或可能因此而被
誤導，斷送個人的政治前途。政策學者專家或顧問可憑藉其專業
知識挑戰權威，或改變人類對政治的態度和改善人類的生活。但

---

[8]　Abelson 99.

是這些學者的矛盾與衝突之處，在於大多數的專家並不認為他們
的條件比決策者差，因此，時有為了誰該聽誰的爭執而產生摩擦。
雖然仍有許多人士對學者專家參與政策制定有歧見，甚至表示所
謂的學者專家將會帶領國家走向毀滅之途。但筆者仍相信專業人
士在政府執政運作上不可或缺，但也不著墨於讚美或批評他們的
政策如何，而是將焦點置於他們如何成功地發揮影響力，以及他
們如何有效地將知識與權力做最完美的結合，使美國政府制定政
策時更嚴謹周詳，為爭取人民福祉而奉獻心力。

三、柯林頓智囊團

藉由分析各種內政及外交政策議題，以及建議決策者採取適
當的行動，智庫已經明顯地定位他們自己是決策群中關鍵的角色
之一。而且，一如筆者在研究中曾經提到，智庫團體最近幾年在
華盛頓政治圈裡的能見度有顯著的提升。許多智庫學者曾被邀請
為卡特及雷根的內閣服務，而柯林頓總統在他競選活動的早期階
段，甚至在八年的執政期間，也很認同政策研究機構在發展及促
銷政策想法上的貢獻，在對複雜的兩岸問題上，也會就教於智庫
之兩岸問題專家的意見。在建立主要內政及外交政策的行政管理
定位過程中，例如，北美貿易自由協定、健保制度的改善、教育
及犯罪預防，或者是訪問中國大陸的行前準備工作等方面，柯林
頓總統都曾經向數個智庫請教他們的建議，其中包括政策改革研
究所（Policy Progressive Institute, PPI）、經濟政策研究所
（Economic Policy Institute），以及國際經濟研究所（Institute
for International Economics）或是布魯金斯研究院等等，其中
尤其與政策改革研究所之淵源特別深厚。

政策改革研究所成立於一九八九年，在與美國民主黨領袖委
員會（Democratic Leadership Council, DLC）結合成為所屬

之政策研究機構後，便將其組織屬性更改為從事實質之政治活動研究團體，不再屬於非營利、分黨派之政治研究機構。

美國民間智庫呈現出一種多樣性的發展型態，威佛（R. Kent Weaver）將美國智庫分類為「無學生之大學」、「承包型研究機構」與「倡導形智庫」三種類型。[9]但是它與柯林頓的關係加上一九九三年美國經濟復甦的景象，使得政策改革研究所的角色受到矚目。柯林頓於一九九〇至一九九一年擔任民主黨領袖委員會主席時，即鼓勵該研究所對自由派和保守派之觀點進行研究，試圖尋找另一條路來發展美國經濟和政治，並於他決定參加總統選舉時，邀請該研究院許多政策專家作為他的競選幕僚，為許多競選政策撰稿或提供策略。這批策士包括政策改革研究所創辦人馬歇爾（Will Marshall）和胡佛研究所高級研究員利普塞特（Seymour Martin Lipest）等人。[10]

政策改革研究所為柯林頓所擬定最出色的政策就是「第三條路線」（third way），他們認為美國新的領導者應該走出既不同於自由派，而且有別於保守派之第三條路，力圖構造一種新的政治哲學，其核心觀念為：創造並把握機會、有責任感、加強社區功能和民主並富有進取心之新政府，並以此觀念提供一系列政策建議，包括經濟改革、健康保險、道德重建、政府改造和對外政策等。[11]

在對外政策部分，柯林頓的背後有一群有意反對中國以致預

---

[9] 根據美國聯邦稅法，從事實質之政治活動或遊說之研究機構，不得接受私人基金會捐款，也不得享有免扣稅之優惠，屬於聯邦稅法之 501（c）（4），不同於本文研究之智庫之 501（c）（4）。

[10] 范賢睿，《領袖的外腦──世界知名思想庫》（北京：中國社會科學出版社，二〇〇〇年），頁六二。

[11] 范賢睿，頁六四。

先安排了對立之路的謀士技巧性的攻擊布希的外交政策，在一九
九二年紐約的民主黨全國代表大會，柯林頓發表演說宣稱「不會
縱容從北京到巴格達的暴軍」。這段話有力的打擊了布希的政績，
是柯林頓競選幕僚的力作，他們認為擊敗一個以外交見長的總
統，唯一的方法是如法炮製，然後抨擊其一切作為都是錯誤，他
們了解沒有任何候選人能憑藉外交政策而勝選，但一個挑戰者如
果打迷糊仗讓人覺得他完全沒有外交政策觀點，一定拚不過以外
交見長的現任總統。柯林頓之策士們於是以道德訴求，抨擊布希
在海珊入侵科威特之前對這名伊拉克獨裁者的態度軟弱，對發生
在波士尼亞的種族屠殺與鎮壓無能為力。這些強硬的競選口號並
非是經過深思熟慮的長期政策目標，而只是技巧性的道德訴說，
目的是在打擊布希對外交政策的道德層面，成功地打擊其競爭對
手最佔優勢的政策，將柯林頓送入白宮。雖然政策改革研究所政
策專家並未進入政府部門，選擇繼續在研究所內為新政府和民主
黨制定政策，但是柯林頓仍引用了競選期間之學者專家，例如雷
克（Anthony Lake）進入政府擔任國家安全顧問一職，而其主政
期間，在對中國政策議題上，亦經常仰賴布魯金斯研究院之何漢
理和拉迪之言。[12]

---

[12] Interview with Harry Harding（何漢理）, Dean of Elliot School of
International Affairs, George Washington University. September
15, 2001, 何漢理表示柯林頓幾度邀請布魯金斯研究院兩岸問題專家就
中國問題做簡報。

第三節　美國智庫之功能

　　美國智庫係由若干學者專家組成之團體，主要功能在為政府各項政策提供所需資訊及服務，並且在公共議題上不厭其煩的發表看法和意見。舉凡季辛吉及布里辛斯基等美國前朝政要，官拜國務卿要角，都曾是知名的外交政策專家。[1]美國專家和知識分子的崛起有其時代背景，歷任美國總統中，也常有借用知識分子及專家的專業領域，制定出國家政策的佳話，形成政府與知識分子之間和諧的合作關係。以甘迺迪總統為例，在其主政期間，正值於美蘇兩國對峙的時期，美國知識分子憂心於國家目標的不確定性，美國百姓也為落後於與蘇聯的太空競賽，而對美國教育和科技發展感到不信任，許多美國菁英因此將希望寄託於形象清新的甘迺迪總統身上。甘迺迪贏得總統大選後即開始大批延攬各界菁英加入政府行列，提出「讓美國再動起來的口號」（remove the America），除了企業界人士外，甘迺迪延聘許多專家學者入閣，例如洛克斐勒基金會（Rockefeller Foundation）總裁魯斯克（Dean Rusk）擔任國務卿一職，企管教授麥那馬拉（Robert McNamara）擔任國防部長一職。[2]甘迺迪在整個政府轉型運作中，頗為仰賴布魯金斯研究院（Brookings Institution）之政策學者如紐斯塔特（Richard Neustadt）等專家之策劃及建議。

　　智庫看似一無組織卻具有影響性的一個階層，他們或是在體制外與政府合作，或是受邀服務於政府之中，他們的研究或報告

---

[1]　ibid, p.xiii.

[2]　ibid, p.124-125.

經常藉由大眾傳播媒體的宣傳，爭取人民的認同，並藉機確立自
己的權威性，進而擴大其對國家政策之影響力，擺脫學者走不出
象牙塔（ivory tower）的刻板印象，使智庫中之專業人士具有參
與政府決策和提供政策建言之正當性及合理性。

在民主社會中，哲學家和學者專家常被視為太過理想化、不食
人間煙火的一群，他們的言論也常被忽略或當作是不切實際。在社
會中，無形中被孤立而自成一族群，或說另立一個社會階層，美國
人如果企圖將此一族群的專家學者孤立，顯然是不明智的，現在的
美國政治環境中，智庫扮演的是一道旋轉門，專家學者在其政治生
涯中或起或沉，都一定程度的維持其專業素養，等待賞識的領導者
再起與適當的時機相配合下，蓄勢再發。而這種起起落落的現象，
真正地顯現出知識的力量和知識與權力之間的關係。有權力而缺乏
知識的領導人物是令人懼怕的，而知識若長期處於一種真空狀態，
不能實際地融入人類生活中，發揮造福人類的作用，也顯得空洞而
可惜。美國智庫將知識與力量徹底結合，有效且適度的將知識做管
理，不斷地製造想法並領導議題使其永遠保鮮，在政府制定各項政
策時均能快速有效地提供建言，隨時準備提供政府制定更完善的決
策，創造一個更有效率的機制。

美國民間智庫呈現出一種多樣性的發展型態，韋佛（R. Kent
Weaver）將美國智庫分類為「無學生之大學」、「承包型研究機構」
與「倡導型智庫」三種類型[3]，並且分別以不同的型式影響政府之
公共政策。

一、「無學生之大學」：這類智庫之特色，在於他們既不招收學

---

[3]　朱志宏，前揭書，頁十六。

生，亦不頒授學位，而是高度依賴學者依照一般社會科學的研究方法，從事研究工作，其研究具長程目標，主要目的在傳播特定概念、塑造菁英輿論，且其研究成果一半是以書籍形式展現，研究經費主要來自民間經費，這類型智庫與學院派作風相似，布魯金斯研究院是這類智庫之先趨，布魯金斯研究院一向強調其研究必須符合客觀、超然、超越黨派、高學術之標準，其內部研究人員大多擁有美國名校政治學、經濟學博士學位，或曾任記者及公職人員。胡佛研究院也是屬於這類型智庫。然而，「無學生之大學」和一般大學仍有不同，「無學生之大學」重視實際政策問題和具體解決方案之研究，而一般大學則重視基本學術理論之研究；前者非常在意他們所做的研究對公共問題之解決有無具體貢獻，而後者則關心他們所做的研究有無學術價值。

二、「承包型研究機構」：以蘭德公司為其代表，這類智庫通常以公司的型態出現，為它的顧客，主要是政府機構，從事政策研究工作，且其研究報告只供顧客內部參考，並不對外發表。蘭德公司實際上就是美國國防部所承包的一個研究機構，由於可以分享國防預算，所以蘭德公司的研究經費不虞匱乏，且經常居所有智庫之冠，蘭德公司並招收研究生，頒予學位。這類智庫和「無學生之大學」一樣，聘用了許多具有美國名校博士學位的研究人員，並且強調政策研究應符合客觀、超然、高學術之標準，然而如何在追求客觀與其在財物上所依賴之政府機關兩者之間，取得一個合理的平衡，是這類智庫必須經常思索的問題。

三、「倡導型智庫」：以傳統基金會為代表，這類智庫通常具有鮮

明的政治標誌、明確的政治理念和濃厚的黨派色彩，他們非
常重視政策行銷，一切作為都以影響公共政策為其前提，重
點在於改變或維護決策者對於某一特定政策的立場。這類智
庫並不關心概念架構、基本理論、研究途徑、研究方法這類
問題，而是關心如何以具體有效的方法，處理現實問題。傳
統基金會將政策專論，以精簡的形式印刷發行，目的在於供
國會議員或各界決策者在華府機場至國會山莊的車程中讀
完，基金會並會派專人將這種專論，送至各個國會議員的辦
公室以及其他華府重要權力中心，希望能夠收到直接而實際
效果。

　　除了上述分類法外，如果以政治光譜作為分類，則智庫亦可
分為右派（以傳統基金會為代表）、中間偏右（美國企業研究院為
代表）、中間偏左（布魯金斯研究院為代表）、左派（以國家政策
中心 Center for National Policy 為代表）和中間派（以戰略暨
國際研究中心和蘭德公司為代表）。而如果以資金來源作為分類，
則可分為需要募集之智庫（例如美國企業研究院和傳統基金會等）
和靠承包政府研究計畫獲得經費（例如蘭德公司）。[4]

　　美國智庫在公共政策制定過程中佔有一席之地，其功能包含
以下各項：

一、　倡導政策理念：「觀念的倡導者」是智庫自我設定的一個角
　　　色，換言之，智庫的重要功能之一是挖掘新的政策問題，提

---

[4]　郭壽旺，〈林中斌教授訪談〉，民國九十一年元月二日，林中斌教授現任
　　中華民國行政院大陸工作委員會副主任委員，曾任美國企業研究院
　　（AEI）亞洲研究部副主任。

出新的政策思考，透過高明的行銷策略，讓政府決策者採納，並且制定成為公共政策。美國企業研究院即聲稱，由於它的大力倡導，終於導致美國政府採取解除對美國國內運輸工業各種管制的政策；傳統基金會亦聲稱自己在提倡公有民營化（privatization）政策上，居功厥偉。[5]

二、 塑造公共輿論：「公共教育的推動者」也是智庫自我期許的一個角色，智庫的研究人員經常接受電視的採訪，或為報章雜誌撰寫專論，並以專家的身分對各種政策議題發表意見，一則為自己所屬機構打知名度，另則希望藉此影響輿論，推動公共教育，並且塑造一個倡導政策理念的有利環境。就美國智庫而言，近年來由於地方報紙與地方廣播電臺普遍在華府地區設置辦事處，而且由於衛星傳播技術日新月異，有線電視臺蓬勃發展，智庫推動公共教育與塑造公共輿論的機會大幅增加，美國公共電視臺在華府則有每日一小時屬於智庫的電視節目，名稱即為「智庫」。[6]

三、 設定政策議程：智庫經常提出特定的公共政策或外交政策問題，進行公開討論，爭取社會的關注、認同與支持，進而促使政府採取具體的政策行動，與此息息相關的一個概念是國際政治議程與公共外交互動的概念。智庫經常針對國際社會某些特定問題，如歐洲集體安全、亞太經濟整合、非洲飢荒、海底資源開採等問題進行討論。智庫在這些方面的努力，經常導致新的政策制定或有關組織的成立。所謂「公共外交」指的是一個

---

[5] 　前揭書，頁五。
[6] 　美國公共電視網站，http://www.pbs.com。

政府或其他相關團體（如智庫），對另一國的外交菁英分子，
就特定外交政策問題，透過直接或間接解釋、說明與溝通的過
程，爭取理解、認同與支持。公共外交的目的，不外乎是促成
對方國家改變對某一外交政策問題所持之態度與立場，塑造國
家良好的國際形象以及培養彼此間之友好關係。

四、　提供政策建議：政府經常會把受到社會高度關注的問題，在
納入政策議題後和採取具體行動前，委託智庫進行研究，並
且提出政策建議。舉例言之，二次世界大戰之後，核子武器
的威脅，成為國際社會一個高度關切的問題，在過去四十餘
年，歐美各國的智庫針對如何防止核戰爆發以維護國際安全
的問題做過許多研究，也出版過許多討論這類議題的專書。
值得一提的還有，在美國新的總統上任之初，美國智庫通常
會以機構的名義出版專書，提出政策建議，藉以影響新政府
的政策走向。例如傳統基金會最引以為豪的就是在雷根總統
就職前即送交《受命樞廷》（Mandate for Leadership）一
書供雷根參考。而布魯金斯研究院也曾發表《設定國家優先
議程》（Setting National Priorities）與《經濟之抉擇》
（Economic Choice），其目的皆在為新政府提供政策建
議，並且企圖影響公共政策。

五、　政策行銷：政策行銷是美國智庫一項非常重要的工作，智庫
會將針對各種公共政策問題所做成的研究成果，以政策建議
之方式寫成背景資料、行政摘要或出版專書、專刊，分送政
府各個部門，做為政策參考依據，藉以影響公共政策的制定，
智庫成立之宗旨在於「影響政策、推動改革」（influencing

policy, causing change）。[7]

六、 儲備政府人才：智庫有時扮演「流亡政府」的角色，收容許多
　　退休的高級公職人員，不少失意政客在智庫暫時棲息，伺機東
　　山再起，例如「戰略暨國際研究中心」素有「國家安全顧問培
　　養所」之稱。[8]由於智庫是臥虎藏龍之地，因此政府常向智庫
　　尋覓人才，這個功能也使得不同政黨政府上臺時可以在短時間
　　組閣完成，不至於造成新舊政府交接所產生之研究斷層，而智
　　庫的存在也使得下臺的政治人物有繼續發揮影響力的舞臺，不
　　會浪費國家人才。

　　美國智庫在基本研究與在政策分析方面所發揮的功能都受到
高度的肯定，舉例而言，位於紐約的外交關係委員會（Council on
Foreign Relations）在一九九二年所出版的《外交事務季刊》
（Foreign Affairs），曾經評估該期刊在過去七十年發表的主要論
文，對美國外交政策制定所產生的影響，結果發現有顯著而重大
的影響。

　　一般而言，智庫為了在競爭激烈的環境中求取生存發展，並
且像外交關係委員會一樣受到重視，必須面對並且克服以下各項
挑戰：

一、 塑造公正、超然的形象，唯有如此，智庫始能博得顧客和大
　　眾尊重，也唯有如此才能吸引優秀的研究人員，為其貢獻智
　　慧心力。美國企業研究院副總裁波頓（John Bolton）在接

---

[7] 朱志宏，前揭書。

[8] 季辛吉和布里辛斯基為尼克森和卡特時期之國家安全顧問，兩者下臺後
　均受聘於「戰略暨國際研究中心」。

受訪談時即表示，為使該智庫之研究成果取信於社會，必須
確保其研究地位之獨立性。[9]

二、 珍惜研究人員，對從事公共政策研究與分析的智庫而言，研
究人員實是最大的資產，理應珍惜，使其發揮潛能。傳統基
金會會長佛訥表示，傳統基金會在意識型態上是傾向保守，
但為不畫地自限，該基金會也吸納一些自由派研究學者，與
其他智庫或學術機構合作，進行研究、交流或召開學術會議，
以廣開視聽，使政策之擬定更具周延性，並自許該智庫為求
新求變的引擎，配合時代的變遷，以新的觀念研究問題，並
刺激新觀念、新思維的產生。[10]

三、 健全機構財物，對智庫這種非營利性組織而言，充裕的財源
與良好的財務管理，實是其組織枯榮之主要依據，智庫一旦
財源枯竭、財物管理出現嚴重狀況，則一切活動均將萎縮，
甚至全面停頓。但尤其應避免贊助之企業主導智庫之研究方
向與結論，應設法爭取社會大眾之小額捐款。[11]

四、 妥善訂定研究議程，智庫必須及早決定它的政策研究範圍與
領域，專門性研究機構的優點在於比較容易建立智庫聲譽，
成為各方意見諮詢的對象，如外交關係委員會，缺點則在於
一旦外界對於其所擅長的議題興趣降低時，未來發展的前途
就會受到嚴重的影響。因此藉由為特定重大議題邀集不同黨

---

[9] Interview with John Bolton, American Enterprise Institute, Washington DC, August 20, 2000.

[10] Interview with Edwin Feulner, The Heritage Foundation, Washington DC, August 21, 2000.

[11] ibid.

派專家學者舉辦大型會議或研討會，並定期出版期刊雜誌，再利用公關手法來推銷學者及智庫名望，維持智庫之客觀性，使其不受政黨在朝或在野而影響其生存和創作品質。[12]

五、 重視研究品質，幾乎所有重要智庫均將其研究成果出版問世，廣為流傳。然而為了樹立權威，智庫的研究成果必須質量並重，而且品質更應該勝於數量。布魯金斯研究院的各類出版品如《布魯金斯評論》(Brookings Review)，戰略暨國際研究中心之《華盛頓季刊》(Washington Quarterly) 以及各種專書，常被美國大學或研究所採納作為教材，為其他智庫立下了標竿。

六、 重視實質效果，再好的產品，如果無法推銷出去亦是枉然，如何透過高明的行銷策略與行銷管道，將智庫所做的政策建議順利送到顧客手中，產生實質效果，實在是檢驗智庫成效的主要指標。因此，強化與媒體之關係，爭取媒體之認同，使媒體對該智庫之研究成果和主張有深刻的了解和需求，藉由媒體的宣傳使其研究成果廣為週知，傳統基金會深知其中之奧妙，更斥資在其大會廳中裝設可直接傳送會議內容予媒體之設備，其目的就是希望該基金會所舉辦的會議或研討會可以在第一手的時間內，傳達給全國民眾。[13]

智庫地位介於學術象牙塔與政府決策圈之間，智庫研究員的著作也介於理論與實際之間，這樣的特色使智庫在美國非政府組織相關機構中，佔有獨特的優勢，雖然世界上許多國家也有智庫，

---

[12] John Bolton, ibid.

[13] Feulner interview.

但是沒有任何國家智庫像美國一樣強調獨立於政府之外，卻仍然在決策過程中扮演非常重要的角色。

　　許多學術研究機構、利益團體、遊說公關公司或智庫等組織，在近代美國外交政策決策過程上扮演著具專業性和有影響力的角色，但是唯獨智庫將自己定位為「思想輸送帶」（conveyor belt of ideas）[14]，他們的影響力隨著美國外交決策過程的多元化而逐漸提高，除此之外，國際貿易和經濟已經直接地影響到每一位美國人民的生計，使他們也開始關心國際政治的情勢和它所帶來的影響，智庫利用文章或電視媒體對國際情勢專業做研究分析並對重大決策議題提出討論，也正好滿足美國人民對這方面專業訊息的缺乏，而國際環境的日趨複雜，也使得決策者或一般大眾對新的思維和解決方法的需求日益提昇。愈來愈多人對美國政府的外交和國防體系的組織感到興趣，並且懷疑到底是誰真正控制美國外交決策，也對決策者如何掌握和執行決策感到興趣，雖然美國的國防外交決策仍然以總統為權力的中心，但是以美國目前在國際上所扮演的角色和地位，任何外交政策的制定和執行，很難僅由一個「個人」完成，因此美國總統如何運作外交政策，就變得和決策內容一樣重要。儘管杜魯門總統開始設置了國家安全會議（National Security Council）清楚地賦予執掌外交決策的任務，也為美國外交決策交由行政系統管理做了定位，但是過去幾十年來，仍然有其他組織或團體間接參與美國外交決策的過程，

---

[14] George A. Fauriol, "Think Tanks and U.S. Foreign Policy,"《The Evolution of U.S. Foreign Policy》, "Ideology and Practice: Revolution of U.S. Foreign Policy," ed. Thomas B. Le（New York: Random House, 1998）479.

到了一九七○年代，美國國會在外交決策過程所佔的份量已漸漸
和白宮相抗衡，兩個權力最高單位的交織運作，給了包括智庫在
內的非政府組織對外交決策過程的影響很大的空間。

　　智庫對政策最明顯而直接的影響力在於其部分政策研究專家
遊走於政府和智庫之間，這也是智庫輸送帶系統的獨特優越性，
許多退休或下臺的決策菁英暫時留在智庫，繼續為外交獻策或提
供看法，協助或監督執政者的外交策略，而智庫具彈性的運作空
間，也使得它成為政府最佳的人才養成訓練所。美國許多大企業
或媒體也了解到智庫與決策者之間的緊密關係和在決策過程上的
影響力，開始利用捐款智庫來參與智庫對政策議題所舉辦的研討
會等活動，合法地參與政策制定過程，並購買管道（access），
保護自己的企業利益。[15]

　　美國智庫和其他非政府組織通常利用五種技巧企圖影響美國
外交政策：

一、創造議題：美國政治以內政為主，為了將非政府組織的聲音
　　有效地傳達，他們多採先發動議題而且尋找最有利的機會影
　　響決策方向，否則決策者不會主動將心力放在外交事務上。

二、傳達訊息：必須清楚地傳達，而且要在有效的時間傳遞給決策
　　者，如果訊息與重大議題有關，更容易吸引決策者的注意，做
　　為政策制定的參考，例如美國國會每年為重新給予中共最惠國
　　待遇的議題爭論，就是智庫等非政府組織獻策的絕佳時機。

---

[15] Interview with Samantha Ravich, Special Advisor to Vice
President Cheney for Asian Security and Affairs, Washington DC,
August 23, 2001.

三、 擴大宣傳：將政策主張或是希望傳達給決策者的訊息，吸引
媒體的注意並加以宣傳報導，如此可提昇智庫本身的知名度
和專業性，更可吸收更多的資金來源，智庫深知其中的敏感
度，因為某些議題如果由媒體大肆報導，也可能功虧一簣。

四、 建立人脈：國會是智庫等組織最重要的目標，國會議員和其
幕僚助理人員都是有效而且直接的切入點，從每位國會議員
的問政紀錄檔案資料都可看出他們的政治立場和傾向，而行
政部門雖然限制較多，但是仍然可經由曾任職智庫之行政官
員作為切入點，因為這些人較容易認同智庫的政策主張。

五、 制定策略：如何在支持者和反對者之間尋求一個平衡點，是
否堅守立場或保持彈性，策略必須拿捏準確[16]；策略掌握得
當與否可以影響到智庫的發展和信用。

二十一世紀的美國與世界更加緊密結合，美國目前與一百八
十個國家建立正式外交關係，在世界各地佈署或大或小的軍事基
地，而且身居幾個主要的國際組織龍頭。雖然美國外交政策的制
定主要是透過白宮、國務院和國防部，但是國會自有其外交責任，
有的來自於憲法或法律，而有些則來自於傳統。國會在外交決策
的角色決不是被動者，有些政策常是主動者的角色，例如李登輝
在一九九五年訪問美國母校康乃爾大學，國會幾乎完全主導，迫
使行政部門同意核發簽證，況且所有的行政措施均需經過國會通
過預算。國會的角色顯示美國民眾對國防和外交政策支持與否的

---

[16] Robert Sutter, 《U.S. Policy Toward China: An Introduction to the Role of Interest Groups》(Oxford: Rowman & littlefield Publishers, Inc., 1998) 11.

重要性，尤其是意見領袖的支持可以確保總統所施行的外交政策
得到國內民眾的堅定支持。

雖然美國政治領導人也向世界各民主國家一樣，經由選舉來去
政壇，但是沒有一個國家像美國這樣經由一次選舉就大幅度更換行
政官員和幕僚，尤其是不同政黨繼任者的人事異動程度更驚人，估
計約有六千多位行政系統人事變換。因此，美國外交政策也會隨著
政權移轉而有所變化，有時甚至移轉到完全無經驗的新手身上，對
於國家所面臨的危機或問題，可能需要花上幾個月或更長的功夫才
能足以應付，這樣的因素使人懷疑美國政府如何在政權更換時，還
能穩定處理外交事務。其中因素當然很多，但是其中一項最引人注
目的因素就是智庫的產生和它所扮演的專業角色。

二次世界大戰後，聯合國、世界銀行、國際貨幣基金和關稅
暨貿易總協（現稱世界貿易組織）等國際組織紛紛成立以應付事
局的變化，美國也面臨了建國以來第一次全面性的應付世界局
勢，因此，美國急需一個健全發展和具有政策分析能力及瞭解世
界動脈的專業研究機構，美國智庫因此順勢而生，並且開始發揮
功能。蘭德公司就是在這樣大環境下的一個產物，當時美國空軍
需要一個獨立且立場超然的機構提供軍事專業的建議和看法，並
且刻意將公司總部安排在加州，遠離華府權力中心。

每個智庫成立宗旨不同，做法也大異其趣，有的忙於定位自
己為超黨派或無黨派的智庫，有些著重在宣傳品的製作，有些注
重和國會與媒體的交往，有些則希望受到執政者的青睞，但不論
做法如何，所有的智庫都強調「思想」對外交政策本質的重要性，
希望藉此以直接或間接的方式影響決策過程。美國智庫受到美國

各界的支持反映在免稅上[17]，不管是其他有關活動的收入，或是慈善團體和個人的捐款，都不需扣稅，簡短的說，政府無形中補助了智庫。[18]

　　美國長年來都以民主的典範、自由價值的防禦者和安全承諾的提供者的角色自居，但是，冷戰結束後，美國應該更深一層的思考其國家整體策略，這個部分，美國智庫可提供很多寶貴的研究心得。美國智庫利用各種可能推銷他們的政策主張於制定政策人士或機構，希望為美國在世界新舞臺上所扮演的角色勾勒出一幅藍圖，其策略如下：

一、 美國智庫認知到這個新世界是一個安全、經濟、區域和全球議題錯綜複雜的時代，不能單獨的看待一個議題而做出任何政策或決定，各項議題均無法分開研究，如果研究範圍和主題愈狹隘，他們在政策議題爭論上的可信度也會相對減弱。

二、 智庫之間應該彼此更開放的討論更廣泛的政策議題，以腦力激盪方式，創造出更多具建設性的政策思想。

三、 智庫應該將自己的定位跨越出作為一個政策對話的仲裁者（arbiter），他們應該藉由眾多與會代表出席的對話或論壇的場合，為因預設立場所造成的意見分歧或缺乏共識的問題上，找出一個平衡點，使議題的討論可找出共識，作為將來解決政策的基礎。

四、 智庫所生產的「智慧產品」（intellectual product）分為兩

---

[17] 美國智庫為非營利組織，不予扣稅。有關美國稅務局對智庫之稅法規定細節如附錄一。
[18] Robert E. Hunter, ibid, p.34.

種，一種即時的為特定議題或時事做解釋，另一種則為對長期策略或政策做深度的分析。然而，智庫應該要超越這一層次，利用更有利的方式傳達自己所提出的政治主張。

由於智庫的定位是在美國社會的政治專業和政治利益之間的仲裁者，因此需要一些實例證明其功能及存在價值。顯現智庫具有影響力的要素很多，最主要的要素之一就是美國聯邦政府，智庫在國會一直擁有相當程度的影響性，尤其是自越戰和水門事件之後，國會即開始尋求外界提供對重大政策的意見和看法及對社會公共政策的分析研究，雖然國會也因此設置了國會研究中心（Congressional Research Service, CRS），但是在國會中，許多委員會的領袖，尤其是外交事務和軍事事務的領導人，仍然相當仰賴智庫所提供的研究分析。許多國會議員或國會助理之前也都曾經服務於以華府為中心的智庫，這一種緊密連結的關係，日後必然會有增無減，尤其是國會經過選舉後不可預測的人事異動，一組新的國會議員就任初期，為盡快掌握訊息進入狀況，必然會接受智庫提供的政策研究分析資料，預料如此的趨勢將來會更加明顯。

而學術界也是顯示智庫對美國政策制定影響力日趨增加的要素之一，由於知識分子的學術成就並不完全符合國家政策的需要或適用性，但是許多學有專精的學者教授對國際事務的見解既深遠又寬廣，所以有些長年被忽略的分析和見解，再度受到政府部門的重視。尤其是對於懸而未決的區域衝突解套方法或是私人企業在全球經濟表現的研究成果最受矚目。然而，任職於大學的學者教授們，不但受限於學術機構的結構性問題，再加上他們教學的工作負擔，往往使得學者或學術機構所創造出的構想不適用於政策的執行；因

此，獨立的智庫團體彌補了這一項缺失，它不但可避開種種的限
制，專心從事政策研究或政策辯論，以創造出更精闢的政策思想。

　　對政治有興趣的美國民眾也是另一項重要因素，美國民眾對
政策的形成與想法也愈來愈感到興趣。冷戰結束後愈來愈多美國
民眾，關心國家在國際上所扮演的角色，和美國與其他各國交往
的議題，尤其是經濟議題備受重視。智庫巧妙地運用出版品，開
研討會和利用傳播媒體的方式，將美國人民心中的疑問具體化，
儘管與媒體交往並非智庫的首要工作，但是不可否認的是，包含
智庫在內的非政府組織對媒體的需求已經是與日俱增，私人機構
尋找代表公司公共政策發言人的需求亦復如是。

第四章　智庫影響美國兩岸政策之管道

第一節　智庫之「旋轉門」現象

　　作為美國外交政策中的一個重要部分，進駐大批分析學者專家與卸任官員的智庫，雖然在外交政策同心圓的位置，居於外層，比不上行政部門和國會的重要性，但智庫成員類似「旋轉門」進出政府機關，從而制定或影響美國兩岸政策，以使華府、北京與臺北的三角關係起了微妙的互動。美國是一個制度化的國家，重視專家成為政府施政的一項特色在對兩岸政策方面也不例外。曾任美國企業研究院（AEI）亞洲研究副主任之行政院大陸委員會副主委林中斌表示，影響美國對兩岸政策制定的美國國內族群，包括美國政府、國會、媒體、跨國企業、學者菁英及民間團體等，他認為美國各智庫內部有大量的學者菁英，可以作為美國制定兩岸政策的提供者或影響者。[1]

　　此外根據臺灣大學社會科學院院長包宗和的研究，智庫影響美國政府對兩岸政策的方式，主要是透過學術交流、座談會或研討會等方式。有些智庫與大學關係密切，因而提供了政學互動的機會，並藉以將學界建言透過智庫的運作傳遞給政界參考。[2]例如美國喬治華盛頓大學國際學院院長何漢里、專攻亞洲問題研究的

---

[1]　曾淳良，〈智庫「旋轉門」進出間美中臺三角起微妙互動〉，http://210.69.89.7/mnd/esy/esy281.html，二〇〇一年七月十六日。
[2]　同上註。

席格中心亞洲部主任望月正人（Mike Masato Mochizuki）[3]和中國部主任沈大偉等，都是來自於布魯金斯研究院。包宗和認為，智庫影響美國兩岸政策更積極的做法是，由智庫成員出任政府的中國問題顧問，或直接成為政府官員，以襄助決策者制定兩岸政策，他強調智庫成員直接從政投入政壇，即可藉以發揮對兩岸政策的影響力。此即為美國政壇特有的「旋轉門」現象，例如美國企業研究院過去曾有三十位政策專家加入雷根政府團隊，而柯林頓在擔任總統以前也曾經是外交關係協會成員。

中央研究院歐美研究所所長林正義也表示，智庫成員類似旋轉門進出政府決策部門從事制定或影響美國對兩岸政策，不乏實例。羅德（Winston Lord）在出任駐中共大使和助理國務卿之前，是外交關係協會的總裁；柯林頓政府第二任期的亞太事務助理國務卿陸士達（Stanley Roth）在出任該職務之前，即為美國和平研究所的研究部主任。此外，美國小布希新政府副總統錢尼曾為美國企業研究院之副理事主席，其夫人目前仍為美國企業研究院之資深研究員；該研究資深副院長波頓也已出任小布希政府主管軍控、反擴散及裁軍事務之國務次卿。

各家智庫都有自己的立場與意識型態，當智庫成員成為政府官員後，這些官員可以私下對總統建言，提出他們長期研究兩岸政策的一貫立場和看法，但是在政策執行上他們仍然必須聽命於總統的指令做事。值得注意的是，智庫不僅可以從事一些較具創

---

[3] 望月正人為日本裔之美國教授，畢業於哈佛大學政治研究所，先後曾擔任蘭德公司研究員和布魯金斯研究院資深研究學者。自二〇〇一年八月起受邀至喬治華盛頓大學國際研究院之席格中心擔任亞洲研究部主任。

造性及長程的規劃,也可以接受政府委託計畫,從事「第二軌道」外交,尤其是在兩岸之間關係低迷時提供臺海雙方可以溝通的另一個管道。智庫的民間屬性提供了華府、北京與臺北另一個不同於官方的溝通管道,以兩岸代表與美國學者菁英共同會面的方式,就三方政府不便討論的議題事先加以溝通並凝聚共識。

美國兩岸政策的形成除了部分由總統或國務卿主導之外,大多由主管東亞事務的助理國務卿負責規劃與執行。[4]舉例而言,與中共關係正常化是由尼克森總統和國務卿季辛吉主導,布希總統決定出售 F-16 戰機給臺灣,以及李登輝總統訪問母校康乃爾,雖然有來自國會的壓力,但是最後決定給予簽證的還是柯林頓總統。美國智庫在美國外交政策制定的位置雖然居於外層,但是智庫不像行政部門每天忙於處理例行性事務,智庫學者有充裕的時間專心從事一些較具創造性及長程的規劃,例如運用所謂的「第二軌道」外交,另闢政策思考的方向,試圖影響政府接受其主張,進而制定政策,而所謂「第二軌道」,指的是在官方正式的溝通管道之外,由學者專家,或以私人身分參與的官員,所組成的對話溝通與討論問題的聚會或管道。[5]

事實上,「第二軌道」的精神,就在實事求是,避免談判的一方把立場拿來大作文章,而「第二軌道」的特點則在激發想法、凝聚共識與規範做法。美國推動預防外交與二軌會談消極目的是在避免臺海兩方誤判而引發危機,積極目的則在建立一套雙方互

---

[4] 林正義,〈美國智庫與中美關係:網際網路的檢索〉,《戰略與國際研究》,第一卷,第一期,一九九九年一月。

[5] 郭崇倫,〈第二軌道保持健康距離〉,《中時電子報》,民國八十七年七月十五日。

信機制，也就是雙方簽署一項協定保證在「臺灣不獨，中共不武」
的情況下，海峽兩岸維持五十年和平不變，「中程協議」在九八年
由美國白宮國家安全會議亞洲事務資深主任李侃如和布魯金斯研
究院研究員何漢里共同提出，九九年三月後成為白宮官方文件正
式用語。對於預防外交與二軌會談，中共是不公開的承認，但也
不排斥。在眾多二軌會談的單位中只有美前國防部長培里的預防
性國防計畫與中共國際戰略基金會是由官方授權，雙方並在九八
年三月的杭州會議達成海峽兩岸雙方恢復對話的默契，並促成十
月辜振甫再訪上海、北京及九九年汪道涵來臺訪問的安排，七月
因李登輝提出兩國論，兩岸復談對話再陷入僵局。筆者在本章第
三節以「美國外交政策全國委員會」所舉辦的圓桌會議為例，討
論「二軌會談」對美國臺海兩岸政策制定的影響。

　　智庫政策專家在智庫和進入政府工作的主要不同點之一就
是，在智庫中對政策的建議和主張並沒有立即的結果或者是看不
到結果，但是卻具有很大的彈性而且無須背負太大的責任壓力。
而在政府部門工作時所提出的政策建議卻必須謹慎小心，缺少彈
性，對政策的主張和理念也背負更大的責任。[6]智庫的政策專家就
必須要思考[7]，要具有宏觀甚至瘋狂的想法，將自己政策主張推向

---

[6]　Interview with F. Samantha Ravich(賴維琪), Special Advisor to the
　　Vice President For Asian and Pacific Affairs, August 22, 2001.

[7]　賴維琪在小布希贏得總統大選後，受邀至白宮擔任副總統辦公室國家安
　　全顧問助理。她取得藍德公司博士學位，先後曾服務於藍德公司和戰略
　　暨國際研究所，亦曾多次參加「全國外交政策委員會」所舉辦之美中臺
　　圓桌會議。個人對臺灣頗有好感而且同情臺灣的處境，她對臺灣與美國
　　智庫建立良性的溝通管道，甚至對智庫的投資表示贊同，但是卻對投資

任何可能執行的方向去思考，智庫比政府更具彈性，因此智庫可以與身陷苦境和有困難的國家建立關係，可以和他們的政府或人民對話，以瞭解可能協助解決問題的方法，供政府參考。智庫另外一個重要的角色就是在新政府成立前後，提供人力資源的交流，使任何新政府對人才資源不虞匱乏。有多年智庫工作經驗的政策專家賴維琪（Samanthan Ravich）認為，臺灣在對美國智庫投資的思考是正確的，但是方法卻是錯誤的，以戰略暨國際事務中心為例，臺灣政治大學國關中心每年捐贈給戰略暨國際事務中心一筆十餘萬美元的金額，希望可以藉該中心所舉辦的學術座談或文章發表的機會，為臺灣在國際上發出聲音，受到美國或國際的重視。捐款固然是維持智庫生存的重要因素，可以保持購買管道（buying access）的機會，但是，捐贈人尤其像臺灣這樣的客戶，應該要實際參與設計活動，由智庫出面和臺灣方面的學者或政府代表共同研擬討論議題，使美國決策者持續聽到臺灣的聲音。但是智庫也決不願意擔任臺灣的傳聲筒[8]，賴維琪認為類似戰略暨國際研究所亞洲部門前主任江文漢[9]的做法，沒有明顯的政

的對象和配合的方式感到可惜。她相信美國尤其是華府智庫已經在美國外交決策過程中具有影響力，像臺灣這樣與美國無正式邦交和沒有正式溝通管道的國家，應該更積極研擬方案與美國智庫配合，影響美國在兩岸政策制定上對臺灣有利的決策。

[8]　郭壽旺，〈沈呂巡副代表訪談〉，美國華盛頓：中華民國經濟文化代表處，二〇〇一年九月七日。沈呂巡副代表曾擔任中華民國駐美代表處國會組組長、外交部北美司司長等職，派駐美國時間近二十年，熟知美國與臺灣關係之發展與演變。

[9]　江文漢於二〇〇一年六月離開戰略暨國際研究所亞洲部主任一職，轉赴美國猶他州楊百翰大學擔任校長特別助理。

治立場，在座談會上的談話有所保留或立場不明，發表的文章量少質不精的狀況下，臺灣根本就是在浪費錢，以臺灣推動加入聯合國一案為例，戰略暨國際研究所應該要更明顯的主張表態，而且要思考各種方式去試探它的可能性。例如像美國企業研究所的林霨教授，不但文學涵養好，文筆高雅流暢，最主要的是他的大思維，對議題具有宏觀的思考，經常提出新的理念和主張。反觀戰略暨國際研究所，不但沒有立場，更沒有任何具挑戰性的理念。賴維琪也補充，上述對戰略暨國際研究所的指控是針對研究所之亞洲和中國研究部而言，戰略暨國際事務中心兩位兩岸事務專家也有很卓越的主張和思維，對政府政策的影響力也一直存在。

　　賴維琪目前擔任副總統辦公室國家安全事務助理，其他中間右派的部分智庫專家也受邀為小布希政府服務。這批新政府政治任命的公職人員，有一大部分來自於智庫，但先決條件是必須理念相近，尤其是中間偏右的保守主義學者專家大多服務於白宮，當然也不是只有保守派人士才入主新政府，只不過不是在白宮服務而已，而政府任命的公職人員一般較受總統重視，也是推動政務的主要動力，傳統公職人員不管政府改朝換代都依然如故，因此在政務推動上較為被動。賴維琪特別強調，智庫在華府決策過程中的角色愈來愈重要，例如美國企業研究院對國內政策的主張就很受重視，而國際事務，特別是中國或臺海兩岸事務的政策主張，蘭德公司的研究報告則不容忽視，而且從它在華府辦公室的人員、設備擴張和在賓州匹茲堡成立新辦公室的動作看來，蘭德公司對美國的中國或兩岸政策的影響是與日俱增，加上蘭德公司對其研究人員發表文章的高品質要求和所有政策分析員都必須具博士學院的嚴格規定，它在美國決策團所扮演的角色早已佔有一定的份量。

　　喬治華盛頓大學國際學院席格中心主任望月正人教授認為擔任大學教授和智庫學者的不同，在於智庫容許意見的多樣性，尤其是布魯金斯研究院和蘭德公司，對同一議題就時常出現不同學者有不同的看法，臺灣問題就是一個明顯的例子，有人贊成美國政府支持臺灣，有的則持強烈反對態度，傳統基金會在這方面顯然就比較狹隘，與其強烈明顯的保守主義和共和黨的關係有關。除了意見的多元化和意識型態之外，另一個觀察智庫影響力的主要因素就是智庫對外的管道和關係的建立成效如何，也關係到他們的財源和生存。智庫的財源穩定與否會影響到它的政策主張是否可以保持獨立客觀的立場。以蘭德公司為例，它的最主要經濟來源是政府部門，最大客戶之一就是國防部，長年下來的穩定合作關係，使不分黨派的政府國防部均借重蘭德公司的專業素養。因此，蘭德公司也確定了它的獨立公正性及超黨派的立場，以國家安全為最優先考量，而傳統基金會與共和黨密切的關係已被視為是親共和黨的智庫，但是基於聯邦稅法對智庫非管制組織免稅的規定，傳統基金會不僅僅要宣稱自己是中立和超黨派的，就連在總統大選期間協助共和黨候選人時，也必須相當低調，並以個人名義主動提供協助，支持民主黨的自由派智庫當然也是如此，布魯金斯研究院雖然傳統上被視為親民主黨之自由派智庫，但是它的資金來源多而廣，使它可以有實力可以保持它所要求的客觀和超然的立場。望月教授以日本豐田（Toyota）汽車公司為例，豐田每年提供一百萬美元給布魯金斯研究院，但卻無法也沒有提出任何有違背研究院公正獨立的要求，唯一的要求就是豐田的代

表可以參加布魯金斯研究院所舉辦的各項活動，豐田和大多數贊
助者一樣，對智庫的投資只是在購買管道。[10]

　　智庫對美國外交政策制定的影響可藉由國會聽證、專題寫作
和新聞聯繫的方式來影響議題辯論的本質，進而協助政府形成政
策，智庫學者也熟知和政府行政部門或國會打交道的技巧，使他
們可以從政府或國會取得相當豐富且有效的資訊，進而將其消
化，撰文發表，不同於新聞媒體記者對資訊來源缺乏消化的粗糙，
將智庫學者和新聞記者明顯的區隔開來。智庫學者也不受限於政
府的控制，可以自由的發表言論和對特定議題的看法，這也是政
府部門相關人士所無法做到的，智庫也提供了新舊政府交接的人
才儲存庫，如果沒有智庫，美國每一次新政府上臺，就有數千人
以上學有專精的政府官員辭職，他們大多選擇留在智庫繼續發揮
長才，俟機再進入政府，或者選擇到大學教書，因此，智庫提供
了絕佳的場所，使專家可以在不同的舞臺上繼續發揮影響力，不
會感到失去鎂光燈青睞後的空虛落寞。望月正人以他個人和與柯
林頓政府轉入蘭德公司的合作夥伴為例，他們正在共同執行一個
為期三年的計畫，研究國內政治改變對美國國家利益的影響為
何，他個人在布魯金斯研究院也曾經執行過一個類似的研究計
畫，分析美國與日本的關係是否穩固，而得到的結果受到決策者
的重視，進而修正美國與日本在貿易和其他方面關係後發展的方
向，而舉凡國務院或是國家圖書館等單位舉辦的研討或學術座
談會，智庫學者也經常獲邀參加，甚至還會受到總統或其他內閣

---

[10]　郭壽旺，〈望月正人教授訪談〉，美國華盛頓：喬治華盛頓大學席格中心，
　　二〇〇一年八月二十二日。

成員邀請為特定議題做簡報，或是總統出國訪問時撰寫備忘錄供
國家安全顧問使用，充分掌握總統訪問國的相關資訊和應該注意
的議題。望月認為智庫學者對美國外交政策的制定影響遠超過智
庫組織本身，以蘭德公司為例，它的學者提出擴張北大西洋公約
組織的建議受到柯林頓的採納，就是影響力的發揮。再者新聞記
者對智庫的倚賴日增也是提高學者知名度的管道，智庫或其學者
的高度曝光是衡量智庫重要性或影響力的具體實證。傳統基金
會、蘭德公司和布魯金斯研究院都是美國目前最具影響力的智
庫，而且都是綜合性研究智庫，但如果是專門性研究智庫，則外
交關係協會是對美國外交政策最具影響力的智庫。

第二節　智庫與美國國會

　　美國國會在近幾年來成了支持臺海兩岸的說客角力場，不管
是人權鬥士、商業鉅子或反核子擴散人士，無不摩拳擦掌，意圖
影響冷戰後美國的中國政策走向。在邁進公元兩千年總統選舉季
之前，一些保守派人士將中國當成敵人，而三十年來民主、共和
兩黨和中共維持建設性關係的共識，也再度遭到不同立場人士的
抨擊。智庫也利用不斷地遊說等方式影響決策者，其中國會議員
與助理就是他們最主要的影響對象，他們不厭其煩地灌輸決策者
新的思考方向，設法使決策者能以總體的眼光來研判問題，這樣
重複灌輸新觀念確有其必要性，畢竟包括決策者在內的一般人
士，不像智庫那樣日以繼夜投注在某一特定問題上。

　　美國國會早期並無幕僚制度，在一八八五年之前，國會議員
大多是自掏腰包雇用助理。二十世紀初開始，助理制度逐漸形成，
到了一九四六年國會通過立法重組法（Legislative Reorganization

Act）後，國會幕僚人數大量膨脹，成為全世界最龐大的國會幕僚體。由於美國國會幕僚體在數量上的急速膨脹，使得其議員助理的角色，也因量變而引起質變，由單純的行政、立法支援角色，演變為輔選連任及創制法律的要角。[1]美國國會山莊（Capitol Hill）也因此被形容為一個政治社區或政府的「次文化」，由此可見國會幕僚在美國行政立法體系中所扮演的角色自然不可忽視，而其從無到有，從有而壯大到掌權的角色轉變。美國國會體的龐大與獨特，已使國會幕僚體系形成了高度流動性與專業成長的立法官僚體系，愈來愈多的智庫學者專家開始經營與國會幕僚的關係。

國會幕僚體的成長，基本上反映了國會議員的需要，成長雖然是漸進的，但是各級幕僚人數的成長累積起來，則變得極為可觀。如果從議員的功能來觀察，幕僚成長的主要動力，應該來自於競選連任的需求，及應付行政立法間權力制衡的需求。幕僚的功能是提供資訊，以做為對行政監督與制衡，並有效立法的基本條件。智庫學者就抓住這一點，與國會助理建立起良好的溝通管道，提供大量資訊供國會助理參考，這些助理在大量資訊需求的壓力下，也樂於與特定智庫學者保持密切的聯繫，以便即時提供議員對最新資訊的需求及對某特定議題的看法。

國會幕僚的角色是由提供純粹勞務的單純角色，逐步分化為多種角色並由各種類幕僚人員來擔任，幕僚人員因此成為國會議員的化身或說是代言人，眾多的議員私人幕僚只不過在完成早期議員一人即可擔當的各種立法功能與角色。以往國會議員在國會

---

[1]　彭錦鵬，〈美國國會幕僚的角色及其轉變〉，《美國國會之制度與運作》，中央研究院歐美研究所，民國八十一年六月，頁一二五。

親自搜集資料，準備演講、辯論的題材、協商法案的內容與條文、
監督行政部門的施政、親自審查預算的情形，到了二十世紀中葉
時，已全然改變。國會不同委員會專業幕僚的職稱，數目就多達
五十種以上，諸如：研究專家、專家、顧問、航空工程專家、調
查員、研究主任、稅法顧問、立法助理等等。而委員會的職員名
稱也多達五十種以上，諸如：立法助理、行政助理、執行助理、
新聞秘書、新聞助理、執行秘書、私人秘書及特別助理等。

行政助理通常是議員的代表、化身，隨時和同仁、選民及遊
說團體或個人協商。行政助理主管議員辦公室的運作，提供政治
與立法的意見，立法助理則和委員會的議員共事，負責起草法案、
撰寫演說稿、提出政策建議、分析法案、準備說帖（position
paper）及瞭解掌握議員未能出席的委員會審議進度。[2]助理的角
色基本上乃就政治問題或議題，與個人進行互動磋商，具體而言
此類活動包括：與遊說者及特別利益團體會談、處理選區問題，
例如計畫（projects）與個案（casework）、與赴華府之本州選
民進行拜會活動、回覆政治性郵件、撰擬會場講稿與意見、進行
法案研究、撰擬法案、分析法案及撰寫非為會場所用的雜誌文章、
書、講稿等工作。筆者發現不同性質的助理人員所負責的工作均
涵蓋與遊說者及特別利益團體，包含與智庫專家的會談或不定期
的聚會，這對智庫研究人員而言，國會助理之重要性不可言喻。
二次大戰以來大幅膨脹的美國國會幕僚，尤其是立法助理及委員
會助理，已明顯取代了某些議員的決策功能，因而以「非經民選

---

[2] Interview with Charles Freeman, assistant to Senator Frank
Murkowski, Washington DC, January 25, 2001.

108

的代表」(unelected representatives) 來描述國會幕僚。[3]

國會助理大多是大學畢業,有些擁有研究所學歷,其人格特質具有向上、肯定、前瞻(upward-positive-forward)的色彩。優秀人才在預期短暫服務於國會,而又想在萬名以上議員助理中一展所長,則傾力專注於法案之構思、推動,甚至協商、定案,就容易理解了。立法工作包括,法案草擬、準備法案報告、參加委員會行政會議提供意見、準備與協助院會討論、協助兩院聯席會立法審議。就委員會幕僚目前的政治角色而言,基本上包括了:1.製作議程 2.進行調查 3.談判、妥協、建立共識 4.提供委員會及院會有關建議 5.協助競選。由於國會議員的日常作息行程緊密,他們根本無法仔細監督信件、電話、電報、新聞稿,而助理也就幫他全權處理絕大部分的雜務。國會議員必須大量授權,而其對委員會助理的授權,就造成了助理的另一種新角色。議員所扮演的協商和談判角色,已經絕大部分被國會助理所取代,議員之間彼此已少有立法的對談,對談也是由助理來代勞。

雖然國會研究中心(Congressional Research Center, CRS)在內的幾個國會支援機關似乎可以提供議員所需訊息,但是這些支援機關本質上是以「業績」為取向的文官體,而非如議員助理之任免乃取決於議員的信任。國會支援機關以提供資訊、決策分析等較不具黨派色彩的技術專業諮詢,因此其組織、功能、角色,就較為明顯、固定而少變化,許多國會議員或助理因此轉向智庫專家取得更快速、專業和具深度的資料。[4]

---

[3] 彭錦鵬,前揭書,頁一四二。

[4] Interview with Wayne Morrison, Specialist in International Trade

　　美國立國三權分立的制衡觀念，使得國會必須保持制衡行政部
門的充足人力與資訊資源。又由於美國草根式民主的深入人心，意
見表達及集團遊說的發達，也促使國會議員必須在政策選擇時，廣
泛諮詢各方意見和看法而不偏頗，議員的幕僚需求便隨之增大。也
因此國會助理對專職從事資訊研究分析的智庫之需求度與仰賴度
也隨之增加，智庫專家也樂於發揮其長才，盡任何的可能推銷自己
意見或主張，國會助理和智庫專家之間，彼此為達成目的遂演變成
一種共生的現象。

　　美國智庫不同於國會研究中心，他們有特定的政治立場，而
且有提倡政治主張，國會研究中心不可有任何政治立場，對議題
也沒有特別的主觀意識，完全呈現問題的事實面，供國會議員或
國會助理參考，任何一個議題都必須陳述正反兩面，對政策也不
具任何或企圖有任何的影響，國會議員通常會採用他們特別想強
調的幾個點或面加以表達，作為問政的主要論點，而並非全然採
納。

　　國會助理通常主動向國會研究中心研究分析員索取有關議題
的資料或分析報告，但是真里森表示，基於問政的需要及國會議
員的黨派色彩，國會研究中心所做的研究分析無法完全滿足國會
議員的需求，因此，國會議員或助理同時也會就特定議題向意識
型態接近的智庫索取研究報告，一位任職於共和黨籍眾議員的國
會助理即表示，他們所觸及的議題相當廣泛，每個助理需負責四
至五個領域，他們不可能精通所有領域，因此與意識型態接近的
智庫學者專家保持密切的聯繫，可以解決很多他們應接不暇或具

and Finance, Economic Division of Congressional Research
Center（CRS）, Washington DC: CRS Office, August 27, 2001.

時效性的問題研究報告，他進一步說明，共和黨籍國會議員助理大多向傳統基金會和美國企業研究所索取研究報告，一來是彼此之間熟識，容易直接聯繫上並要求協助，二來是因為他們具有相同或相近的意識，所撰寫的報告內容不至於與所屬國會議員的政治理念相差太遠，而這類型智庫對國會議員的積極主動，也使彼此間除了公務外，常有聯誼性或研討性質的活動或聚會，聯絡管道因而更暢通，國會研究中心所提供的資料當然是很好的參考，但是，很多無法凸顯國會議員政治理念的部分，就很少被採用。

　　國會研究中心研究人員雖然充足，但是每一研究主題人數卻有限，以中國問題而言，隸屬於亞洲研究部，而其中經濟研究人員僅有五份，所包含的工作包括研究亞洲其他國家的經濟，以參、眾兩院五百三十五位國會議員的數量看來，國會研究中心研究人員所能提供給國會議員的服務相當有限，莫里森表示他偶爾會受邀為某幾位國會議員做簡報，但是機會不多，他的主要工作還是撰寫分析報告存檔，供國會議員參考，他們所撰寫的報告僅供國會內部使用，莫里森已擔任國會研究中心研究人員十八年，他表示大多數的中心研究員都相當資深，目前有大多數人到了退休年齡，人才的接替問題可能即將面對，但是資深的研究人員也建立起有經驗和知識淵博的聲譽，很容易幫助新進的國會議員抓住問題的重點，很快熟悉問政的方式和本質。智庫的積極和具彈性的特質，使他們在國會之中的影響力日漸增加，就連國會研究中心辦公室的看板上都張貼著傳統基金會的活動宣傳，而中心研究人員的辦公桌上也可隨手找到布魯金斯研究院和美國企業研究院的文章或活動告示，以莫里森為例，他在撰寫有關美國給予中國永久正常貿易夥伴關係的分析報告時，就時常參考布魯金斯研究院的經濟學者拉迪的文章，莫里森更推崇拉迪是美國首屈一指的中

國經濟問題專家,而國會議員助理和智庫學者之間的互動關係,使得智庫的影響力已經無形地在國會中,甚至行政部門蔓延開來,智庫的研究報告是他們的產品,他們必須積極的推銷他們的產品,而智庫學者專家的言論主張也就伴隨著產品的暢銷可提高知名度,反觀國會研究中心的研究人員他們的名字除了在國會之中外,對外界人士而言就顯得相當陌生[5],智庫取代國會研究中心為國會議員提供研究分析報告的趨勢也就愈來愈明顯了。

除了與國會之聯繫外,智庫也極為重視與行政部門互動,制定美國憲法的開國元勳鑒於獨立革命的經驗,深知外交事務關係到美國安危,其中之繁瑣複雜,固不待言,而外交政策之制定與執行更必須依賴一強有力之行政體系,因此在憲法中對行政體系在外交事務上所享有之權力,實不宜設下太多之限制。[6]因此,在美國憲法中,對於與外交事務有關之權力劃分,除第一條第八項中規定國會有權「宣戰、頒發捕掠敵船許可狀,並制定關於陸海擄獲戰利品之規定」以及第二條第二項中規定「總統經參議院之勸告及同意,並得該院出席議員三分之二贊成時,應有締結條約之權。總統一提名大使、公使、領事、最高法院法官及合眾國政府其他官吏,經參議院之勸告及同意『任命』之外,其他有關外交政策制定,外交事務處理之權力皆依第二條第一項「行政權屬於美利堅合眾國總統」之規定,規劃以總統為首之行政體系。雖

---

5 Interview with Wayne M. Morrison, Washington DC, September 7, 2001.

6 魏良才,〈總統、國務卿與美國外交決策授權之歷史探討〉,《美國總統制之運作》,孫同勛主編(中央研究院美國文化研究所:民國七十八年六月),頁二七。

然此一含混籠統之憲法條文，日後曾一再引起行政部門與國會間關於外交事務權限的爭議，但總統在外交政策的制定與執行上享有較多裁量權力之觀念在美國傳統政治中已深深植根，亦未受到嚴重的挑戰。

二次大戰之後，國際局勢日趨複雜，其所牽涉之因素甚多。內閣會議已不足以處理突發性之國際問題或危機。有鑒於此，在杜魯門總統任內，國會於一九四七年七月通過國家安全法（National Security Act），在政府行政體系之內設立國防部、陸軍部、海軍部、空軍部、國家安全會議、國家安全資源會（National Security Resources Board）以及其他次級機構。在這些部會中，國家安全會議後來在美國外交政策規劃與協調上扮演了極為重要的角色。國安會原始成員包括總統、國務卿、國防部長、陸軍部長、海軍部長、空軍部長以及國家安全資源會主席等七人。一九四九年八月國安法修改後，國安會成員減少為五人，包括總統、副總統、國務卿、國防部長以及國家安全資源會主席。[7]

美國各屆總統對國安會的重視程度不一，舉例而言，甘迺迪總統所信賴的是以其親信閣員與核心幕僚所組成的國安會執行小組（Executive Committee of the National Security Council）成員，卡特總統雖然只是一個來自南方的區域性政客，毫無外交事務經驗，但是他對外決策權的看法與尼克森相近，卡特也對國務院在外交政策上的創意能力始終表示懷疑，雖然他不像尼克森那樣對國務院抱有強烈的偏見與敵意。卡特任內的首任國務卿范錫與國家安全顧問布里辛斯基兩人在個性及處事作風上之差異簡直就是羅

---

[7]　魏良才，前揭書，頁七五。

吉斯與季辛吉的翻版。[8] 對若干外交問題，如蘇俄及古巴的活動、中國問題以及伊朗問題，看法上多有歧異，彼此部屬之間的競爭以及新聞輿論的從中撥弄，使范、布二人之間的裂隙浮現。基本上，范錫認為只有總統與他才是美國外交政策的發言人，而布里辛斯基經常透過新聞媒體就美國外交公開發表政策性的談話，則不僅逾越分際，也嚴重妨礙了外交政策的執行。布里辛斯基則確信他的作為是順應總統的期望，彌補范錫及國務院在外交政策構思、創新以及分析效率上的不足。在對中國問題看法上，海格與雷根也有相當的距離，海格顯然認為為了積極加強與中共的關係，不妨犧牲臺灣的利益，而雷根與其幕僚則以為應該慎重從事，以兼顧老友的安危。

由於各主要對華智庫之成立背景不同，其兩岸政策之主張和立場也有所不同，筆者依各智庫之兩岸政策主張，分為保守派和自由派智庫及其他色彩不鮮明的智庫，分述其兩岸政策立場與主張。並依據筆者針對五十位共和黨國會議員助理和五十位民主黨國會議員助理所做的電話問卷調查，依據他們認為美國最具影響力的智庫所得到的結果，列出美國最具影響力的十大智庫（如附表 4-2-1）。從問卷調查結果得知，各家智庫在對國會聯絡上的用心，其中以傳統基金會為最，也同時發現國會助理對智庫的仰賴。一位任職於眾議院之共和黨籍國會助理[9]表示，他或他的同事在急需要特定議題的分析報告時，他們很習慣地請傳統基金會或美國企業研究院提供資料，因為在經驗上這兩家智庫，尤其是傳統基金會很樂意而且快速地將資料或分析報告送達，這對於他們的工

8　前揭書，頁七七。
9　受訪者不願公開姓名。

作有很大的幫助。大多數的國會助理也很清楚在傳統基金會可以找到特定研究學者的幫助，而且也相信他們的理念和意識型態不會和他們服務的國會議員相差太遠，分析資料的可用度也就相對地提高。他更進一步表示他們偶爾也會向國會研究中心索取資料，但是如果遇到緊急的事件或是眾多問題相繼而來時，國會研究中心有限的人力無法像智庫般一樣地完成他們的需求。[10]

另一個有趣的發現就是，對國會議員助理而言，在華府地區的智庫比起美國其他地區的智庫更具影響力，蘭德公司雖然在華府亦設有頗具規模的分部，但是主力仍然在聖塔蒙尼卡，所謂遠水救不了近火，對國會議員助理而言，還是不如傳統基金會或是布魯金斯研究院等華府智庫具影響力；除了距離外，其中另一個重要的因素就是智庫的意識形態。共和黨籍的國會議員或其助理最關心的議題就是自己的選區，再來才是國家利益，所以對於國會議員個人的所有言論或主張，均不能違背他的選民對他的認同，這可能會嚴重地影響到他的下一次選舉，因此保守派或親共和黨的智庫研究分析報告當然較符合共和黨議員的需求。反之亦然，民主黨籍的國會議員當然也會做此考量，雖然布魯金斯研究院的學者均聲稱布魯金斯研究院並非是親民主黨的智庫，他們所做的研究是以教育性質為主，他們的專家學者也受到許多共和黨政府的重視並邀請入閣[11]，話雖如此，傳統上民主黨籍的決策官員

---

[10] Morrison, interview.

[11] Gill, interview. "Brooking is always an education-oriented think tank, many of our researcher, such as my former boss Richard Haass, is invited to the George W. Bush's administration." September 6, 2001.

或國會議員大多數還是相當仰賴布魯金斯研究院的研究，因為他
們相信布魯金斯研究院的研究分析比較符合他們的理念，或許因
為如此就認為布魯金斯研究院是親民主黨的智庫是非常不公平
的，但是這就足以說明了布魯金斯研究整體上而言是比較傾向自
由派思想的。

附表 4-2-1　十大影響力智庫統計表[1]

排名	智庫名稱	意識形態	百分比
1	傳統基金會（Heritage Foundation）	保守派	76%
2	布魯金斯研究院 （Brooking Institution）	自由派	72%
3	美國企業研究院 （American Enterprise Institute）	保守派	70%
4	卡托研究院[2]（Cato Institute）	保守派	67%
5	蘭德公司（Rand Corporation）	中立派	65%
6	戰略暨國際研究中心 （Center for Strategic and International Studies）	中立派	61%
7	政策改革研究院[3] （Progressive Policy Institute）	自由派	58%
8	經濟政策研究院[4]	自由派	55%

---

[1] 百分比數據係依據筆者訪問美國參眾兩院國會議員助理，他們認為最具
影響力之美國智庫所得之結果。

[2] http://www.cato.org

[3] http://www.ppi.org

[4] http://www.epinet.org

	（Economic Policy Institute）		
9	胡佛研究院 （Hoover Institute）	保守派	52%
10	外交關係協會 （Council on Foreign Relation）	自由派	50%

第三節　智庫與二軌會談

　　前美國國防部主管亞太事務的助理副部長暨現任「戰略暨國際研究中心」副總裁兼國際安全部主任坎貝爾（Kurt Campbell）曾提出，臺海兩岸的問題需要強而有力的領導人，採取審慎自制地態度來處理，然而至今尚未見到兩岸領導人朝此一方向發展。美國未來應該在幕後扮演更積極的角色，幫助兩岸對話，尤其是發展「第二軌道」的對話，對缺乏彈性和想像力的北京幫助更大。[5]而前陸委會主委蘇起認為，兩岸目前應該要多溝通，除了既有的軌道，第二軌道也可進行，但溝通的管道固然重要，更重要的是溝通的內容。[6]

　　李登輝九五年訪美造成臺海危機後，美國智庫及學術界深恐美國被捲入臺海衝突，大力鼓勵臺海雙邊對話，也主動推動三邊「第二軌道」之交流。「第二軌道」是近十年來國際社會交往實踐過程中的新觀念和新產物[7]，在機制組織及運作功能上，有其獨特

---

[5]　曹郁芬，〈坎貝爾：兩岸關係及不穩定〉，《自由時報》，民國九十年五月六日。http://www.libertytimes.com.tw/today0506/today-p2.htm。

[6]　黃忠榮、羅嘉薇，〈蘇起預測未來：兩岸大好大壞〉，《自由時報》，民國九十年五月六日。

[7]　高英茂，〈第二軌道究竟可發揮什麼功能？〉，《中國時報》，民國八十七

性。一般而言,「第二軌道」機制應由官方、民間智庫或學術機構
組成,其成員以獨立的學者專家為主,如有少數相關官員參加,
只能以「私人身分」出席,不代表政府的立場及官員的地位,但
是「第二軌道」機制的設置,均要針對重要公共政策及外交問題
有所貢獻或影響,其成員除了本身的專業知識和經驗外,宜有相
當程度的政府代表性及社會影響力,並與政府決策官員及機構維
持高度的溝通諮商關係,使其運作所得成果及見解,能及時順利
提供政府決策者參考。

在激發想法上,第二軌道對兩岸問題最重要的作用,是在暫
時拋開主權領土和國家尊嚴等使談判無法進行的大帽子,大家自
在的交流自己的想法並做腦力激盪,以便從討論中得到共識,如
果第二軌道和正式管道一樣宣示既有立場,僵局永遠無法打開。
在有了同意的事項後,凝聚共識的意涵不僅僅是態度表示或用文
字記錄而已,參與討論的人必須變動愈小愈好,讓共識與互信能
夠藉人與人的關係持續下去,進一步研擬具體的做法。

在以上的過程中,第二軌道的成員雖然可以自由表達意見和
自由的討論,但並不表示可以完全不顧官方的立場,而是保持「健
康的距離」,每當到了一個階段或觸及一項可能的共識時,就必須
回頭與己方政府磋商,得到同意或說服其同意後,再進行下一階
段。在規劃實際的做法上,官方的態度尤其重要,第二軌道的成
員或者要有某種程度的授權,或者要有實際執行的政府機關參與
提供意見,未來更需要官方管道把共識協議「正式化」,其共識結
論未來更將是雙方或多方關係的政策基礎。也因此如此具有官方

年八月十五日,版十四。

授權卻非由官方主導的會議，亦被稱為是「一個半軌會談」。[8]

也有不少人質疑第二軌道的功能和真正的效益[9]，一九九六年臺海危機後，美國前國防部長培里所提出的第二軌道來為臺海兩岸化解僵局的構想，在臺灣就引起相當程度的重視，陸委會急於知道美方對第二軌道的真實意向，與培里的詳細計畫，以便做出適切的因應對策。然而，臺北仍有許多的反應表示，第二軌道的構想是某些退休官員不甘寂寞，甚至為了自己的商業利益所提出的想法，臺灣當局無須理會。但是以臺灣的外交處境，任何有利於臺灣安全的構思，都應該考慮嘗試，當時任職於政大國關中心主任的邵玉銘認為，作為較弱的一方，我們沒有不參加的奢侈，不參加中美臺三方「第二軌道」的對話，只會變成缺席審判，怕的是類似培里與汪道涵在夏威夷會晤的事件重演，臺灣不被邀請[10]；而且美國退休官員與學者，就像走旋轉門，經過重新的選舉，就有機會再上臺，如果得罪了權力的「圈外者」，等他變成「圈內者」時就可能造成麻煩。以李侃如為例，令人難以預料他從密西根大學教授的身分，成為柯林頓政府時代的國家安全會議資深亞太事務主任，他在柯林頓政府任內對兩岸政策的發言具有相當的

8　Interview with Bates Gill, Washington DC: Brookings Institutions, September 15, 2001.

9　郭壽旺，〈美國國家安全顧問萊絲女士訪談〉，華盛頓舊白宮辦公室：二〇〇一年五月十六日。萊絲女士認為小布希政府不會仰賴「二軌會談」來解決臺海兩岸問題，因為擔心不具官方代表的與會人士所傳達的訊息是為了個人的私利，影響美國的兩岸關係政策。

10　郭崇倫，〈對第二軌道的偏見與誤解〉，《中時電子報》，民國八十七年八月二十一日。http://www.chinatimes.com/report/trackII/87082101.htm

份量。此外,美國「戰略暨國際研究中心」資深副總裁坎貝爾(Kurt Campbell)即表示二軌會談的妙用,就在於它是半官方性質又具有獨立性,與會者(包括政府官員,但以非官方身分參與)發言可以不受官方政策之侷限而可進行充分的意見交流,最後當兩岸出現具有創意的安排時,那必是經由二軌會談的場合探討出來的。

　　九六臺海危機後,在兩岸溝通方面正處於大陸海協會與臺灣海基會的「第一軌道」僵局中,第二軌道如果開始順利運作,必然受到各方矚目,無形中對「第一管道」機構也構成威脅,因此仍有反對第二軌道的聲音存在,但是第二軌道畢竟不同於獲得授權的第一軌道,美國布朗大學教授高英茂就曾撰文表示,第二軌道的功能在帶動新思維,建立互信共識,不可能也不應該取代如海基會等獲得授權的機構,相反的,還替政府增加了一種「非官方」的手段機制,讓政策執行更靈活[11](如附表 4-3-1)。臺海危機後美國分別派遣高層遊走兩岸,希望促使兩岸重開協商大門,由於與臺灣的特殊國際地位,在訪問臺灣的美國人士安排上也煞費苦心,一九九八年元月訪臺人士包括前國防部長培里、前參謀首長聯席會議主席夏利卡席維利將軍(General John Shalikashvili)和前國防部主掌國際安全事務的副部長卡特(Ashton Carter),三月則有助理國防部長奈伊(Joseph Nye)、前國家安全顧問雷克(Anthony Lake)。一九九九年二月,培里、卡特、夏利卡席維利陪同退休的海軍上將海斯(Ronald Hayes)和前國家安全顧問史考克羅(Brent Scowcroft)再度訪臺,雖然他們都一致宣稱是私人性質訪問,但是據悉他們訪臺前均和行政高層討論過,而

---

[11] 前揭文。

且返國後也向當局做簡報。[12]即使是美國與臺灣的溝通方面，也可藉由第二軌道提昇臺灣與美國戰略對話的層次，臺海兩岸的安全問題不應該只是美國與大陸雙邊的事，也不是短期的非常狀態，而是長期的政策思考，臺灣可藉此向美方提出對安全情勢的意見。

臺灣海峽是目前世界上最危險的引爆點之一，中國與臺灣在政治議題上是個打不開的結，不管李登輝所說的「兩國論」或是「特殊國與國」的關係，中國方面都視為是臺灣走向獨立的訊號，違反了中國所定的「一個中國」的原則。兩岸情勢如此的發展造成許多不可預期的結果，第一是臺海關係的緊張，包括軍事活動的頻繁，第二是中國將放棄和李登輝在位的臺灣當局繼續談判，而等候臺灣新領導人的動向再行決定是否恢復談話；第三是置美國於非常尷尬的地位，既不能接受臺灣的說法，也不宜否定美國不支持「一中一臺」或「臺灣獨立」的主張；第四也是最重要的一點就是多年在美中臺三方之間施行的策略模糊政策已經被破解了，也因此在華府對美中臺三方關係如何架構？又開始成為爭議性的問題。

在軍事議題上，中共在臺海沿岸的軍力佈署持續增加，對臺用武的說法也因為「一個中國」原則遭到挑戰而一直在加溫中。在臺灣方面當然壓力也會增加，臺灣當局也因此尋求和美國軍事上某種程度的合作，這也是臺灣私下表示對區域防禦飛彈系統感到興趣的背後主要因素之一。除此之外，武器競賽的可能性也在升高中，中共軍隊會以美國誤炸南斯拉夫大使館和兩國論主張提出為由，要求

---

[12] Larry Wortzel and Stephen Yates, "What The Election in Taiwan Should Mean to Washington and Beijing," 《The Heritage Foundation Executive Memorandum》, No. 665, March 31, 2000.

增加並提昇武器設備及現代化，國防預算也預期會提高，這絕不符
合美國、臺灣甚至中國的利益，而這種情勢的發展，將會造成美國
甚至日本、澳洲等亞太地區國家做出回應的動作。

　　在經濟問題上，可能是臺海之間最令人欣慰的一部分，雖然
政治和軍事在臺海之間仍然保持高度的緊張狀態，但是貿易、投
資和雙邊經濟關係仍持續有進展，經濟的發展可望成為朝向整合
或相互依賴的主要動力，根據估算，臺灣企業已經投資大約三十
億美元在中國大陸的土地上，佔中國自一九八〇年代經濟成長後
的絕大部分，臺灣企業創造了中國大陸總出口百分之十五的出口
價值。[13]資訊科技上的合作更是雙方合作進步的重要指標，臺灣是
全世界僅次於美國和日本的第三大資訊製造國，臺灣在中國大陸
上也製造數量可觀的硬體設備，而且也愈來愈多的臺灣資訊業公
司希望轉移更多的產品到大陸生產，很多經濟學家也相信，臺灣
如果要保持在國際市場上的競爭力，臺灣和大陸的經貿合作關係
就應該更密切。由於中國和臺灣雙方都在經濟議題上有共同的利
益，因此，經濟議題也是未來雙方關係可以有正面實質發展進步
的議題。經濟發展是中國最高利益，而臺灣企業團體也對發展與
中國的經貿關係充滿興趣，如果臺灣領導人可以接受中國所提出
的三通，而中國方面也可以保護在大陸投資的臺灣企業，如果中
國和臺灣都可以順利加入世界貿易組織，將會是雙方面關係改善
的開始。

---

[13] Hung-mao Tien, "Taiwan's Perspective on Cross-Strait Relations and U.S. Policy," 《American Foreign Policy Interests》 (New York: National Committee on American Foreign Policy, Inc., December 1999, Volume 21, Number 6) 17.

　　而在較多分歧的政治和軍事議題上，最好的策略就是時間，美國目前仍認為和中國交往是最實際的政策，這種思維是基於美國相信如果中國在經濟和文化上的交流更頻繁，中國就會發現保持冷靜與合作的外交政策更符合中國的利益，只要中國給予臺灣尊重，美國也會持續在亞洲維持平衡的力量，而且會努力維持臺海現狀。最令美國頭痛的還是中國和臺灣雙方都希望在對自己有利的情況下維持現狀，因此，最好的解決方式就是讓雙方都認清臺灣問題在短期內沒有任何的解決方式，所以雙方都應該致力於可以相互合作創造雙贏的經濟和文化上的發展，而雙方堅持不下的「一個中國」原則，應該定位為「一個中國，但非現在」（One China ,but not now），雙方都應該為一個不存在於現在而存在於未來的中國而努力。美國各界都認為李登輝的兩國論主張使情勢更加困難與複雜，兩岸緊張關係如果要降溫，最好則是回到一九九二年雙方的共識，即「一個中國、各自表述」。臺海兩岸和美國另一個重要共識應該是軍事競賽的潛在危險，三方都應該思考如何避免另一場軍事競賽而且建立起軍事信心。臺海兩岸應儘速恢復對話，建立聯絡管道，預警軍事演練等善意動作，而美國也不應該介入臺海紛事，但必須明確表態，美國不會坐視臺海任何一方破壞臺海現狀的和平，也就是美國仍反對中國使用武力破壞美國連續六任總統都能接受而且多年來維持穩定和平的「一個中國」的原則。

　　美國過去二十年來的兩岸政策三支柱，即「一個中國、和平解決、三不政策」和在一九九九年三月對臺施壓進入中程協議，被臺北視為是美國方面背叛一九七二年的上海公報和一九八二年

的六大保證的簽署。[14]自從一九九六年臺海危機發生以來，柯林頓
政府即開始顯示出避免和中國產生任何可能的軍事對峙和使臺灣
問題成為美中之間最小衝突的態度，最明顯的做法就是柯林頓訪
問上海時提出的「三不政策」，而美國學術界認同避免美國與中國
正面軍事衝突的最有效的方法就是維護臺灣海峽的現狀，甚至不
惜以犧牲臺灣做為代價。李侃如和何漢里兩者曾就臺海問題提出
中程協議（interim agreement），李侃如主張在一個中國架構下
的兩岸統一時間表，要求臺灣為統一議題在期限內走上談判桌，
何漢里的主張則是中程安排（modus vivendi），他並不建議統一
時間表和期限，因為最終的安排顯然尚未出現共識，而如果沒有
安排則無助於兩岸關係發展，因此何漢里認為兩岸應該在經濟文
化議題上作中程的安排，使兩岸建立對彼此的信心。[15]之後柯林頓
政府主管亞太事務的助理國務卿陸士達（Stanley Roth）提出的
臺海中程協議，令臺北感到懷疑與不安。

　　臺灣當局認為華府已經在對臺北施加壓力，希望臺北接受中
程協議，屆時政治性談判就不可避免，臺北也因此假設美國已經
準備接受中國主張的 「一個中國」政策，而這一個中國就是中華
人民共和國，華府不但違反了上海公報也違反了六大保證。雖然

---

14 Tien 14.

15 Interview with Harry Harding, September 19, 2001.何漢里認為中程
的安排是臺灣、美國和中國三方都可以接受的提案，因為兩岸最終的結
果目前仍然看不出端倪，而如果沒有任何的協議安排則對兩岸的進展毫
無助益，何漢里表示他所提的中程安排是不具挑釁的，也沒有逼迫任何
一方做任何的犧牲放棄，而是鼓勵雙方或三方對話的架構，建立彼此的
互信和減少對抗。

柯林頓政府表示美國保證在中程協議中一定會在臺海關係上扮演積極的仲裁者角色，但是，卻明顯違背了六大保證中的三個保證，包括華府不會在北京和臺北之間扮演調停者，不會對臺灣主權定義表示立場，也不會對中華民國施壓，強迫與中國共產黨談判。臺灣方面認為自一九九九年初美國提出中程協議的構想後，李登輝總統則開始思考提出兩國論來反制中共可能的動作。[16]

　　一九九六年臺海危機和一九九七年香港主權移交中國兩個事件，使臺海關係變得愈來愈詭譎，表面上的衝突雖然得以平息，但實際上雙邊關係仍然暗潮洶湧，充滿不確定性，美國鑑於臺海關係緊張情勢的一觸即發，又未能找到立即性的妥善解決方式，美國外交政策全國委員會（National Committee on American Foreign Policy, NCAFP）圓桌會議的召開也就應運而生，也使各界充滿期待。選在香港主權正式移交之前一個月，美國智庫外交政策全國委員會邀集美國、中國和臺灣學術界代表，於一九九七年六月召開第一次圓桌會議，該會議也被視為「二軌會談」（track II forum）的最具體代表性會議。[17]

　　中國收回香港主權後，也將順利於一九九九年收回澳門主權，獨缺臺灣主權的回歸，中國就可以完成領土完整的夢想，於是中國方面提出以香港模式為基礎的 「一國兩制」收回臺灣主

---

[16] Tien 15.

[17] Samantha F. Ravich, "Examining Trends of Convergence and Divergence Across the Taiwan Strait: The NCAFP's Roundtable on U.S.-China Policy and Cross-Strait Relations,"《American Foreign Policy Interests》（New York: National Committee on American Foreign policy, Inc, December 1999）32.

權，但是，毫無意外的，臺灣當局無法接受「一國兩制」，而且開始感到不安，國民黨政府也順勢提出「一國兩府」的建議，但遭到中共視為是臺灣走向臺獨的前奏，雙方的各持己見，使美國的兩岸政策議題在華府又成了學者爭鋒相對的討論主題。

　　因此由「美國外交政策全國委員會」所召開的一系列圓桌會議便應運而生，其目的在使美、中、臺三方能夠以對等地位，不動聲色地私下研討兩岸問題，而會議的基調，則設定在凸顯臺海兩岸的政治現實與不同主張。此一圓桌會議可以說是一項創舉，是許多處理兩岸問題的第二軌道會談中歷史最長、同時也是最受重視的管道。它和其他偶一為之的第二軌道會談不同之處，在於這兩年當中所有與會者之間產生的凝聚力。智庫利用其優越的人脈關係，密集地舉辦美國有關中國政策的辯論或研討會，邀集美、中、臺三方政要或知名兩岸問題專家參與。由「美國外交政策全國委員會」主導，自一九九七年起連續舉辦九次的「美中政策與兩岸關係圓桌會議」，源自於一九九六年臺海危機，每半年在美國舉行一次，邀請美國和兩岸官、學界重量級代表參與，這項圓桌會議被普遍視為「推動臺海兩岸關係第二管道對話的先趨」。歷年出席圓桌系列會議代表，美國官方包括當時的助理國務卿陸士達、亞太副助理國務卿張戴佑、副助理國務卿謝淑麗、前助理國務卿羅德、半官方的美國在臺協會理事主席卜睿哲等，學者有著名中國問題專家鮑大可、施樂伯、傅高義、高立夫、黎安友（Andrew J. Nathan）、包道格（Douglas Paal）、江文漢、孔傑榮等多人，後期會議上有軍方人士參加。兩岸出席人物包括臺灣代表臺北市長馬英九、田弘茂、高英茂、丘宏達、魏鏞、陳博志、林正義、郭正亮、蕭美琴、吳瑞國及海基會副秘書長吳新興等，大陸代表則有許世銓、蘇格、楊潔勉、賈慶國、郭長林、倪

世雄及楚述榮等。

這些會議的緣起，可上溯至一九九六年夏季美國全國外交政策委員會的北京之旅。在任務結束返回紐約時，該委員會感到必須邀集美、中、臺三方代表，進行第二回合會談。當時的美國決策當局，有為數可觀的成員，力主美國政府應在臺海兩岸關係中，扮演更積極的角色，促成臺灣及中國間的直接對談。然而基於美國政府一貫強調的政策——臺海問題應由兩岸中國人自行解決，以及中國人歷來對外國勢力干涉其內政的疑慮，美國行政人員認為，若是官方正式出面在北京與臺北調停，反而將危及局面的穩定。適當此時，外交委員會召開了這些小型的非官式秘密會議，會中除了由美、中、臺三方學者專家研判兩岸和解的前景及障礙，並邀約美國政府及軍方人士，針對其有關臺海問題策略，提供了更深入的資料。

在以下的論述中，將針對自一九九七年六月至九九年八月所進行的五次會議，扼要說明其召開背景、相關事件與會議概況，並總結會中提出的觀念與意見。其中並特別側重於辨析中國與臺灣雙方，對分合問題的考量差異及趨勢。縱然與會者的討論重點，多數集中於當前事件及兩岸和談的障礙等課題，但近期的兩岸關係發展，反映出雙方對主權認知及自我認同上的歧異。在外交政策委員會舉辦的五次圓桌會議中，歷史傷痛及悔恨的氣氛籠罩全場，揮之不去。雖然未被公開正式列入議題，臺灣的主權問題始終圍繞著討論的進行，由於此一史實的釐清，對兩岸和解的意願有重要影響，在此必須對此根本問題作一簡述。

第一次的圓桌會議臺海雙方及為了名稱涉及到國家名稱而有所爭執，臺灣代表堅持必須在會議名稱上放入「臺灣」，甚至「中

華民國」的名稱，而中國代表則堅持應該就美國和中國議題作廣泛性的討論和意見交換，最後折衷的結果以「美中政策和兩岸關係圓桌會議」（Roundtable on U.S.-China Policy and Cross Strait Relations）為名展開第一次會議，由此可見雙方在主權的問題上已經有根深蒂固的歧見，甚至具有敵意的存在。會議主要四個討論的主題為：「一個中國」原則。臺灣的國際空間，臺灣和大陸之間的經濟結合與美國在臺海關係的角色，一直到一九九九年八月的第五次圓桌會議上才另增「海峽兩岸的軍事平衡」的討論議題。

圓桌會是截至目前討論臺海問題最獨特也最具權威的二軌會議，第一次的會議中國和臺灣的代表雖然在特定議題上沒有共識，但是雙方代表在餐會或中場休息時間都找機會做進一步交談，建立起會議討論互信的基礎。多次會議討論所歸納出的重點為，在政治議題上北京政府寄望於二〇〇〇年臺灣新領導人可以改善兩岸關係，放棄李登輝所提出的兩國論主張，但是，臺灣代表卻表示臺灣三組主要總統候選人都不會採行兩國論，但是他們卻表達臺灣渴望更多對臺灣主權認同的聲音，臺灣代表的觀點顯示兩岸未來在政治上將愈來愈背道而馳。不同於政治議題的不樂觀結論，經濟議題就顯得充滿希望，中國代表強調海峽兩岸的人民都將在雙方經濟合作發展下獲利，儘管臺灣代表為臺灣太過倚賴大陸市場而感到憂心，但是他們還是認為臺灣未來的持續繁榮發展取決於與中國建立良好的經濟關係，但是在短期內，雙方的經濟往來也會使臺灣人民感覺到兩岸的文化差異，而影響他們和中國統一的意願，雖然如此，雙方代表對改善經濟對話、互動和合作都充滿期待。

軍事問題顯然是最令人擔心的，雖然中共深知到目前為止仍

然無法用武力取回臺灣，但他也很清楚就軍事平衡而言，時間是站在中共那一邊。而臺灣也認清這個事實，但是他相信美國將來會更加積極協防臺灣的安全，至於是否透過對臺軍售、區域性飛彈防禦系統或類似像「臺灣安全加強法案」的推動工作等，則要視中共解放軍是否刺激到臺灣在美國國會中的友人為臺灣關係法再做修正或加強，來確保臺灣不受中共威脅。

臺海之間諸多觀點的差異性在過去二十多年來逐漸擴大，而且變得愈來愈令人擔心。因此，圓桌會議的持續進行是很重要的，它可以藉由三方對話和共識找出一種繞過（around）、超過（over）或透過（through）許多困惑兩岸關係發展的障礙，三方代表也都贊成圓桌會議提供一個比較安全的對話氣氛，而且可能有助於找出一個和平解決兩岸問題的途徑。[18]

第一屆圓桌會議：一九九七年六月

中國自一九九七年初開始為香港回歸預作準備；香港可說是北京眼中三重皇冠（香港、澳門和臺灣）上的第一顆明珠。中共將香港回歸視為實際運作一國兩制的方法，而且要讓全世界看到這是把臺灣納入中國版圖的合理方式。

在此背景之下，也難怪隨著各項回歸準備的就緒，臺灣方面開始感到坐立難安。於是，國民黨開始為「一個中國」原則提出新解：「一國兩府」。如此一來，中共也開始調整其政策，以防臺灣進一步走向獨立或拓展國際空間。由於雙方各握有談判籌碼（如果中共容許臺灣爭取更大的國際空間，那麼臺灣也許會放棄追求臺獨），

---

[18] Ravich 33.

若干美國學者遂據此提出許多有關臺海兩岸關係的政策白皮書。在這種或可稱為「審慎樂觀」的情境之下，第一屆 NCAFP 圓桌會議於一九九七年六月在紐約市舉行。由於這是接下來一系列圓桌會議的第一場，首次開會時，大部分的時間便花在如何找出大家都能接受的活動名稱。對那些原本不甚熟稔兩岸關係裡詮釋藝術的人而言，這是一次學習的經驗。來自臺灣的與會者希望圓桌會議的正式名稱裡包含臺灣兩個字。有一位甚至建議使用中華民國（ROC）。而中共代表深知若加入這些字眼，將來他們要出席這些圓桌會議恐怕會有困難，於是建議將有關兩岸關係的討論放置於美國——中國議題的討論範圍內。來自臺灣的代表自然難以接受此種做法。於是在幾番爭辯之後，大家終於同意採用下列名稱：「美中政策與兩岸關係圓桌會議」。儘管有關名稱的爭論看來似乎陳腐、微不足道，但這顯示出主權問題足以引發十足深刻的情緒。此外，這也顯示在找尋兩岸問題和平解決之道時，語言就像水一般既可載舟，亦可覆舟。雖然只有少部分的臺灣代表試圖將「中華民國」也納入會議名稱中，但大部分與會者都希望至少要提及臺灣兩個字。不過當中共代表也提出他們希望納入「中華人民共和國」（PRC）在名稱內的立場後，雙方終於各自讓步，並接受以「中國」作為實際開會時的用詞。如今回想當時兩岸關係的情況，雙方在圓桌會議上都對自己的立場有相當的信心，所以敢於接受以「中國」來替代「臺灣」或「中華人民共和國」的做法。

既然是圓桌會議，所以除了論文發表之外，還針對五場議程裡探討的四項主要議題做綜合討論，這四項議題分別為：詮釋「一個中國」原則、臺灣的國際空間、臺灣與中共之間的經濟關係、以及美國在兩岸關係中的角色。有關第五項議題「海峽兩岸軍事平衡」之討論則囊括在一九九九年八月圓桌會議摘要當中。這些

會議摘要記錄了在論文發表、討論、茶敘時間和其他私下討論時，所有與會者發表之談話。依據圓桌會議的舉辦規則，這些紀錄皆未註明發言者的姓名。

1. 詮釋「一中」原則：中共代表強調「一國兩制」極富彈性，而且應用於香港的一國兩制不盡然要跟適用臺灣的一國兩制相同。有鑑於當時距離香港回歸僅剩不到一個月的時間，來自兩岸的學者都急於探討究竟香港模式是否會沿用在臺灣身上。在討論過程中，來自臺灣的一位代表提出一個問題：中共能否接受在「一個中國」原則下雙邊「共享或分享主權」。一位中共代表則答覆：臺灣若接受「一個中國」原則，那任何議題都可以討論。

2. 臺灣的國際空間：對於李登輝一九九五年康乃爾之行仍耿耿於懷的中共與會代表主張必須找出一套公式，讓臺灣一方面能夠據以建立非官方的經濟與文化關係，另一方面又能遏止臺灣的「務實外交」。中共學者直言不諱地表示，李登輝的「務實外交」昇高了兩岸的緊張關係。他們說，北京認為這類出訪活動代表了李登輝欲迫使臺灣與大陸永久分裂之意圖。一位來自臺灣的與會者則回應，如果臺灣能夠獲准加入各個國際組織，例如世界銀行及國際貨幣基金，那自然會有更大的協商餘地，來找出雙方都可以接受讓臺灣開拓外交空間的方法。

3. 臺灣與中國大陸之間的經濟關係：在經濟議題上，中共認為這是最能夠增進兩岸互信，減少衝突的項目，而臺灣代表則質疑臺灣是否會對大陸過度依賴。儘管部分人士並不認同李登輝的戒急用忍政策——該項政策針對臺灣在大陸的特定投資設定金額上限，但大部分的人都擔憂臺灣經濟被挖空的可能性。

華府智庫對美國臺海兩岸政策制定之影響——
對李登輝總統九五年訪美案例之研究

4. 美國在兩岸關係中的角色：雙方都不願意批評美國的政策（如此的立場或許代表了與會者對於這第一次的會談仍有所疑慮），但一位中共代表強調，美國對於臺灣高階領導人來訪應該更加審慎處理，這番話顯然是針對李登輝訪美之行所說的。一位美方代表則問及美國是否應該更積極地推動兩岸對話。針對這點美方的想法，中共和臺灣代表出現少見的一致立場：強力反對。

第一屆圓桌會議結束時，各方都認為討論成果豐碩，並對對方所關切及感到灰心的問題也有了更多的認識。各方也同意為進一步了解臺灣的政治生態，下一次的圓桌會議應該邀請一位民主進步黨人士共同出席。緊接著第一屆圓桌會議結束後，香港正式回歸中國大陸。儘管交接典禮受到豪雨不斷的影響，但整場活動進行地相當順利。北京全力打宣傳仗，指出香港回歸可做為未來祖國統一的模範。臺北當局立即駁斥此種暗示，一九九七年七月，臺灣當時大陸工作委員會主委張京育表示，談統一必須有四大先決條件：（1）中國大陸必須尊重中華民國存在的事實；（2）臺灣的安全必須獲得保障；（3）兩岸能夠在國際組織並存；以及（4）中國大陸放棄使用武力，回應北京當局的說法。

第二屆圓桌會議：一九九八年一月

一九九六年十月，柯林頓總統和江澤民主席進行首次高峰會，在九六年雙方武力對峙之後，中美關係似乎逐步趨於穩定。九七年十一月，臺灣的民進黨在地方選舉中贏得多數席次，分析家對這樣的選舉結果意見分歧：它是否代表臺灣對獨立問題的一次公投；或是臺灣人民面對中美國關係似有改善跡象心生不安才

導致此一結果；或者只是單純地選民表達對國民黨腐化與無能領導的不滿；而中共對選舉結果的反應則出乎選前各界意料之外；他邀請二十三位甫當選的臺灣地方公職人員訪問中國大陸。

一九九七年十二月，臺灣陸委會針對自李登輝一九九五年康乃爾之行後即告停擺的兩岸對話，提出五點重啟對話的建議：（1）雙方應指派副首長層級進行初次會議，以為下一回合的討論預作準備；（2）所有政治議題唯有在「一個中國，兩個政治實體」的架構下方能進行討論；（3）中共必須願意給臺灣更大的國際空間；（4）中共必須認知到民進黨應被納入此一對話過程中；（5）非政府間的互動將必須在此對話中扮演一定角色。

第二屆圓桌會議就以這些有限進展為基礎，和第一屆會議同樣在「審慎樂觀」的氣氛中展開，會議重點如下：

1. 詮釋「一中」原則：繼六個月前召開的第一屆會議之後，有關「一個中國」概念及其相關內涵的討論在這次會議中繼續進行。一位中共代表表示，雙方應重啟對談，而且只要臺灣繼續接受「一中」原則，那麼中共願意討論如何結束兩岸敵對狀態。來自臺灣的一位代表則回應，只要「一中」意指兩個政治實體，則可接受上述說法。在一九九七年六月舉辦的第一屆圓桌會議裡，雙方皆未以如此直接、淺白的字眼討論類似這樣的提案。如今回想起來，這種說法說不定反映了臺灣對「一中」所做的新解。畢竟，臺北當局當時早已經開始使用諸如「中華民國在臺灣」以及「在追求國家統一的終極目標之下推動兩個中國政策」等字眼。一位中共代表或許因為還不清楚臺灣對「一中」的新思維，指出「一中」原則的定義可以開放來討論。從他的說法看來，這位與會者似乎願意先略過細節不究，以利推動兩

岸對談。然而臺灣來的代表仍對這種含糊說法難以放心，並要求加以釐清。一位來自臺灣的代表就說，中共必須承認中國目前係分裂為兩個政治實體。不過另一位與會者則問道，中共是否會考慮在「一中」的大原則之下建立邦聯或國協。中共代表並未回覆這個問題，不過他們仍舊一再申明，在「一中」原則下，一切議題都可以拿來討論。

2. 臺灣的國際空間：在第一屆圓桌會議上，大家花了相當多的時間討論有關國際空間的議題，但是在第二屆會議裡，與會者對於中共與臺灣在國際承認上的競爭情形則著墨較少。

3. 臺灣與中國大陸之間的經濟關係：跟第一屆圓桌會議不同的是，當時來自臺灣的與會者一般而言，仍肯定李登輝的戒急用忍政策有其優點，但這次會議裡部分與會者則表達對該項政策強烈反彈的態度。不過，儘管不苟同李登輝的政策，大部分臺灣代表認為北京對李登輝所做的人身攻擊只會讓情況更加惡化。中共對李的謾罵，反而讓許多臺灣人感到他們必須「保護」李登輝。此外，也有人提到，李登輝個人對北京的敵意加深只會讓兩岸和解更難達成。

4. 美國在兩岸關係中的角色：一位美方代表對中共邀請新當選的民進黨公職人員赴大陸訪問一舉表示讚許，並認為這代表中共願意軟化其對臺灣的攻訐言論。此外，這位代表也指出，臺灣必須了解，美國並未開給臺灣空白支票任其予取予求。另外在一場中共、臺灣和美國代表進行的非正式談話中，一位美方人士指出在涉入一九九五-九六年臺海危機的三方中，只有兩方真正「學到教訓」。中共了解到自己企圖騷擾臺灣人民，並影響選舉結果的舉動實為一大失策；而美國國會也警醒到，臺海情

勢一觸即發，他們不該以政治語彙來火上加油。而且許多國會議員認為部分臺灣人士企圖操弄他們。根據這位美方人士的結論，唯一未正視這些警訊的就是臺灣。不幸的是，許多臺灣人以為美方反應代表了美國承諾於任何情況下都將防衛臺灣。在場臺灣代表在聽到這番評析之後表示，只要臺灣覺得美中關係的強化係以犧牲臺灣為代價的話，兩岸關係就不可能有所改善。稍後在正式會談時，一位參與上述非正式談話的臺灣代表發言指出，美國應該清楚聲明絕不接受臺灣宣佈獨立，以避免外界誤認為美國最近的舉動係拉抬島上的臺獨勢力，而且極可能真的導致危機的爆發。

在圓桌會議結束時，一位美方人士表示，對情勢的任何一種錯估都可能造成嚴重後果，因此最重要的就是不能根據現況一味因循下去。這位代表隨後建議海峽兩岸設法達成一份「中程協議」[19]，據以治理未來五十年的兩岸關係。等到中程期滿時，雙方再就政治統一展開正式會談。在這五十年期間，臺灣應放棄正式宣佈獨立，而中共則要放棄使用武力，與會者對此提議的反應正反皆有。一位中共代表同意現況的確危機四伏，並呼籲兩岸重啟對話，但是也提出警告：「就跟父母教訓孩子時把手高舉起來作勢威脅一樣」，中共必須能夠以動武做威脅才行。另外，儘管彼此間意見分歧，但與會者都認為目前彼此間的正面氣氛要歸功於辜汪會談已逐漸重回軌道。

---

[19] 爾後有關文獻報導顯示這一位代表即為李侃如。

第三屆圓桌會議：一九九八年七月

第二次的柯江高峰會於一九九八年六月二十五日至七月三日間舉行，柯林頓的中國之行共訪問五個大陸城市。六月三十日，在出席一場「建設中國迎接二十一世紀」的圓桌研討會時，柯林頓提出三不即不支持臺灣獨立、不支持「兩個中國」或「一中一臺」以及不支持臺灣加入任何以國家身分為入會資格之國際組織之「三不政策」，這令臺灣方面開始更加堅信，美國對兩岸關係的政策立場已經偏向北京。

一九九八年七月一日，民進黨中央常務委員會發表一份七點聲明，其中主張臺灣已經是主權獨立國家；任何欲改變臺灣實際主權獨立狀態之意圖，唯有在臺灣人民舉行公投表示同意後方可執行；民進黨將繼續推動臺灣「加入聯合國運動」；以及臺灣既非中國的一部分，所謂「一國兩制」自然不可能應用於臺灣身上。這次會議的一位與會者便指出，民進黨「希望將國家主權重新定義成實際的獨立狀態，藉此重塑其定位成為名正言順的既存政黨。它對其一貫堅持的積極、主動的公民投票稍加鬆口，以試圖減輕人們對此之疑慮。」

1. 詮釋「一中」原則：儘管在過去半年內有若干正向發展，但這次會議室裡的氣氛顯然較前兩屆會議更為緊繃。臺灣代表對於柯林頓總統最近提出的「三不」政策深感困擾。大部分的臺灣代表都認為美國、臺灣和中共之間的三角關係已經轉而偏向美中聯合陣線。尤其令他們失望的是，柯林頓總統在臺灣能否加入國際組織的問題上，竟完全屈服於中共的要求，一位與會者並斷言此舉已經違反了美國在一九九四年應允協助臺灣加入此類國際組織的承諾。大部分的臺灣代表都表示，由於柯江高

峰會的影響，臺灣感覺自己地位日益不穩，因此更需要強化其
本體性。

中共與美國代表則強調，友好的美中關係其實有助於兩岸情
勢。一位中共代表還指出，自高峰會以來，中國信心大增，如
今更能夠「以柔性做法而非強硬手段」來處理兩岸關係，即便
聽到了這樣的說法，臺灣代表仍舊相當激動。為闡明這個新的
態度，一位中共代表認為「非常有必要」釐清「一中」的概念，
以使其更具包容性。不論是在正式會談或私下談話裡，臺灣代
表都表達出一致的感受：近來中美關係的加溫導致臺灣漸失優
勢。一位中共代表則回應，美國的努力很可能終歸失敗，因為
當中美關係改善時，臺灣就感到必須惹出點風波以贏回關注的
眼神，而當中美關係遇到麻煩時，中國的做法又好像對臺灣問
題不是無心轉圜，就是欠缺轉圜空間。

2. 臺灣的國際空間：儘管他們在私下會談時或有不同說法，但中
共代表在正式討論時，很明顯地因為柯林頓的三不而信心大
振。他們所發表關於臺灣國際空間的言論更體現了這種態度，
他們對此議題的立場較之前圓桌會議裡所表達的立場來得強
硬。一位中共代表就說，臺灣的地位已經滑落，並預言中共將
會更積極地提昇其與臺灣邦交國之間的關係。當被美方代表追
問道，中共是否會運用其「柔性技巧」，並允許臺灣在不具完
整會員資格的情況下參與國際貨幣基金，這位中共代表表示，
恐怕要爭議性不像國際貨幣基金那麼高的國際組織才行。

3. 臺灣和中國大陸之間的經濟關係：一位臺灣代表在暗指民進黨
正逐步修正其處理兩岸關係上極具對立性的做法時，特別強調
民進黨很清楚中國大陸是臺灣企業的重要成長市場，同時也了

解因為這個緣故，臺灣必須更加關切臺商的需求。然而，在兩岸經濟交流活動鬆綁之前，臺灣必須先確保其經濟不至於過度倚賴大陸。臺灣代表在第二屆圓桌會議時就曾經提過，這次會議也再次強調，臺商要求政府放棄李登輝戒急用忍政策的呼聲與壓力正不斷提高。在一場非正式會談裡，一位美國代表談到，雖然江澤民對經濟議題興趣不大，但是他知道這類議題是讓臺灣重返談判桌的關鍵。但是相對地，如果臺灣以為像漁業權和劫機遣返等第三層議題可以拿來作為會談焦點的話，那顯然低估了北京一心完成統一大業的渴望。

4. 美國在兩岸關係中的角色：這場圓桌會議的主題不僅受到柯林頓總統三不政策的影響，前美國國防部長裴利（William Perry）到兩岸三地的訪問之行也成為影響因素之一。裴利在此行特別強調美國希望見到兩岸重啟對談，以及美國堅持和平解決兩岸問題，並願意接受任何兩岸都認可的結果。他並提到他此行得到的印象是北京似乎願意以一九九五年會談結果為出發點，重新開始對談，他也聲明臺灣應該了解，一九九六年三月美國的舉措並不代表開給臺灣一張空白支票。

　　第三屆圓桌會議在結論中建議雙方應漸進、逐步地採取信心建立機制（CBMs）。這類機制可以包括智庫間的合作、經濟與科技領域的合作、各部會間更密切的交流以及放鬆貿易限制。另外一項提議則是由兩岸軍事單位共同研擬軍事方面的信心建立機制，以減少發生意外衝突之可能性，但並未獲得與會者認同。部分臺灣代表似乎極不願見到軍事機構參與此一外交政治活動當中。

第四屆圓桌會議：一九九九年一月

一九九八年十月十四至十九日期間，臺灣的海基會董事長辜振甫訪問中國大陸，與其對口單位海協會會長汪道涵進行會談。在辜汪會談結束時，雙方發表一份四點聲明：（1）加強兩岸對話以重拾制度化討論，（2）推動海基——海協兩會各層級工作人員之互訪，（3）針對因兩岸交流所引發之個案加強相互協助，（4）安排汪道涵於適當時機訪問臺灣。

一九九八年十二月的大選結果與前次選舉剛好相反，國民黨大勝民進黨。前次大選中，沒有人確知選民投票給民進黨，究竟是因為想告訴北京臺灣需要更大自主權，或是因為選民厭倦了腐化的國民黨，但這次選舉則不一樣，大部分的分析家都同意，選民要的是一個更穩定的兩岸關係。

由於兩岸已經在一九九八年十月於良好氣氛下再度展開正式會談，這第四屆圓桌會議竟以有關臺灣國際空間的激烈討論為開端，不免令人感到驚訝。其中部分原因是當時李登輝總統與臺北市長馬英九在演講中提出所謂「新臺灣人」一詞。許多臺灣代表認為這個詞彙的用意在於消弭本省人與外省人之間的差異——純粹是臺灣本土的議題。但是對中共的一位代表而言，這個詞彙是李登輝用來推動臺獨的另一項武器。

而臺灣代表的態度漸趨強硬，可由會中某場演講裡所提聲明得知。該位代表強調以下幾點：

1. 臺灣絕不接受「所謂的一中原則」，現在存在著兩個中國，一個在中華人民共和國，另一個在臺灣；然而只要大陸將臺灣視為一對等之實體對待，則臺灣願意和中共討論「邦聯」或「國

協」的概念。

2. 如果臺灣接受北京的一中原則，臺灣將失去其自我認同。

3. 中華民國在臺灣沒有「義務」和大陸完成統一，它有權決定自己的未來。

4. 臺灣不信任中共，而中共過去對待西藏的做法則被列舉為原因之一。

5. 臺灣呼籲中共應試著了解為何臺灣不願意現在進行統一。

6. 美國應該研擬出對臺灣與對中國的平行政策，美國對臺灣有所誤解，缺乏正式對話管道正是造成誤解的原因之一。

7. 中共的「一國兩制」對臺灣而言根本是「一派胡言」，而且視臺灣等同於香港及澳門也是不適當的。

8. 就戰區飛彈防禦系統而言，臺灣目前尚無共識，但將保持開放的態度。

9. 臺灣將繼續在其與中國大陸的關係中強調民主和民主化的重要性。

上述聲明引發中共與美國代表的焦慮，在稍後一場非正式談話中，一位中共代表就說臺灣顯然越來越難應付，美國必須認清此點並設法確保臺灣不會做出任何不智之舉。一位臺灣代表則說如果這次圓桌會議要有任何成果的話，各方就必須坦誠說明自己的立場。

1. 詮釋「一中」原則：相較於前幾次會議中所表達的態度，中共代表這次比較不願意去討論超出「一中」政策之外的其他選項。不過有一位與會者倒表示，只要這個概念獲得接受的話，臺灣將來仍有機會對「一中」提出看法。然而這樣的立場似乎並未反映一般的想法，而且另一位中共代表則說，臺灣逐漸往

臺獨靠近的趨勢已使大陸疑慮日深，如果中國不設法阻止的話，「有人會將臺灣奪走。」

2. 臺灣的國際空間：儘管辜振甫在一九九八年十月訪問大陸確實達成若干進展，但對於北京方面的結論：壓縮臺灣「國際空間」乃無可避免的歷史趨勢，臺灣代表都表示相當失望。另一位代表則認為北京已經開始加強對臺灣外交的打壓，在這種氣氛之下，不論大陸方面說法如何，臺灣不可能相信大陸確實以臺灣的最佳利益為考量。這位臺灣代表還說，臺灣各界普遍認為中共正運用其強權外交迫使臺灣與其談判。在一場非正式會談裡，一位臺灣代表解釋道，每當中共採用這種伎倆時，臺灣就更加感覺到長期而言，時間並非站在臺灣這邊。從這個觀點看來，中共只會越來越強大，並更加有效地運用其力量，於是臺灣必須趁還有機會時鞏固自己的主權地位。

3. 臺灣和中國大陸之間的經濟關係：在前三屆會議中，中共代表一直努力希望促成兩岸三通即通商、通航和通郵。亞洲金融危機雖然對臺灣和中國大陸的衝擊不若東南亞國家那麼大，但仍持續對兩岸關係的進展造成阻礙。自一九九八年起臺灣的出口衰退 9.4%，GDP 成長率也下滑 1.8%。同樣地，中國大陸對區域內的出口也大幅減少，不過其對美蓬勃經濟的出口剛好彌補這廂出口減少之損失。兩岸經貿在一九九八年前九個月間的表現較一九九七年同期衰退 3.9%，但是儘管在經濟上遭遇這些打擊，中國大陸與臺灣仍舊繼續合作，尤其是在勞力密集產業、化學與能源以及營建材料等行業，截至一九九八年九月為止，臺灣七百家上市公司裡有五分之一已經在中國大陸投資。

4. 美國在兩岸關係中的角色：在第三屆會議中，美方與中方代表

對於堅守「一中」政策的必要性有相當的共識，但在第四屆
會議裡，中共代表強調，他們認為華府正採取一種「不獨立，
不統一」的政策，藉以遏制中國的壯大。支持此種看法的理
由包括美國最近的對臺軍售，以及美國能源部長李察森
（Richardson）訪問臺灣之行。部分美方代表再度提議兩岸
簽訂政治上的中程協議，以減少北京對臺獨勢力的憂心，同時
也確保臺灣不會遭受攻擊，並不受阻礙地在國際社會裡扮演有
尊嚴的角色。

第四屆會議結束時，一位美方代表提出幾項信心建立機制
（CBMs）請兩岸代表詳加考慮，並於下一次的圓桌會議裡討論其
可行性。這些 CBMs 包括討論如何實施三通；支持臺灣以「關稅
領域」的名義加入國際組織；以及兩岸軍事交流，另一位代表則
建議多加思考如何維持一個「動態現況」（dynamic status
quo）。[20]然而七個月後召開的圓桌會議卻發現，要恢復任何所謂
的「現況」竟然難上加難。

第五屆圓桌會議：一九九九年八月

一九九九年八月的美中政策與兩岸關係圓桌會議是美國外交
政策全國委員會主辦的第五屆會議。根據原定計畫，這一系列的
圓桌會議總計將舉辦八場。這場八月舉辦的會議其實原定在六月
舉行，但是因為中國駐貝爾格勒大使館遭到炸彈誤擊事件，及其
導致中美關係緊張之故而告延期。

自一九九九年一月圓桌會議結束以來的七個月內，不論是兩

---

[20] Ravich 38.

岸關係，或是中美臺三邊關係都歷經巨幅的改變。當時因為兩岸於一九九八年十月間重新展開的半官方會談，加上一九九八年夏天柯林頓訪問中國所留下之親善訊息，使得兩岸關係氣氛獲得改善。但是自從一月份舉辦的第四屆圓桌會議之後，五項議題開始造成困擾，並動搖兩岸關係的基礎：

1. 人權：一九九年三月，美國眾議院與參議院一致呼籲柯林頓政府支持聯合國一項譴責中共迫害人權之決議案。

2. 有關中國竊取美國機密，以及中國將其技術做不當移轉之指控：一九九九年三月，《紐約時報》大幅揭露中華人民共和國在美進行之間諜活動。該項報導指控自一九八〇年代中期開始，位在新墨西哥州勒沙摩國家實驗室（Los Alamos National Laboratory）的高度機密科技資料就被偷偷移轉給中共。這項指控中最令人憂心的是，有關美國最先進的 W-88 迷你核子彈頭的資料已經落入中國人手中。緊接著這份報導之後，在五月二十五日國會發表一份有關敏感技術移轉給中共的調查報告，由加州共和黨籍眾議員考克斯（Christopher Cox）擔任主席的調查委員會指出，中國竊取美國機密已經危害到美國的國家安全。[21]

3. 中國加入世界貿易組織：一九九九年四月，美國與中國正就某項足以幫助中國加入世貿組織的協議進行協商，但最後柯林頓總統拒絕同意該項協議。柯林頓要求中國提供美國鋼鐵與紡織公司更多保護，並進一步對美國金融服務業開放市場。當時正值朱鎔基總理訪美期間，柯林頓政府拒絕就中國入會案達成協

---

[21] Ravich 40.

議，再加上美國某個政府網站上竟提前貼出中國在協商中所提
出之條件，使得原本就陷入低潮的美中關係更是雪上加霜。雖
然柯林頓總統的顧問群指出，四月時暫緩協議的政策其實將有
助於中國爭取更好的入會條件，並讓雙方最後達成之協議有足
夠時間在國會裡取得支持，但是隨後兩個月的情況卻證實這樣
的如意算盤是打錯了。

4. 中國駐貝爾格勒大使館遭炸彈攻擊：一九九九年五月七日，中
   國駐貝爾格勒大使館遭到美國 B-2 轟炸機發射的雷射導彈炸
   毀，三個中國人在這次攻擊行動中喪生。北京拒絕接受美國提
   出的正式道歉，因為美國宣稱炸彈攻擊係因誤用舊地圖所導致
   的意外事件。接下來四天，中國各地民眾紛紛針對美國大使館
   與領事館進行激烈抗議與攻擊。在炸彈事件發生後，中共隨即
   停止與美國的所有外交、軍事、學術和民間接觸。

5. 李登輝的言論：一九九九年七月九日，李登輝在回答一位德國
   記者提出的問題時，將臺灣與中國的關係形容為一種「特殊國
   與國關係」。針對李登輝此番言論，美國政府旋即釋放出一連
   串曖昧不清的訊息。一方面，美國在臺協會的華府代表立即被
   派往臺北表達美國政府對李登輝的不滿，同時，包括助理國務
   卿陸士達在內的數位美國官員則前往北京利用各種機會與場
   合聲明美國仍舊堅守「一中」原則。另一方面，美國國會開始
   辯論應否通過臺灣安全加強法。該法案反映國會意圖補救美臺
   關係不足之處：無法「長期對抗並遏阻中共可能對臺灣進行之
   攻擊。」

   究竟「兩國論」算不算是偏離臺灣過去政策的說法，仍未有
定論。針對江澤民於一九九三年十一月在西雅圖舉行的領袖高峰

會中所謂「臺灣是中國的一省」，時任臺灣的經濟部長江丙坤立即正式聲明「中華民國（臺灣）建立於一九一二年，為一主權獨立國家，而中華人民共和國（北京）則創立於一九四九年，並自稱為一主權國家。因此目前在國際社會上顯然存在兩個分別互不隸屬的主權國家，擁有各自的主權與外交關係……。」華夏商業資訊（China Business Intelligence）總裁譚慎格（John J. Tkacik, Jr.）[22]指出，若針對李登輝的諸多演講與訪談做字詞搜尋（Lexis-Nexus search）[23]，即可發現自一九九三年開始，他使用過上千次的「臺灣」與「主權獨立的政治實體」等字眼。

　　總而言之，從一九九九年一月底的會議到一九九九年八月初的圓桌會議之間，中國大陸和臺灣之間的雙邊關係，以及中美關係都走入了低潮期。

1. 詮釋「一中」原則：一位臺灣代表在反映其政府立場時表示，他相信北京所以把海協會會長汪道涵訪臺之行不斷延後，主要是因為北京想要將其訪問與一九九九年底澳門回歸中國，以及一九九九年十月一日的中共建國五十週年紀念掛勾在一起。在這些活動進行的同時，北京相信它可以迫使臺灣與大陸展開以統一為單一議題之政治協商。在臺灣眼中，北京想利用「一中」原則使兩岸對談局限於一定框架之下，其中北京扮演中央政府的角色，並將臺北貶為地方政府的地位。而在此種觀念的影響之下，李登輝判斷他必須調整臺灣對大陸的政策，從原來雙方

---

[22] 譚慎格自二○○一年五月起至傳統基金會擔任資深研究員，在接受筆者訪問時曾表示傳統基金會希望借重他在企業界的人脈和專長。

[23] Lexis-Nexus 為一專門做資料搜尋的網站。

為「平等的政治實體」轉而成為「特殊國與國關係」。不過這位代表也承認，李登輝所以於七月九日特意釋放這番談話，其實也受到國內政治因素的影響。李登輝希望將競選活動的焦點放在兩岸議題上。這位代表並根據民調結果做出結論，即臺灣大部分民眾支持李登輝總統提出之特殊國與國論作為兩岸關係的基礎。另外一位同樣反映國民黨立場的臺灣代表則強調，李登輝的說法其實不過是釐清一項既存的事實，同時也並未排除未來民主新中國統一的目標。他並補充道，儘管臺灣的立場是臺灣必須被視為一個國家，但臺灣並未斷然拒絕就未來中國的統一進行協商。不論如何，李登輝的說法正好可以糾正中國視臺灣為其「叛離省分」的錯誤指稱。

民進黨籍的臺灣代表解釋道，民進黨現在正式使用中華民國做為國名，並已首度將此國名納入民進黨的黨綱中。他補充道，民進黨極為稱許李登輝的言論，並認為其說法可做為各政黨整合之基礎。他表示，臺灣沒有必要正式宣佈獨立，因為臺灣已經是獨立的狀態。因此，現況無須改變，反而要繼續保持下去。在兩岸議題上，國民黨與民進黨之間的主要歧異，在於民進黨拒絕接受國民黨所謂終將有「一個中國」的立場，民進黨只接受未來也許會出現「一個中國」的說法。這位與會代表並指出，如果臺灣政府以「特殊國與國關係」替代「一中」原則，將會有下列三個優點：（1）中華人民共和國蓄意誤解「一中」含意，使其代表單一實體，並因此造成國際社會的混淆；（2）「一中」只是「特殊國與國關係」中的一環而已；（3）「一中」只是可能的結果之一；「一中」的說法限制了對其他例如國協等可能情況的探討。大部分的臺灣代表都認為，在大選之後，臺灣新任總統將很難收回「國與國」關係的論調。

中共代表則一致認為，李登輝七月九日的言論已經嚴重損害兩岸關係。一位代表指出，該言論破壞了中國和平統一政策的基礎。他並補充表示，當前局勢非常危險，因為「一中」不僅是維繫兩岸穩定、和平狀態的基石，更是維持整個亞太地區和平的基礎。他請所有與會者回想一九七一年之前的亞洲情勢，並認為「一中」原則對區域穩定極具貢獻。因此，中共必須要了解為何李登輝要改變現況，破壞區域安定。中共相信李登輝發表這番言論的原因有三點：（1）由於面對臺灣社會各界要求政府與北京展開實質對話的沈重壓力，李登輝有心破壞辜汪會談的成果。尤其臺灣企業界更要求政府開放直接三通，這是李登輝最不願見到的結果；（2）李登輝希望操控國內政局，以確保他所主張的大陸政策在其卸任後仍將延續下去；以及（3）李登輝相信在中美關係正值低潮時期，美國將會支持他的論點。所有中共代表都認為，李登輝七月九日的言論導致汪道涵來臺訪問無法成行。一位代表說：「雖然歡迎汪先生來訪的旗幟還掛著，但那座橋卻已經被沖走了。」另一位與會者則說，中共擔心的是，隨著時間過去，一般對「國與國」關係的認同會悄悄地逐漸升高，而且在未來幾個月內李登輝將採取「進兩步，退一步」的做法。他還補充道，臺灣政壇想和大陸「漸行漸遠」的意圖越來越強烈，美國應該建議李登輝少講話。

一位美方代表則主張，北京和臺北最近的若干舉動都造成兩岸關係的失衡。中共一再催促對岸進行政治協商，導致臺灣人民認為他們在辜汪會談中將被迫處於從屬地位。臺灣方面則感受到美方施壓要求考慮「中程協議」之概念，遂提出「國與國」關係來作回應。李登輝發表這番言論的動機之一可能除了希望在與中國協商時，創造公平的競爭空間之外，也想向國際社會

證明臺灣並非中國的一部分。

2. 臺灣的國際空間：一位臺灣代表概略描述了臺灣人民想爭取中國與國際社會更大尊重的情感需求，他說道，臺灣已被中共逼進了角落，因為對方設定種種不合實際的條件，然後又想在協商開始之前就預做結論。他補充說明北京必須認知到，如果臺灣只能在戰爭或屈服間做一選擇，臺灣將會不惜一戰。一位美方代表則說，北京的缺乏耐性的確是造成當前危機的部分原因。如果北京嘗試透過在漁業、移民、走私、劫機和其他事務性議題上達成協議的方式，與臺灣建立新的連結，由此消弭兩岸間的相互猜疑，那麼中共也許早就能夠順利將兩岸對話轉移至更多「政治議題」上。不過臺北同樣也要為目前的緊張情勢負責，因為李登輝的言論使原本存在的模糊性被迫除去，兩岸為爭取美國支持更導致雙方敵對情勢之加劇。

3. 臺灣和中國大陸之間的經濟關係：相較於其他議題激烈的討論氣氛，有關特定經濟關係的討論氣氛則顯著不同，大部分與會者對這一線曙光似乎都感到鬆了一口氣。美方代表指出，經濟因素或可協助拉近兩岸距離。臺灣股市在李登輝七月九日的言論後跌幅達 14％，上海 B 股市場也下挫 8.8％。在此之前，每當臺灣股市因為兩岸不確定因素而重挫時，北京方面通常相對而言未受太大影響。但是自一九九九年七月九日之後，情況開始改變。在一場非正式談話中，一位臺灣代表指出，經濟互賴可謂一刃兩面。一方面它可以拉近兩岸人民距離，但另一方面，臺灣人民若被說服相信其未來的成長與繁榮將完全仰賴中國大陸時，許多臺灣人又會感到害怕。等到進入正式議程討論時，所有與會者一致強調必須加強兩岸未來的經貿往來。一位臺灣代表提議建立空中直航，他建議，先由臺灣的班機開始直

飛大陸，然後和中國的航空公司共享利潤。如果臺灣覺得兩岸
安全與互信問題已經發展至相當程度，那麼臺灣就可以允許大
陸班機直飛臺灣。

4. 美國在兩岸關係中的角色：一九九七年第一屆圓桌會議裡，海
　　峽兩岸都不願直接批評美國的任何行動或政策，但第五屆會議
　　則完全相反，幾乎在過去七個月中發生的所有問題都被歸咎於
　　華府身上。一位美方代表在非正式談話中甚至嘲弄地說，唯一
　　能讓臺北與北京站在同一陣線上的大概就是對華府的批評
　　吧。在會議中，一位臺灣代表表示，他相信李登輝決定放出「國
　　與國」關係的說法時，其中一個考量因素就是柯林頓政府在面
　　對兩岸爭議時，已經逐漸將其政策轉向支持中共那一邊，他還
　　提出華府促逼臺北接受中程協議一事做為美國政策轉向之證
　　明。根據這些協議，政治協商終將無可避免。這位代表認為，
　　美國正改變原本的模糊政策，轉而採取支持大陸立場的明確政
　　策。

　　來自中國的代表則回覆，美國國內的政治環境導致其採取雙重
　　標準，根據這套標準，美國一方面施壓中國籲其放棄對臺使用
　　武力，另一方面美國保留其「保護」臺灣的明示權利。事實上，
　　美國透過臺灣安全加強法，企圖進一步擴張此一權利，對兩岸
　　關係的進展根本是雪上加霜。另一位中共代表則強調，近來中
　　美關係上的一些問題讓北京開始重估美國的亞洲政策。他說，
　　雖然兩國間利益息息相關，促使雙方皆有心建立合作關係，但
　　是美國在過去一年中的諸多舉措，卻使中國感受到，在美國的
　　確有部分勢力希望阻擋中國在下一世紀成為與美國平起平坐
　　的強國。就某種程度而言，他補充道，美國誤控中國威脅臺灣

安全的做法，讓李登輝相信美國將支持他追求分離主義的舉動。不過這位代表也承認，許多美方人士仍舊反對李登輝提出的新論調，主要係基於以下五點疑慮：(1) 臺灣的政治人物企圖在兩岸議題上操控美國，然後讓美國人來收拾爛攤子；(2) 臺灣在未事先諮商美國的情況下率爾提出兩國論，顯然係設陷企圖讓美國默認、支持此一論調；(3) 兩國論的提出使得原本就劍拔弩張的中美關係更加緊繃；(4) 李登輝的言論讓汪道涵訪臺更難成行，美國也因而無法提出包含一份「中程協議」在內的解決方案；以及 (5) 這個對兩岸關係的新詮釋，在相當程度上導致區域內不安情勢。儘管有上述疑慮，美國仍舊督促中國放棄動武，並銷售給臺灣價值五億五千萬美元的武器，顯示美國國內默許李登輝言論的勢力擁有越來越大的影響力。

一位美國代表則提出他的看法：美國在處理兩岸關係上可說陷入了一個極為尷尬的處境。過去美國堅持的「一中」政策基本上與北京及臺北所堅守的「一中」政策相合。因此美國可以大聲說她並未偏袒任何一方，自然也就沒有所謂干預情事。這樣的模糊性使得過去二十年來不論是兩岸關係，或是美中臺三邊關係都得以保持穩定進展。另一位美方代表則表示，李登輝的言論破壞了這個三邊關係中的正向推進力。而美國自兩國論之後的處理方式則包括設法和緩緊張態勢以及挽救兩岸對話。雖然美國的「一中」政策從未改變，但時代已經不一樣了。因此儘管美國仍不宜在兩岸之間做調停，它仍然必須在兩岸關係中扮演積極角色，以維持本區域的和平與安全。

5. 海峽兩岸軍事平衡：一位美方代表強調，隨著「一中」原則的吸引力逐漸消退，中共對於藉助武力則顯得蠢蠢欲動。從一九七〇年代到一九九〇年代初期，美國認為臺灣不值得攻打，而

且中國也打不下來（not worth taking and China's couldn't
take it anyway）。[24]現在情形不同了。不論是政治或是軍事選
項都越來越多。他補充道，現在出現了三套相互競爭的論調。
科索沃的例子給了中共，更確切地說，應該是人民解放軍一個
啟發，即與美國對陣時決不能留給對方任何餘裕去壯大勢力，
先發制人是打擊美國的唯一機會。臺灣方面學到的心得則是要
儘速把美國拖入爭戰之中，方能為自己爭取到最好的機會。但
美國則是更加堅持其不干預的原則，然而若美國判斷自己勢必
得介入的話，它會採取遠距離方式來進行干預。這幾種相互競
爭的趨勢可能會導致東亞出現「一流軍備競賽」。這位代表指
出，在短期之內出現對情勢誤判的可能性非常大。另一位美方
代表則說，美中臺三方對於找出解決之道的耐心已經越磨越
薄，但是由於當前政治現實不利於任何解決之道，所以各方為
找尋解套方法所作努力反而可能造成不安。即便如此，北京、
臺北和華府仍然不時出現種種挑釁的舉動。總結而言，雖然它
有諸多缺點，但美國與亞洲各國都希望繼續維持下去的「一中」
原則，仍舊是個最安全的做法。與會者一般都認為兩岸必須採
取軍事方面的信心建立機制，例如減少軍事演習、設立熱線、
規定交戰守則、定義「中心線」以及公佈年度白皮書以提昇軍
事透明度。

　　第五屆圓桌會議結束時，所有與會者共同認知到兩岸情勢已
變得極不穩定，未來必須進行軍事與政治對話才行。在一九九七

---

24 Richard Halloran, "The Balance of Power Remains in Taiwan's
Favor,"《International Herald Tribune》, September 7, 1999.

年六月第一屆圓桌會議上，臺灣與中共代表幾乎沒有在會場外進
行任何非正式對談。但是自那次會議之後，每支代表團的成員都
會在用餐與茶敘時間邀對方談話，而因此建立起來的深刻互信更
可從其坦白直接的對話中得知。不幸的是，儘管與會者彼此間情
誼日深，但雙方的立場仍舊歧異甚大，有些情況下甚至似乎漸行
漸遠。

　　在政治議題方面，中共正密切注意臺灣二○○○年三月的大
選，因為屆時將產生一位新的總統來治理臺灣，而兩岸關係應該會
有顯著的改善。中共希望等李登輝卸任後，臺灣能夠撤回其「特殊
國與國」關係論。中共預估，如此一來，兩岸在過去十年間因為李
登輝而惹出的政治歧見極可能立即獲得化解。但是臺灣代表不論在
正式會議或私下非正式談話中都清楚表示，目前三位準總統候選人
都不可能撤回李登輝的「特殊國與國論」。在和部分較年輕的與會
代表坦誠交換意見時，他們也表達希望讓臺灣主權獲得更多承認的
熱切心願。因此從臺灣觀點而言，未來將會出現更多政治分歧的情
況。

　　經濟問題則是雙方最有可能達成和解的項目。中共強調雙
方更進一步的經貿合作，可使海峽兩岸的中國人都受惠。雖然
許多臺灣人擔心經濟上過度依賴大陸，但他們也都了解，臺灣
未來的成長與繁榮有賴和中國大陸維持良好的經貿關係。但是
就短期而言，經貿往來也讓許多臺灣人意識到兩岸人民間存在
著相當的文化差異。不過就如同這一系列圓桌會議的經驗一
樣，雙方都願意談論具體步驟來改善經濟對話、互動與合作。

　　軍事趨勢則是最令人憂心的。雖然中共知道自己目前尚無法
以武力攻打下臺灣，但它也清楚就軍事平衡而言，時間絕對是站

在他那邊。因此不論將來雙方能否完成政治整合，軍事整合都將會是未來的選擇之一。臺灣一方面固然知道軍事平衡可能正逐漸偏向北京，但仍相信美國會更積極地加強臺灣的防衛能力。不論是透過更多（及更先進）的對臺軍售、戰區飛彈防禦系統，或是透過類似臺灣安全加強法的其他法案來協助臺灣防衛，人民解放軍的改良精進都將促使親臺國會議員努力修正「臺灣關係法」中不足之處。

　　像這些觀念上的差異，在過去二年間可說越來越多，並形成一股令人憂心的趨勢，也因此圓桌會議仍然有其重要性。它的目標在於努力找出方法去避開、克服或釐清諸多不利兩岸關係進展的阻礙。三方與會者也都體認到，圓桌會議提供一個安全的氣氛來促進對話，甚至協助找出一條可行之路，和平解決目前兩岸間一觸即發的危險情勢。

　　不同軌道的機制有其不同特性，經由政府授權並監督的機制一般稱為「第一管道」，其參加運作成員多為政府官員，而其運作功能為透過談判協商，貫徹政府立場及政策，其缺點為一旦談判破裂則雙方陷入僵局，此時則有賴強調非正式及非官方的溝通及合作的「第二軌道」機制來緩和緊張氣氛。雖然「第二軌道」不能取代「第一軌道」，不在政府部門工作的人士當然不能代表政府發言，從學術界及政界進進出出的菁英看來，今日的官員，明日便可能離職回到學術界或智庫擔任學者；而今日的學者也可能因緣際會，明日便可被引用成為政府中的核心決策人士，例如李侃如。影響美國外交政策的範圍，其實不限於美國政府之內的機構，學術界或智庫之核心人士亦有相當的影響力，而這群「外交貴族」遊走於美國政府、智庫或企業界，

大多數人士的政黨屬性並不特別明顯。[25]因此不宜以黨派之意識
形態和立場來判斷他們對兩岸關係的態度。

　　美國各重要智庫的兩岸問題專家，大多來自曾經負責兩岸
事務問題之退休政府官員、大學教授或研究兩岸問題之著名學
者參與相關研究計畫。對華重要智庫以華府最多，而與政治人
物的互動也最頻繁，美國對華政策官員與智庫專家身分經常互
換，而他們也在新聞媒體發表相關評論，有多重的管道發揮影
響力。美國智庫原為影響公共政策而提出各項可行方案，但隨
著一九九五年李登輝訪美之後，臺海兩岸長期中斷會談，而介
入推動促請兩岸早日協商的「第二軌道」的工作。「美國外交政
策全國委員會」、「美國議會」（American Assembly）、傅高義
與培理等人所欲從事的「第二軌道」外交，愈使智庫在美國兩
岸政策上所扮演的角色更形重要。

25　魏鏞，〈中美關係發展與學術外交〉，《中國時報》，民國八十七年九月八
　　日，版十五。

附表 4-3-1

特性\軌道	機制定位	與政府關係	參加成員	運作功能	優（缺）點
一軌	官方	正式授權並監督	政府官員	談判協商貫徹政府立場及政策	停頓僵局
二軌	非官方	非正式溝通及合作	有代表性學者專家和以私人身分參與之官員	發展新思維、新策略，建立互信、累積共識	發揮自由探討之功能
三軌	純民間	無關係	民間學者專家	展現學術獨立及自由探討	無管道與政府聯繫

第五章　智庫之兩岸政策主張

第一節　智庫之意識型態

　　美國國會近年來為兩岸事務上爭執的情形明顯升高，充分地顯示了智庫藉由影響國會來影響美國兩岸政策的策略奏效。一般而言，國會在外交政策上是一股被動的力量，只就人事任命案、立法、通過預算及監督行政部門行使職責。但是，特別是一九八九年之後，國會涉入兩岸政策越來越深。美國有關中國留學生、出售穀物、人權、武器管制政策、商機、技術轉移等決策，不僅受到國會影響，有時還由國會主動發起。國會有時候只是就美國民意而有所反應，但是行政部門卻非完全依照民意制定政策；因此智庫深知其中奧妙，以創造輿論議題並透過國會的方式企圖影響政府的決策，有時候甚至個別國會議員或幕僚助理就能夠發動，產生影響力。

　　美國智庫對華政策的智慧，始於一個基本政治事實，儘管絕大多數美國人民願意與中華人民共和國維持良好關係，事實上卻少有人同意以傷害臺灣做為代價。這一點，美國國會在一九七八年即將與臺灣斷絕外交關係時，表現得最清楚，當時的實際行動，就是戲劇化地起草了臺灣關係法。臺灣民主化與中國一九八九年天安門事變後趨向鎮壓，只是更加強了這個政治事實，結果，不論美國在中國或臺灣相關事務上出現什麼動作，都必須向卡特總

統與臺北斷交時一樣，強烈而清楚重申「美國有信心，臺灣人民面對的是一個和平而繁榮的前途」。[1]有些美國人似乎曾經盼望，中國的開放與自由化將自然引領兩岸走向談判；北京則將尼克森外交視為逐漸切斷美國與臺灣官方關係的第一步，冀望如此可以逼迫臺灣妥協。由於北京期望美國協助這項進程，前中共官員，視為著名政論家的阮銘，曾將這種政策稱為「聯美制臺」。[2]在隱而未現的政治角力中，有人視中美「關係正常化」為臺灣命運終結的起點，另外有人起草法案，採取外交行動，以保證臺灣繼續存活，這是價值觀與遠見之爭，這兩股力量的抗爭，從未浮出檯面，甚至持續延續到今天。

　　儘管傳統上民主黨政府多半認為臺灣是政治問題，需要解決，而共和黨則一向視臺灣為盟友。[3]但是無論民主黨或是共和黨執政，美國七〇年代外交高明之處，即在於既能允許美、中發展關係，又能固守美國立場。同樣重要的是，美國曾經在微妙措辭下提供臺灣安全的實際允諾，後來逐漸褪色了。從一九九四年底到九五年間，東亞地區曾經出現一連串安全危機，其中最為人注意的是，美國航空母艦「小鷹號」在黃海追蹤中共核子潛艇，幾乎接近中共海域，以及中國與越南在南沙群島美濟礁的衝突。美國雖然對這些危機作出反應，但是措辭和緩，令中國覺得有機可乘。一九九五年，中國向臺灣海域發射彈道飛彈時，美國國務院的聲明僅僅表示，中

---

[1]　同上註。

[2]　前揭書，頁三五九。

[3]　Patrick Tyler, "The (Ab) normalization of U.S.-Chinese Relation,"《Foreign Affairs》, September /October 1999: 93-120.

國所謂「對於臺灣海峽的和平穩定,沒有正面意義」。[4]

　　冷戰期間,美國企業的地位落在戰略考量之下,雷根時期之國務卿舒茲曾告訴美商高階主管,如果他們不喜歡政府的對華政策,可以遷到其他地方去。[5]一九八九年之後,美國對華政策浮動不定,由於東歐各國革命的結果,促使美、中交往的冷戰因素消失,布希政府希望維持過去二十年所建立的美中關係,卻一再受到國會及民意的作梗與反對。然而,僅只相距數年,美國再度渴望與中國有密切的合作關係。到了一九九〇年代中期,美國刻意交好北京領導人,就某個程度而言,這反映出華府盼望中國協助處理新的後冷戰外交政策問題,以制止北韓的核子武器發展計畫,並且限制彈道飛彈技術出口。一九九〇年代初期,大量外資湧入中國,使得北京享有前所未見的巨大商業力量,到了柯林頓主政時,商業便成為美國政策背後的主要推力,這就反映出經濟現實的改變,九〇年後的美國新兩岸政策,一部分是出自商業利益的驅動。柯林頓及其行政部門是「新重商主義」的背後主力,國會也同樣不落人後,許多曾投票反對布希政府中國政策的國會議員,立場丕變,到了一九九四年都來懇求白宮重視美國在華商業利益。原本以蘇聯為目標的美中關係,熬過了蘇聯帝國的崩潰,美國對華交往的重心由冷戰戰略,轉到商業掛帥。[6]

　　從一九九〇年代起,尤其是在九六臺海飛彈危機之後,美國政府在針對中國問題決策上,愈來愈難有一致性,這個現象的產生主要歸罪於一九八九年天安門事件所造成的結果,自此之後,

---

4　張同瑩、馬勵、張定綺,前揭書,頁三六三。
5　林添貴,前揭書,頁五四九。
6　同上註。

中國的惡行在美國人民的眼裡就很難改變。美國在九○年代的許多對中國的政策和所發生的許多事件，為美國非政府組織（NGOs）和其他利益團體開拓了一條可以更主動積極參與美國之中國政策制定的通路。

　　天安門事件後，美國國會和行政部門已有許多次針對中國政策產生爭執。雖然布希和柯林頓政府都強調與中國「交往」的重要性，但是他們在國會的反對勢力卻希望以更強硬的手段對付中共，甚至傾向於「制裁」的手段對付中共。從一九九○年起，國會對給予中國最惠國待遇的施壓，不是建議停止給予中國最惠國待遇就是要求附帶條件。這個議題引起一○六期國會通過立法（H.R.4444）給予中國永久正常貿易關係（PNTR），柯林頓更於二○○○年十月十日正式簽字成為法律。同時，在一九九○年代，國會更是強調達成美國和中國關係複雜化的議題，例如人權的標準、貿易、臺灣、宗教自由、國家安全等等認知和出發點不同的議題，非政府組織和利益團體也在各項議題上儘可能地表達他們的想法和他們對政策所持不同的觀點，企圖發揮他們對決策的影響力。回顧這些組織團體是否在某些關鍵議題上最具影響力後發現，事實上很難釐清到底是這些團體造成美國制定中國政策變得錯綜複雜，或是他們只是就已定之中國政策做不同方式的解讀和看法，這些團體或組織對政策制定的影響是不可一概而論的，完全視所涉及的議題、組織和個人的力量及當時整個美中關係的氣氛而定，但是整體而言，美國利益團體組織最成功之處就是與國會議員建立起良好的關係和以左右美國大眾輿論支持他們利益的

能力。[7]

　　在一九七九年美中關係正常化之前，智庫一直都是美國的兩岸政策一項非常重要的資訊來源。智庫團體對公共政策的研究在某種程度上不同於學術研究機構，他們的研究結果主要是針對美國決策者，而且很多智庫致力於影響美國對中國問題所做的各項決定，他們的做法通常是邀集研究學者、學術界專家、商業界的會員、涉及特定議題的美國和外國政府有關決策人士等等召開大會或研討會，然後將討論結果列出對政策制定的建議。

　　資金來源是公共政策研究智庫持續與否的先決條件，大多數智庫的資金來源有幾種，一種是以美國政府合約為主的智庫，例如蘭德公司和類似之聯邦合約研究機構，但是一般而言都是企業或私人的贊助、基金會的補助和佔極小部分的出版品發行收入等。儘管在筆者研究中所討論的智庫有些是倡導型智庫，以尋求影響國會對某些中國議題的決定，或者是代表某一特定族群的高度關切，但是像智庫這樣的公共政策研究團體通常都希望在公共政策制定過程中尋求更寬廣的角色。他們都將自己定位為「私人的、非利益的和非政黨的機構」，而且特別強調非政黨，但是每個智庫都希望與某種政策主張有關聯，甚至有些希望與特定政黨有關，這種現象可以從檢視他們的董事會主席或顧問、機構的總負責人、參加會議的代表和他們的資金來源，更清楚地歸納出來他們的政策主張和政治傾向，但是這種具意識型態的立場，使智庫在政策制定過程的影響力變得更兩極，他們的興衰取決於他們是否和主政的行政或國會部門有共同的價值觀和理念。

---

[7]　同上註。

　　根據美國臺海軍事專家白邦瑞（Michael Pillsbury）接受中國時報駐華府記者冉亮的採訪時指出，在外交和國防事務上，只有國會才能牽制白宮，並使白宮改變政策，至於美國政界的主流派，其實如果加以分類，他們多是所謂的「紅隊」（red team），其立場向來是：（1）反對美國對臺軍售（2）希望臺北與北京進行統一談判（3）淡化中國的軍事能力與威脅。[8]與之相反的則是「藍隊」（blue team），他們的主張為：（1）加強美國對臺軍售或美臺軍事關係（2）希望推翻中國共產黨政權（3）強調中國威脅論。[9]另外還有一派則是介於兩者之間，也就是美國國防部的立場，他們既不認為中共政權會在短期內被推翻，也不認為中國共產黨會永久存在，而主張對付中共應採取長期策略才行。被點名的上述人士，有的立即否認，如江文漢[10]，有的欣然接受，如林霨，也有的根本不予回應。擔心的智庫或學者個人是因為他們認為一旦被視為是紅隊或藍隊則可能被冠上親民主黨或親共和黨的標籤，而影響智庫的立場或是學者研究的客觀性。

　　臺灣媒體多將其分類為「親臺」或者「親共」人士，而臺灣外交部或是駐美代表處的官員則認為美國智庫或是智庫中國問題專家，除了幾個特定人士外，基本上並沒有特別「親共」或「親臺」的專家學者，他們的言論基本上所反映的是他們所觀察的現

8　冉亮，〈美臺海軍事專家白邦瑞：對臺軍售國會舉足輕重〉，《中國時報》，八十九年四月二十四日。「紅隊」人士包括：傅利民、奧森柏格、包道格、藍普敦、史文、麥利凱、沈大偉及江文漢等。

9　前揭文，「藍隊」人士包括：李潔明、林霨、費學禮、伍爾澤、金德芳、賈維爾、葛瑞格等。

10　Interview with Phillip Liu, Policy Analyst, CSIS, August 3, 2001.

象或是他們個人喜好和意識型態的問題，而且通常他們對兩岸問題的反應是就不同的議題或個案有不同的主張。例如經貿問題，任何一派智庫都認為應該加強和中國經濟發展，而在臺灣問題上，兩派智庫或學者也都對臺灣的民主化表示高度的肯定和認同，因此以「親共」或「親臺」來定義美國智庫或所屬專家學者並不恰當，筆者在本文中依據問卷調查所得到的結果，將美國智庫分別以代表保守派之傳統基金會和代表自由派之布魯金斯研究院加以分析研究。而智庫所屬之兩岸問題專家學者則以「主張中國威脅論」和「反對中國威脅論」等兩派人士，另於下一章詳加討論。

雖然美國政府的外交政策的立場都是以美國利益為主，但是在政策制定過程的辯論上和外交政策的精神往往受到他們的意識型態的影響。就全國飛彈防禦系統一事而言，美國民主黨和共和黨在意識型態上就有很大的差別，支持建立飛彈防禦系統的大多數是共和黨員，他們希望藉由防禦系統的佈署來保護美國不會受到直接的攻擊。反之，民主黨人士大多主張武器控制，他們相信減少核武的對立和改善美俄關係是最主要的考量，他們擔心全國飛彈防禦系統的佈署會嚴重的威脅到他們的目標，雙方都為自己的看法提出具體合理的解釋，但是雙方似乎也都不認同彼此論調的合法性。[11]

自從一九八九年天安門事件後，美國民意已開始關心美國之兩岸政策，不讓百姓了解或專門由菁英決策產生的兩岸政策並不能持久。季辛吉立下了對華外交以秘密、個人作風進行的模式，

[11] Michael O'Hanlon, "Can Missile Defense Work This Time?"《Foreign Affairs》, November/December 1999, Vol. 78, No. 6, p.68.

這個狹隘的政治基礎就撐不住一九八九年的大動亂。卡特政府刻意對北京的人權政策，雷根把中國稱為「所謂的共產國家」，在中國鎮壓天安門廣場民主運動時，只會使震撼感更強烈。[12]這樣的論點並不是表示美國領袖必須一直追隨輿論行事，他們可以試圖領導輿論，改變美國人民的態度。一九九〇年代，美國在和中國交往時仍然躲不掉冷戰時期的情緒，美國各種辯論的當事人全無例外，不論他們是強硬派或溫和派、自由派或保守派，主張與中國威脅論還是反對中國威脅論者。

一九九〇年代美國對華態度最常受到的一項批評，就是「冷戰心態」，主張這一派說法的人士認為，美國需要有個敵人作為對象，中國可以是這個對象；他們認為九〇年代美國對待中國，應以從前視蘇聯如寇讎的態度去對待。九〇年代的華府盛行兩種與北京維持良好關係的理由，第一個理由是，中國有朝一日一定會出現民主；第二個理由是，透過貿易、教育及文化交流，長期而言將有助於中國自由與民主的發展，這兩項主張主要是以美國人民為訴求對象，用來抵擋主張對中國採取諸如經濟制裁行動的人士。

美國共和黨的保守主義思想和民主黨的自由主義思想相當程度的影響到他們的外交政策制定的思維[13]，而兩黨截然不同的意識型態與旗幟鮮明的兩派美國智庫的意識型態和政治主張不謀而合，再加上智庫與政黨之間越來越緊密的關係，使得智庫對政策制定的影響更加令人玩味。智庫對兩岸問題的研究，或說對中國

---

[12] 林添貴，前揭書，頁五五三。

[13] Thomas B. Lee, "Conservatism, Liberalism, and U.S. Pacific Policy," Ideology and Practice: The Reservation of U.S. Foreign Policy, ed Thomas B. Lee（Taipei: Tamkang University 1985）77.

的研究熱潮，是在蘇聯瓦解冷戰結束和美國與中國之間的貿易直
線增加後，美國有一派人士將中共視為未來假想敵後在美國境內
所引發的爭論之後真正開始，而李登輝訪美後所造成的一九九六
年臺海危機和之後所引發的一連串政治效應，臺海兩岸之間的問
題成為美國最棘手的外交政策之一。美國智庫開始致力於兩岸問
題的研究，從其研究報告分析看來，其實美國兩黨在執政時之兩
岸政策背後都藏有美國智庫的影子，由於兩岸問題的複雜性和從
事於研究的時間短，智庫在美國兩岸政策的影響力似乎尚未有具
體的案例可以證實，但是從蘭德公司策劃擴大北大西洋公約組織
（North Atlantic Treaty Organization, NATO）並受到柯林頓政
府的採納成為政策一例[14]，即可證實美國智庫對美國外交政策是具
有影響力。美國智庫近十多年來在兩岸問題上所下的功夫，可以
預期將來美國對兩岸政策如果有任何重大的改變，在不考慮戰爭
爆發的因素之下，美國智庫必定扮演著關鍵性的角色。

　　新任美國參議院外交委員會主席白登（Joe Baiden）於二〇
〇一年中旬訪問臺灣，提出他對兩岸政策的看法不同於前外委會
主席赫姆斯，美國兩黨在兩岸政策上的主張傳達出美國智庫在兩
岸問題上的研究和主張，已經開始發揮影響力了。白登參議員等
一行訪臺的主要目的就是向臺灣政府表示，民主黨所掌控之參議
院對赫姆斯主張美國應積極支持臺灣並訂定臺灣安全法案的政策
不表認同，而小布希就任總統後，白登更直言批評其聲稱將全力
協助臺灣自衛的政策，違反美國的利益，他更強調臺灣關係法並
未規定美國出兵保護臺灣。小布希上臺後將臺灣關係法有關協助

---

[14] Mochizuki, interview.

臺灣的政策由模糊轉為明朗，因此民主黨所掌握的參議院必須及時澄清，藉以發展美國與中國的關係。白登向媒體公開表示，臺灣部分人士曾為美國軍售武器給臺灣產生幻覺，以為有了美國的先進武器，就可以應付外來的攻擊而高枕無憂，臺灣方面的迷思為：既然美國依照臺灣關係法有義務執行為臺灣確保自衛提供防衛性武器，何不如採購最新高科技的武器，如此既可嚇阻中國大陸對臺用武，又可使政權平穩度過，逃避「一個中國」的壓力，如果萬一激怒中共引發臺海衝突，美國也會出手支援。白登認為這是臺灣一廂情願的想法，有必要加以說明，由不同政黨主導之美國國會與行政部門在兩岸政策上的不同調，再次顯現。

　　從民主黨的白登對兩岸政策立場和共和黨的小布希對兩岸問題的主張，可以轉移到親民主黨籍的自由派思想智庫和親共和黨籍的保守派思想智庫對兩岸政策的不同。民主黨政府和自由派智庫在兩岸政策的基本態度為：美國應該採取模糊策略對待兩岸議題，美國不應該捲入兩岸的衝突，提高對臺軍售的內容層次只會增加兩岸之間的衝突和對立。共和黨和保守派智庫則持相反的看法，他們相信美國應該基於臺灣的完全民主化而保護臺灣，對臺軍售可以加強臺灣國防使中共不至於貿然犯臺，而且主張美國對兩岸政策應該明朗化才不至於使兩岸猜測美國的立場而輕舉妄動。

　　不同意識型態的美國智庫對美國不同執政黨的兩岸政策制定有決定性的影響，其中最明顯的就是傳統基金會和美國企業研究院之於雷根總統和現任的小布希總統，布魯金斯研究院之於甘迺迪、詹森和柯林頓總統，和蘭德公司縱橫於各黨派儼然已成為各屆政府均仰賴的政策研究機構。自一九六〇年起，自由主義思想受到甘迺迪和詹森二位前後任總統的重視，甘迺迪的「新戰線」（new frontier）到詹森的「大社會」（Great Society）的主張，

受到馬丁路德（Martin Luther King, Jr.）追隨者和崇拜者對社會
改革的要求，加上共和黨籍高華德（Barry Goldwater）參議員
對詹森總統執政的挑戰[15]，都促使民主黨政府必須仰賴自由派思想
的政策專家提供建言，來應付大量的社會變革需求和反對勢力的
挑戰，這股風潮甚至延續到共和黨籍的尼克森總統時代，共和黨
和民主黨領導人紛紛對智庫政策專家的信賴，奠定智庫日後在華
府成為政治光譜中不可或缺的一環。

　　智庫本身或其研究人員因為其組織成立宗旨開宗明義的表
示，智庫是非黨派的非營利團體，希望保持智庫的中立和獨立研
究的價值是可以理解的，就像打著保守主義旗艦的保守派智庫傳
統基金會主席佛訥也認為傳統基金會是超黨派的，而且也有自由
派主義思想的研究學者在傳統基金會裡從事研究工作。[16]曾任職於
蘭德公司和布魯金斯研究院亞洲研究員，現任美國喬治華盛頓大
學國際關係學院席格中心的主任望月正人教授對智庫（指布魯金
斯研究院）做了一個很有趣的描述，他說：「在智庫裡工作的人並
不覺得像布魯金斯研究院這樣的智庫對美國政策制定具有影響
力，但是外界的人常常把它看成或說成很具影響力。」[17]智庫對華
府決策者的影響力就是如此這般悄悄地已經蔓延開來了。

---

[15] David M. Ricci, "The Transformation of American Politics, The
New Washington and the Rise of Think Tank," New Haven and
London: Yale University Press, p.149.

[16] Interview with Edwin Feulner, "The Heritage Foundation is a
nonpartisan organization. We also have some liberal
researchers working in Heritage," January 25, 2001.

[17] Interview with Mike Mochizuki, ibid.

第二節　保守派旗艦——美國企業研究院暨傳統基金會

　　保守派人士認為六〇年代的美國，甚至美國政府、大學和以好萊塢為中心的電影電視傳播工具，都是由自由派人士所主導，更重要的是自由派人士幾乎掌握了例如哥倫比亞傳播公司（CBS）、《新聞周刊》（Newsweek）、《紐約時報》（New York Times）、《華盛頓郵報》（Washington Post）、《基督科學箴言報》（Christian Science Monitor）等全國性主要媒體，因此，一群保守派人士開始組成「反知識分子」（counter-intelligentsia）的研究機構[1]，為保守派思想與自由派人士做政策議題的辯論，他們相信保守派思想並不是缺乏吸引力，而是沒有將保守派思想向大眾做有效地說服。歐林基金會（John N. Olin Foundation）總裁賽門（William Simon）被視為少數保守派人士的領袖，提供了促銷保守思想的場所，做為保守派政策專家做政策研究或發表文章之用，他與紐約大學教授克里斯朵（Irving Kristol）邀集了保守派企業界領袖或基金會人士捐款，為保守派智庫和利益團體的催生而努力，他們運用自由派智庫在華府立足的模式，以「走向群眾策略」（strategy of going publics），加上以理論和實際的個案研究，說服選民投票給保守派候選人。於是自一九七三年起，陸續組成崇尚個人自由、反共產主義、主張減稅和財產私有等新右派（New Right）保守陣營，例如共和黨研究委員會（Republican Study Committee）、傳統基金會、參議院指導委員會（Senate Steering Committee）、基督之聲（Christian Voice）和宗教圓

---

[1]　David M. Ricci, ibid, p.154.

桌會（Religious Roundtable）等機構[2]，其中以傳統基金會和美
國企業研究院為最具代表性之保守派智庫。

一、美國企業研究院

美國企業研究院係由瓊斯孟思維爾公司（Jones-Mansville）
總裁布朗（Lewis H. Brown）為提倡自由市場經濟（free-market
economics）於一九四三年以「美國企業協會」（American
Enterprise Association, AEA）之名義所創立，希望藉此與興起
之自由派思想重鎮布魯金斯研究院相抗衡，但是一直到一九五四
年，美國企業研究院仍然僅有四名專任研究員和不到八萬美元之
年度預算，連維持研究院的基本營運費用都有困難，布朗於是轉
而向任職於美國商務部之白魯迪（William Baroody, Sr.）求援。
一九六二年白魯迪接任總裁並且得到穩定的企業捐款後，為使該
機構更像是政策研究機構，遂將機構改名為美國企業研究院，致
力於推動中間偏右（right of center）的思想工作，為保守派人士
提供舞臺演練其政治理想，進而提供給決策者參考。[3]

美國企業研究院的經費預算從一九七〇年的一百萬美元增加
到二〇〇〇年的二千三百萬美元，研究及行政人員也從十九人增
加到一百三十五人，這個成果歸功於福特總統的國防部長萊德
（Melvin Laird）為美國企業研究所募款的結果。到了卡特擊敗福
特當選為美國總統後，美國企業研究所也成為了「反對智庫」，但
是福特本人和其交通部長希爾絲（Carla Hills）以及柯派翠克
（Jeane Kirkpatrick）等學者也一起加入美國企業研究院，成為

---

[2] Ricci 155.

[3] Abelson 52.

重量級的智庫研究員，也開啟了智庫與退職或退休政府官員的另一個舞臺。白魯迪結合了廣告宣傳技術、募款能力和對政治策略的熟悉，將美國企業研究院變成華府最重要之研究機構之一。他藉由招募美國最傑出之經濟學家和政治學家，以及延攬退休之官員，創造出美國企業研究院明顯的保守之政治信仰，以區隔布魯金斯（Robert Brookings）和卡內基（Andew Carnerie）等人所創立之政策研究機構之不同。[4]他堅持理念的競爭是自由和民主社會生存的基本要素，他更透過邀請政府決策人士參加研討會和出版書籍或發表文章的方式，將保守主義思想傳達出去。他同時也鼓勵研究院之學者加強與政府或企業領導人之聯繫，確保美國企業研究院在決策圈中佔有一席之地。

　　白魯迪二世（William Baroody, Jr.）在一九七八年繼承父業後，將美國企業研究院之研究範圍擴展到政府、社會和國際事務等領域，他也運用大眾傳播的功能大量提昇美國企業研究院之曝光率，例如隔週撰寫三篇專欄至與之合作之一○一家報紙、每月一次與媒體記者餐敘、每月自製一次有關公共政策之電視節目在四百個頻道撥放、由所屬研究員每週參加依次廣播電臺之談話節目和出版四份刊物，包括《管理》（Regulation）、《輿論》（Public Opinion）、《美國企業研究院經濟學人》（The AEI Economist）和《外交政策和國防評論》（Foreign Policy and Defense

---

[4]　布魯金斯（Robert Brookings）所創立布魯金斯研究院（Brookings Institution）和卡內基（Andrew Carnegie）所創立之卡內基國際和平研究所（Carnegie Endowment for International Peace）都強調研究機構不具黨派色彩，白魯迪則以美國企業研究院之推動保守主義使命為傲。

Review）等，並出版立法分析短文和專業書籍等方式。[5]到了雷根入主白宮之後，美國企業研究院約有包括柯派翠克等三十六位研究專家或董事會成員進入政府擔任要職，奠定日後美國企業研究院在美國政治圈中之地位。

美國企業研究院的財源不穩定，因此迫使它除了為保守派和共和黨做政策研究外，也開始尋求為較偏中間的自由派和民主黨人士做政策研究分析，希望藉此建立聲望尋求財源，除此之外，也開始藉由發行刊物，吸引更多知名學者為特定議題或事件發表文章，提昇該研究院之知名度和聲望。如同布魯金斯研究院的改變，美國企業研究院也在企業主洛克斐勒的支持下，改採中間路線的保守主義，此一改變受到許多美國企業研究院和保守派人士的指責，認為美國企業研究院已背棄原則，因而造成魏瑞奇（Paul Weyrich）為首的一群人離開美國企業研究院，另外創立了致力於推動保守思想之政策研究。白魯迪也因此遭到董事會和贊助企業主革職[6]，改由曾任職於雷根政府之迪謬思（Christopher DeMuth）接任，重新修正路線，確立美國企業研究院為介於學術研究和政治決策圈之政策研究機構，它也為日後華府專致於倡導之智庫的出現鋪路。

美國企業研究院一直堅持自己的學術觀點和實質的政策建議，在本質上，是提倡自由資本主義，與曾經居於主導地位的凱

---

[5] Abelson 54.

[6] Abelson 54. 歐林基金會（Olin Foundation）和讀者文摘公司（Reader's Digest Association）自一九八六年停止捐款美國企業研究院，改為贊助傳統基金會，他們認為前者已背棄美國推動保守主義之路線。

恩斯主義（Keynesianism）大相逕庭，使得美國企業研究院在成立之初並未受到矚目。但是，隨著西方社會經濟復甦和發展及意識到凱恩斯主義的侷限性後，回歸傳統之自由資本主義開始受到注視，美國企業研究院的價值也隨之水漲船高。概括而論，美國企業研究院的主要思想觀點如下：[7]

一、信奉自由資本主義。

二、強調社會的自我調適，反對政府過分介入社會。

三、主張大規模增加國防預算。

　　美國企業研究院的研究主軸包括：經濟政策研究、社會暨政治研究、外交暨國防政策研究。美國前駐聯合國大使柯派翠克（Jeane J. Kirkpatrick）即為外交暨國防政策研究主任，此一部分除亞洲研究計畫外，尚包括：全球環保政策、美國國防組織改革、美國外交政策重新界定、俄羅斯、中東與拉丁美洲等區域研究。亞洲研究計畫的重點包括：中共解放軍軍事能力、臺灣民主化與兩岸關係、北韓軍事威脅與韓國統一、中共政經改革等。美國企業研究院自一九九一年起針對中共人民解放軍現代化，與「中華民國高等政策研究協會」舉行年度會議。一九九六年八月，在此第七屆研討會中，曾對中共對臺海附近試射飛彈加以討論，有關言論及分析報告後來並由美國「國防大學」（National Defense University）予以出版。論文討論的題目包括：中共軍力評估、檢討對未來十年中共犯臺準備、檢視臺海軍力平衡、對兩岸關係的回顧等。與會的學者專家的立場是再度向臺灣表示支持的承諾，向中共表達美方對和平利益的追求，無意分裂臺海兩岸，但求保證統一能以和平的方式達成。時

---

[7]　Abelson 52.

間或許能化解臺海兩岸的衝突,但與會學者認為一九九六年三月臺
海危機可能會再度於未來出現,故有必要呈現有關臺海危機的各個
重要因素,以供各界研討。[8]

　　美國企業研究院之其他研究部門包括:經濟研究部門、能源
研究部門、外交政策研究中心、政府研究部門、法律研究部門、
國防問題研究中心、政治社會研究中心、衛生保健研究中心、社
會安全研究中心和行政部門等。美國企業研究院主要著力在經濟
議題和內政問題,近年來李潔明的大力推動使美國企業研究院的
兩岸議題活動和討論也開始受到重視,例如二○○一年元月前行
政院長蕭萬長即受邀至該研究院發表有關兩岸經貿問題的演說,
提出「兩岸共同市場」的主張,現場聚集近兩百名美國政界、學
界和新聞媒體,李潔明表示在演講後的當天,美國企業研究院就
將蕭萬長先生的報告分送到白宮和國會,供決策者參考[9],這也是
智庫在兩岸問題上發揮影響力的具體作為。

　　美國企業研究院現任院長為迪慕斯,副院長為葛森(David
Gerson)。在過去美國企業研究院之亞洲研究部,蘭普頓、李潔
明、林中斌等,都曾負責過相關業務。李潔明大使現為該所研究
員,而亞洲研究主任由林霨擔任。林霨為美國海軍學院教授,對
臺灣相當友好,現亦任教於賓州大學,副主任為古倫比契(Mark
A. Groombridge),專長是亞洲政治經濟與國際貿易政策。

8　林正義,前揭文。

9　筆者於二○○一年元月二十二日陪同蕭萬長先生赴美國企業研究院,在
　　活動現場所取得的第一手資料。

二、傳統基金會

　　魏瑞奇與佛訥二人在一九七四年，憑著科羅拉多的啤酒商庫爾斯（Joseph Coors）所捐贈的二十五萬美元，並且得到石油大亨諾柏（Edward Noble）的支持，創立傳統基金會。它打破其他智庫傳統的宣傳手法，除了仰賴大企業的贊助外，更創新地以直接郵寄（direct mail）的方式為自己募款，為基金會募得了約百分之五十二的個人捐款，成功地超越美國其他智庫的個人捐款額。[10]到了一九八一年，在前共和黨研究委員會主席暨現任基金會會長佛訥的努力下，傳統基金會已募得了超越七千一百萬美元的基金，也為基金會在國會山莊附近建蓋一棟辦公大樓。在短短十年之內，傳統基金會從默默無聞的一個單位，搖身一變成為華府知名度最高的一家智庫。它強調美國需要重新思考以軍事力量解決國際社會的問題，和要求政府儘少干預經濟。傳統基金會的「保守旋律」如音樂般的傳達到雷根總統的耳裡，除了眾所皆知雷根與傳統基金會之良好關係外，其他使傳統基金會成功的因素，也值得研究探討。

　　佛訥自一九七七年接任傳統基金會會長，就以行銷他們的理念給決策者作為目標，致力於影響政府決策。佛訥提及成立傳統基金會構想來自於他擔任眾議員克萊恩（Philip Crane）之國會助理時，看到一些好的分析研究報告，總是在議會表決之後才送達到議員辦公室，他心想，如能夠有一個具時效性且具可用性的政策研究機構，可以在議會表決法案前就將研究報告送到議員辦公

---

[10] Ricci 164.

室，對議員問政或投票表決，將會有很大的助益；他和魏瑞奇兩人便開始計畫籌組傳統基金會。佛訥瞭解，如果要將他所成立的政策研究機構成功地在「理念戰場」上具有競爭力，就必須提供決策者一份即時的情報，包括國內或國際的重大議題。所以他們就創造出「少出書，大量出版簡短的分析報告」之策略，抓住國會議員沒有太多時間閱讀完整本書的現實，迎合國會議員的需求。不同於其他政策研究機構，不願給人留下利用研究分析來影響決策的作風，傳統基金會樂於別人如此看待他們，根據佛納的說法，傳統基金會的角色就是企圖影響華府決策圈，尤其是國會，其次是行政部門，再來是全國性新聞媒體。

以傳統基金會大約五十餘位的專職政策專家，和許多的兼任研究員，再加上每年超過一千八百萬美元的預算，傳統基金會已經相當受到決策者的注意。除了出書、撰文等傳統的方法，傳統基金會還有其他管道鞏固它和決策圈之間的聯繫。它常藉由舉辦研討會或是餐會等場合要求政府官員參與，並透過所屬之聯絡部門與國會議員和行政部門人員保持密切的聯絡，並且提供人力資源服務供政府部門求才時使用，甚至幫特定政治人物的選舉募款等方式，保持對外管道的暢通。

雖然其他華府智庫也開始學習採行傳統基金會與決策圈保持暢通管道的方式，但是傳統基金會明顯地為特定政治人物募款之舉，令其他智庫或決策圈人士都感到訝異。在一九八二年，佛訥甚至要求當時為雷根總統的顧問米斯寫信給可能捐款到傳統基金會的人士表示，他們可以藉由一千美元的免稅捐款，成為「總統俱樂部」（President's Club）的會員，可以參加與資深行政部門官員或國會議員不定期聚會。佛訥更附上一封信強調，捐款者將可取得一個接近華府決策者的管道，可接觸到的官員甚至是任何

價錢都買不到的決策人士，而且還向捐款者保證他們所付出的將
可得到好幾倍價值的報酬。

　　雖然傳統基金會常以他們各種影響決策的策略自豪，但是他
們也否認他們干預決策過程，根據傳統基金會亞洲研究部主任武
爾茲表示，「傳統基金會不允許為任何候選人背書，而且也不會這
麼做；傳統基金會也不允許建議國會議員如何投票表決，而且也
不會這麼做。我們僅允許討論國會章程裡的項目，我們做的就如
同布魯金斯研究院這幾十年來所做的一樣。」[11]話雖如此，傳統基
金會副會長克瑞柏（Robert H. Krieble）則認為，傳統基金會已
經為智庫在決策圈的定位重新詮釋，他認為智庫已經從研究機構
轉型為一個致力於推銷或鼓吹某一個特定政治或經濟議題的組
織。他認為一個政策研究專家學者對議題沒有先入為主的意識型
態是很幼稚的想法，每一個經濟學者都有他的學派，傳統基金會
不像其他智庫假裝中立：「我們很明白我們就是保守派份子，我們
不必隱藏真實的我們。」[12]

　　傳統基金會深知運用大眾化策略的功能，陸續發行了《背景
資料》（Backgrounders）和《快報》（Bulletins）兩份文宣品，
專門為重大議題或時事做研究分析和評論，並將文章長度限制在
六至八頁之間，便於有關人士或決策者在短時間內讀完，而且可
置入其手提箱內[13]，充分掌握到忙碌的「華府人」之動脈和需求。

---

[11] Interview with Larry Wortzel, Heritage Foundation, Washington
　　DC, August 8, 2001.

[12] Abelson 55.

[13] 傳統基金會稱之為手提箱測試（briefcase test），主要是為了提供國會
　　議員或有關決策者利用從華府雷根機場（Reagan National Airport）

傳統基金會的另一項特色則是利用團隊精神，由部門主管率領研究人一起做研究，不同於其他「智庫明星」以其知名度和聲望單打獨鬥的方式，此舉使其成功地完成「受命樞廷」（Mandate for Leadership）一書，供雷根總統施政參考。傳統基金會係親共和黨且對臺灣十分友好之華府智庫，主張美國要維持臺海和平的最好方式，就是阻止北京在國際上孤立臺灣，並且應該協助臺灣來嚇阻中共可能的軍事侵略。同時也主張美國政府應確保兩岸和平對話過程，而不應該預設立場結果，既不應為統獨問題背書，也無須表態反對統或獨，而有關臺灣安全問題，則建議美國政府應該設法降低中共對臺用武的機會，而一個具有強大防禦能力的臺灣，可減少美國派兵對抗中共的可能性，更主張美國應該提昇與臺灣軍方的對話，促使臺灣改善所屬軍事能力的弱點，出售傳統潛艦、短場垂直起降戰機（V/STOL）、AIM-120 較長射程的空對空飛彈給臺灣。[14]

傳統基金會位於美國首府華盛頓特區內，自稱是研究性及教育性的跨黨派機構，也是美國最大的公共政策研究機構之一。該基金會創立於一九七三年，主要目的是為了研究和推廣保守主義之政策，其基本信念在於確立企業自由（free enterprise）、小政府（limited government）、個人自由（individual freedom）、傳統美國價值觀（traditional American values）以及堅強的國防（strong national defense），該基金會主要之影響對象為：國會議員、重要國會幕僚、行政部門決策者、新聞媒體及學術界。

到國會山莊和華府市中心約十五分鐘的車程中，可以讀完他們所做的研究分析。

[14] 林正義，前揭文。

基金會現任會長（president）為佛訥（Edwin J. Feulner），佛訥
獲得美國賓州大學（University of Pennsylvania）華頓商學院的
企管碩士學位、英國愛丁堡（University of Edinburgh）博士學位，
一九八二至一九九一年間，曾出任美國公共外交諮詢委員會（U.S.
Commission on Public Diplomacy）主席，亦於一九九六年當
選以保守知識分子為骨幹的蒙特培樂林學社（Mt. Pelerin
Society）社長。[15]

　　傳統基金會不接受政府補助，所有經費完全仰賴民間捐款，
目前該基金會共有超過二十萬的贊助者，範圍含跨個人、基金會
與民間企業，以一九九三年為例，傳統基金會超過二十萬的會員
捐助了二千二百萬美元做為基金會的活動和運作，在十年之內達
到了百分之一百的成長，捐款者來自美國國內和國際間各界及各
種行業，因此沒有任何一個捐助者可企圖影響研究方向和政治理
論，基於這樣的原因，傳統基金會絕不接受任何政府的捐款，由
於該基金會的創立宗旨與其充沛的資金來源，不論在內政或外交
研究方面，均卓然有成，且儼然成為美國保守派人士之大本營。
一九九四年《經濟學人》（Economist）雜誌曾經報導：學術界對
政府的影響已經不再獨占鰲頭了，政府已經開始仰賴如英國的經
濟事務研究所（Institute of Economic Affairs）和美國的傳統基
金會般的智庫提供政策建議，而非如以往僅靠牛津或哈佛了。[16]

---

[15] 資料來源為傳統基金會網站，http://www.heritage.org/whoweare/。

[16] Fisher, "academia is becoming less central to intellectual life....
Governments in search of advise looked to think tanks such as
the Institute of Economic Affairs in Britain and the Heirtage
Foundation in the United States rather than Oxford or Harvard."

傳統基金會設有七個主要部門如下：

（1）國內政策部：下轄資料分析中心（Center for Data Analysis）、國內政策研究（Domestic Policy Studies）和經濟研究（Thomas A. Roe Institute for Economic Policy）。

（2）國際研究部（The Kathryn and Shelby C. Davis Institute for International Studies）：下轄亞洲研究中心（Asian Studies Center）、國際貿易與經濟中心（Center for International Trade and Economics）、華盛頓亞太記者圓桌會議（Washington Roundtable for the Asia-Pacific Press）。

（3）教育事務部：下轄美國研究中心（B. Kenneth Simon Center for American Studies）、工讀計畫室（Internship Program）、演講計畫室（Heritage Lecture Program）與政策評論期刊室（Policy Review：The Journal of American Citizenship）。

（4）對外關係部：包括商業關係（Business Relations）、州際關係（State Relations）、工作銀行（Job Bank）、保守婦女組織（Conservative Women's Network）、講演團（Speakers Bureau）及傳統基金會網站室等。

（5）政府關係部：下設國會見證（Congressional Witness）和經濟模型暨預算紀錄室（Economic Modeling and Budget Scoring）等。

（6）財物與統籌部：下設出版室。

（7）通訊部：下設媒體與公共政策中心（Center for Media and

Public Policy）。[17]

　　在兩岸問題研究方面，傳統基金會由於組織龐大，研究範圍廣泛，在美國產、官、學界均具有相當的影響力，使得該基金會出版有關兩岸事務的報告及所舉行的研討會均被賦予某種涵義，或被視為美國保守派意見的表達。其亞洲研究中心成立於一九八二年，目前中心主任為武爾茲（Larry Wortzel），中心的成立宗旨在於增進美國對於當代亞洲的認識，以及協助政府建構對亞洲政治、經濟與安全方面之政策，兩岸相關事務亦是該中心研究重點之一，該中心的顧問團主席趙小蘭女士負責重大亞洲政策制定，在小布希就任總統後即獲邀入閣擔任勞工部長一職。傳統基金會一般被視為對臺灣極為友好的的智庫，會長佛訥也是眾所皆知「臺灣的好朋友」，經常主動舉辦與臺灣有關之研討會，其強大的行銷能力無形中也讓「臺灣」這個小島在華府中頗具知名度，其中當然除了臺灣的經濟實力和民主化的貢獻之外，中共對臺灣的種種文攻武嚇也助長華府和國際間對臺灣的注意，而智庫再推波助瀾的舉辦相關活動和研討會，更是使臺灣在兩岸問題上和中國幾乎是平等的被討論。但是，就經貿問題而言，傳統基金會不管多反對中國的政治、外交或人權紀錄等，也一定支持美國通過與中國正常貿易夥伴關係的法案和支持中國加入世界貿易組織。因此，如果僅以「親共」或是「親臺」的角度看待美國智庫和美國智庫之兩岸問題專家，或許會在對美工作的推動上將有所偏頗。

　　在美國的亞洲政策中，如何妥當處理兩岸之間的詭譎關係是美國外交決策者的重要工作之一，因此傳統基金會投入相當大的

---

[17] 資料來源，傳統基金會網站：http://www.heritage.org/departments/。

精力來研究中美關係，雖然基金會中擁有數位兩岸問題學者專家，但該中心不定期舉辦座談會或就重大議題舉辦研討會，廣邀政府官員、學界人士及企業負責人等探討兩岸關係即美國的兩岸政策等，並將會議結果付梓，分送有關單位或人士參考，影響不可謂不大。一般認為傳統基金會是親共和黨主要智庫之一，在兩岸關係和中國問題上，如同大多數保守派人士一樣，對中共採取較為嚴峻的看法，而對臺灣則保持同情與支持的立場。傳統基金會與臺灣基本上保持友好關係，該基金會高層人士曾多次訪問臺灣，充分了解臺灣在兩岸政策及對美國外交工作上所抱持的態度，例如，一九九七年香港主權移交中共之際，該亞洲研究中心即發表〈Hong Kong： Deal for Taiwan〉一文，明白表達香港模式不適用於臺灣。

大多數的美國智庫都自稱自己是無黨派或超黨派之非營利研究機構（non-partisan），意指智庫是不屬於任何政黨的。傳統基金會也不例外，依法智庫不得為任何候選人背書，智庫的主要任務是政策而非政治[18]，以傳統基金會為例，在總統選舉結果揭曉後，如果是保守派候選人當選總統，他們可能在當選後邀請傳統基金會一起研究以保守政策原則建構一套政策供參考，智庫藉此機會將學術性的思想理論轉換成政治性的簡報，提供有關政府部門、立法機關、媒體和學術團體參考運用，但是他們堅決反對他們認為是錯的

---

[18] Richard Fisher, "Think Tanks and Political Ideology", paper presented to the Pacific Democrat Union Executive Council Meetings, 15-17 November 1994, Taipei. 原文為： By law we cannot endorse candidates for public office. Our business is policy not politics.

政策，雖然傳統基金會一向被視為是偏共和黨的保守派智庫，但是他們也會和民主黨人合作[19]，「有些共和黨人的理念可能是錯的，例如前布希總統，我們對他是很失望的。」[20]傳統基金會在美國一九九三年國會大選時，提供共和黨「與美國有約」（Contract with America）作為選戰議題主軸，其中包括減稅、社會福利改革、加強家庭價值、增加國防支出、議員任期限制等選民需求與認同的議題，使共和黨成功地贏得國會選舉。

傳統基金會的行銷策略為：

（一）出版品的時效性：部門主管要求一定要在總統制定政策或國會議員表決前將對議題或事件看法的文章完成並送達白宮或國會有關人士手中。雷根總統就職前，傳統基金會即將《領導的要求》（Mandate for Leadership）一書送到雷根手上，書中提供一套保守主義的施政方針，包括提供邊緣經濟（supply side economics）、企業私有化（privatization）、減少政府部門（eliminate government departments）和國防策略（strategic defense）等重要議題。引進保守主義思想給所有美國人。

（二）所發表的文章大小，約十五頁左右，一定要可放入國會議員的手提箱內，如此才能發揮影響力。

---

[19] Interview with Edwin Feulner, Washington DC: January 24, 2001, President's office, Heritage Foundation.

[20] Richard Fisher, ibid. "We do work with Democrats and I must point out, that Republicans can sometimes be wrong — as George Bush, a man for whom we have great respect, found out to our even greater regret."

（三）文章和刊物配合公關部門送到關鍵人物，例如國會幕僚、
　　　行政官員、新聞記者、企業界和學術界人士等。

　　小布希新政府成立後，傳統基金會即籌劃二套領袖治國的計
畫，藉由一系列的活動和出版品提供新政府和國會達成美國人民
的委託，一套計畫在促使政府更有效率，另一套計畫則是廣泛實
行保守主義的理念，即提供更好的教育環境和保護美國防止受到
飛彈的攻擊，而這些主張是小布希就職演說中所提及的未來施政
方針，足以證明傳統基金會不但受到小布希的重視，更重要的是
它的主張和理念也被小布希總統所接受，在小布希的任內，傳統
基金會的影響力已可見端倪。佛訥會長在接待國民黨參加小布希
總統就職典禮代表團的餐會上就興奮地表示，「自從雷根總統以
後，傳統基金會已經很久沒有這麼快樂了，我們（傳統基金會）
也已經做好萬全的準備。」[21]

　　其他華府地區較趨於保守且具有中國問題研究的智庫包括：
美國大西洋理事會（Atlantic Council of the United States）在
一九九五年曾出專書《十字路口的美中關係》（United States and
China at a Crossroads）建議美國政府和非官方人士阻止臺灣獨
立的實現，認為只有在中國與臺灣兩地內部勢力在目前沒有太過
偏激政策的情況下，美國對這兩地所採行的微妙平衡才能繼續。
美國過去二十年來在對華政策上一個無法解決的問題即是，如果
臺灣在法律上宣佈獨立，或北京領導人採取輕率行動，美國將採
取何種行動？因此，在這個問題沒有答案以前，美國一定要努力

---

[21] 傳統基金會會長佛訥接待中國國民黨蕭副主席萬長所率領之「祝賀小布
　　希總統就職典禮」代表團時的談話，華府傳統基金會：民國九十年元月
　　二十二日。

阻止這種情況發生。此外，美國也需保持其政策的微妙平衡，必須在三個公報與臺灣關係法之間求得平衡。一九九二年底通過之出售 F-16 戰機和反潛直昇機給臺灣一事，就是考驗華府走吊索的能力，美國政府應建議其他非官方人士向臺灣人民明確表達：臺灣此時享有的自治，只有在不宣佈法律上獨立的情況下，才不致遭破壞。該理事會甚至主張，美國除了依「臺灣關係法」出售防禦性武器給臺灣外，也應該鼓勵臺海兩岸進行「信心建立措施」（confidence-building measures），例如事先通知對方軍事演習的時間、交換觀察員、軍力資訊透明化、軍事總部熱線設置及有關討論彼此國防利益的學術性交流。[22]

保守派智庫之兩岸問題專家認為，美國在兩岸政策的模糊所造成的偏斜終於導致反效果，中共趁機對海協會會長汪道涵原訂於一九九九年訪問臺灣一事採取強硬態度，美國希望藉由汪道涵的訪臺討論兩岸關係的政治性議題，以回應李登輝所提出的「特殊國與國關係」（special state-to-state relationship）發展，最後中共當局拒絕，使美國與臺灣期待已久的汪道涵訪臺破滅，關閉兩岸協商的大門。美國於是對於兩岸的緊張態勢採取強制與高層訪問兩岸的方式，促使兩岸領導人各守本分，柯林頓由一九九九年在紐西蘭奧克蘭市召開的亞太經合會議時機，以強硬的態度向江澤民表明美方的立場，試圖制止中共的危險反應，同時也派員向臺灣當局表示，美國的對臺政策是「一個中國、兩岸對話、和平解決」三個支柱（three pillars），希望臺灣不要再做出任何挑釁的動作。[23]

---

[22] 林正義，前揭文。

[23] Nathan 87-98. "America's Taiwan policy in terms of 'three pillars'; one China, cross-strait dialogues, and peaceful resolution."

　　以各家智庫年度報告之年度總預算中得知美國五大保守派智
庫分別為傳統基金會、胡佛研究院、美國企業研究院、哈德遜研
究院和卡托研究所等（如附表 5-2-1），其中傳統基金會、美國企
業研究院和卡托研究所均坐落於華府地區。

附表 5-2-1　保守派五大智庫

智庫名稱	1999 年預算	建立年	所在地	研究範圍
傳統基金會（Heritage Foundation）	$27,982,372	1973	華盛頓	經 濟 、 社會、政治和國際政策
美國企業研究院（American Enterprise Institute）	$23,668,282	1919	史丹佛加州	經 濟 、 社會、政治和國際政策
胡佛研究院（Hoover Institution）	$15,477,100	1943	華盛頓	經 濟 、 社會、政治和國際政策
哈德遜研究院[24]（Hudson Institute）	$9,312,850	1961	印第安那波里斯	經 濟 、 社會、政治和國際政策
卡托研究所（Cato Institute）	$7,077,749	1977	華盛頓	經 濟 、 社會、政治和國際政策

---

[24] http://www.hudson.org

第三節　自由派重鎮——布魯金斯研究院

　　自由派智庫的起源較早，在一九六〇年代大約僅有百分之十的研究機構自稱是保守派，一九二七年即成立的布魯金斯研究院和政策研究中心（Institute of Policy Studies）是自由派思想的兩個主要重鎮，這兩家智庫利用贊助企業的支持和與政府部門官員長久建立的暢通管道，有效地將自己的政策主張提供政府決策人員參考運用，達到影響決策的效果。例如杜魯門總統曾借用布魯金斯研究院副院長諾斯（Edwin Nourse）擔任其政府經濟委員會首席顧問，到了甘迺迪總統執政時，幾乎完全仰賴布魯金斯研究院策劃新舊政府交接工作。它與民主黨關係密切，許多重要成員係民主黨人，也為民主黨政府獻策和提供人才，歷屆民主黨政府都會延攬其成員入閣擔任要職，故布魯金斯研究院又有「民主黨思想庫」或「民主黨影子內閣」之美稱。[1]

　　創立於一九一六年的「政府研究院」（Institute for Government Research）是布魯金斯研究院的前身，該研究院當初成立的目的不同於卡內基國際和平基金會是為了促進世界和平為成立宗旨，政府研究院是為了改善政府管理成效而設立。研究院創辦人希望藉由一個結合政策專家的研究機構來監督或協助政府施政，以加強政府的管理效能，也希望透過這樣的專業機構為政府的決策過程注入科學及理性，更重要的是防止政黨為了黨派利益影響政府的決策。簡單而言，政府研究院企圖以客觀且專

---

[1]　范賢睿、孔家祥、楊廣輝，《領袖的外腦：世界知名思想庫》（北京：中國社會科學出版社，二〇〇〇年五月），頁八五。

業的政策專家取代政黨機器對政府的影響，政府研究院的宗旨即為致力於改革和重建政府的行政體系。

　　古諾（Frank Goodnow）及魏若比（William F. Willioughby）相繼辭去政府的工作，決定換一個跑道繼續監督政府在國家預算的編列和使用，他們藉由與許多的企業團體，例如美國政治科學協會（American Political Science Association）和美國商會（US Chamber of Commerce）等，討論預算改革方案的場合，或是分析企業的經營狀況等研討會，開始建立他們二人專業的知名度，所傳達的政治理念也因此受到重視。當時，類似政府研究院以專家學者傳達政策建議和政治理念供決策者參考的政策研究機構還包括位於紐約的「紐約都會研究局」（New York Bureau of Municipal Research）。[2]

　　任職於洛克斐勒基金會的葛林（Jerome D. Greene）是最先提出成立政策研究機構來研究政府的施政措施與效能的人，他並將他的構想秘密地傳達給其他九家大型企業集團領袖，以尋求他們的支持，他表示希望藉由政策研究機構的成立來發覺政府的問題所在，並提出建議案供政府與大眾參考。葛林得到九位企業領袖的一致支持，並且同意共同為這個全新的研究機構成立董事會，古諾和魏若比在財經方面的專業和努力得到肯定，隨即受到政府研究院董事會聘為主席和研究院院長之重責大任。

　　到了一九一五年，政府研究院已經擴充到足以平衡自由派與保守派思想之學者專家共存的研究機構，為顧及政府研究院成為一超黨派的研究機構，葛林招攬了許多保守派人士加入董事會，

[2]　Abelson 63.

其中包括耶魯大學校長哈德雷（Arthur Hadley），道奇工業副總裁道奇（Phelps Dodge）和聖路易士的企業家兼慈善家布魯金斯（Robert S. Brookings）。到了一九一六年，政府研究院在魏若比的領導下開始朝著研究院的第一個工作目標努力，及建立一套真正的國家預算制度；魏若比更於一九一七年受邀向當時的威爾遜總統就全國預算系統建立案做簡報，當場受到威爾遜總統的認同與肯定，此外，他也受到國會眾議院程序委員會主席顧德（James N. Good）的邀請，協助起草全國預算系統的法案，該法案後來成了一九一九年所提出的預算暨會計法（Budget and Accounting Act）的基礎，最後該法案雖然經國會參眾兩院一致通過，卻意外遭到威爾遜總統的否決。魏若比無預警的挫敗，使他決定朝向努力說服下一任總統通過該法案，他也獲得當時的總統當選人哈汀（Harding）同意就該法案向他做簡報，為了得到立法部門的支持，魏若比更進一部的聘僱公關專家利用美國各大報的專欄或評論，撰文支持預算暨會計法，以期尋求輿論支持並說服國會議員，政府研究院也從此逐漸地不再堅守它創辦時對研究院所屬之政策專家必須是超黨派角色的要求。自此，政策研究機構就難以再界定所謂超黨派或是政治性。

但是，魏若比的努力犧牲終於在一九二一年得到代價，哈汀總統同意簽署預算與會計法。儘管在一九二〇年代的政府研究院在美國國內政策形成上，扮演著非常積極且重要的角色，但是，現在布魯金斯研究院之專家學者仍堅持該研究院應秉持著他們的主要目標，即看到一個有效率、有能力的政府，而非企圖從中切入，成為決策過程中的一個機制。為了要取信於眾，表示政府研究院絕非是政治機構，而是一個專業的政策研究機構，魏若比與其同僚們發起了一個對政府各部門的組織結構抽絲剝繭的研究計

畫。但是,政府研究院在完成了它的第一個工作目標後,發現它
的研究竟失去了方向和目標,董事會成員紛紛要求為研究院重新
定位;布魯金斯即建議研究院的政策專家,應朝研究改善美國經
濟的方向努力。

對布魯金斯這一位白手起家的企業家而言,戰爭時期經濟的
複雜性使得政府官員顯得相當無能,而此時應是經濟專家貢獻自
己所長的最佳時機。由於研究院中不同黨派色彩的政策專家堅持
己見,使得布魯金斯更相信有必要成立一個超然的經濟研究機
構,和一所可以客觀蒐集資料的研究所,來專職研究經濟的問題
所在,並且公允地評估當前經濟政策及培植可為政府貢獻之專門
人才。從卡內基企業集團募集了二十萬美元後,布魯金斯在一九
二二年創辦了經濟研究院(Institute of Economics),且任命芝
加哥大學經濟學者莫頓(Harold G. Moulton)擔任第一任院長。
莫頓帶領了約三十位經濟和政治學者專家,實現布魯金斯的理
想,在短時間內即建立起經濟研究院的知名度和聲望。此外,經
濟研究院更在一九二四年,成功地取得聖路易士之華盛頓大學的
合作,成立了一個名為「羅勃布魯金斯經濟與政府研究所」(Robert
Brookings Graduate School of Economics and
Government)。這兩個新成立的政策研究機構,加上政府研究
院,表面上看起來是三個獨立的研究單位,但在實質上,就是一
個共同的組織。他們共享資源、共同發表研究,創造出一個為許
多重大公共政策議題尋找解決方案的研究環境。到了一九二七
年,布魯金斯鑑於行政管理的方便和一致性,決定合併這三個機
構,成為布魯金斯研究院。

布魯金斯為了使這個三合一的新機構維持超然公正的研究環
境,限制所有董事會成員干預政策專家的研究方向和結果,乃將

其決心明訂在組織的條約中：「布魯金斯研究院是為促進、培育出具科學性的研究、教育、訓練，和發行與經濟、政府行政、政府和社會有關的學術領域研究結果而設立。所涉略的包括：研究、決定、解讀國際及國內在經濟、政治或社會現象和原則等重大議題。為了促進及落實這些目標，所有的目的和原則與任何團體之個別利益，包括政治、社會、經濟團體等都無關，而且是獨立超然的。」甚至到了將近一個世紀後，布魯金斯研究院的一份年度報告中，還提到該研究院仍然相信正確、不偏頗和無意識型態，對一個政策或議題的形成是絕對必要的。

雖然布魯金斯研究院和政府的關係如此密切，但是它和其他主要智庫一樣相信政策中立的專業，儘管許多所屬政策專家學者偶爾還是會參與政黨政治，但是仍然成功地保持了中立的形象。在不同的時期，該研究院就會被視為不同的象徵，例如民主黨籍的羅斯福總統不認同它，是因為它反對「新政」，而共和黨籍的尼克森總統痛恨它，是因為它收留了許多自由派的政策專家[3]，經常撰文公開批評尼克森的政策，由此可見，該研究院強調的是自己的觀點，並不全然迎合決策者。然而，做為一個美國傑出領導智庫，布魯金斯研究院還是將它的原則與堅持明文列入其組織條約中，當然，將近一個世紀的歷史，使它的某些結構有所改變，但是組織之指導原則仍然隨著這個老字號的政策研究機構走過了一個世紀。

布魯金斯研究院是二十世紀初期成立的政策研究機構，除了反映出創始人獨特的眼光外，也反映出當時的學者專家對加強政

---

[3]　范賢睿，前揭書，頁八七。

府決策的期望。對賽吉（Margaret Olivia Sage）、卡內基
（Andrew Carnegie）和布魯金斯這些人而言，政府官員如果可
以倚賴中立的政策專家的建言，而不是僅靠具政黨利益之私的個
人意見的話，則將可為政府制定出更好的社會、經濟和外交政策，
而且，還可以將之落實執行，如此，政府官員可以更有效地處理
行政工作上的執行政策。

布魯金斯研究院自一九五〇年代起，得到福特（Ford）和洛
克斐勒（Rockefeller）兩大基金會的金錢支助，開始了它在目前
位於華府麻州大街辦公大樓的政策研究工作，並且大量聘請研究
員和學者加入，並且鼓勵他們積極尋求加入政府團隊的機會。尼
克森在一九六八年擔任總統後，布魯金斯研究院開始擔任「反對」
智庫，批評共和黨政府，詹森總統的財務部長蘇茲（Charles
Schulze）並轉入布魯金斯研究院任職，監督尼克森政府的財政及
預算，使他得以在卡特擔任總統時，獲邀擔任其經濟委員會首席
顧問一職。布魯金斯研究院擔任反對角色後，在贊助企業主的支
持下，開始修正路線，改採中間路線（middle-of-the-road）的
自由主義，因應市場的需求和社會風氣的轉變。[4]

布魯金斯研究院對兩岸問題的基本立場是美國應完全取消對
中共的經濟制裁，加速中共進入「世界貿易組織」（World Trade
Organization），但美國應讓中共了解，美國強烈反對中共任何減
弱其他亞太國家與美國關係的舉動，美國也應讓中共了解美國無
法接受中共在任何情況下對臺灣使用武力，但是美國也應表明堅
持反對臺灣片面宣佈獨立，反對美國與中共協商第四公報，因為

---

[4] Smith153.

美中關係在三項聯合公報與「臺灣關係法」中已有適當規範。[5]

布魯金斯研究院位於美國華府杜邦圓環（Doupon Circle）附近，自稱是一個專門分析和評判公共政策，並將研究結果提供一般大眾參考研究的私人性質機構，該院的活動目的在於作為學術與公共政策的橋樑，提供決策者新的認知，以及使大眾能夠對公共政策有更深的認識，達到研究院教育的目標和功能。該院前身為創建於一九一六年的「政府研究院」（Institute for Government Research），它是全美第一個研究公共政策議題之私人機構，到了一九二二年和一九二四年，「經濟研究院」（Institute of Economics）與「羅勃布魯金斯研究所」（Robert Brookings Graduate School），分別加入政府研究院，並於一九二七年三院合而為一改名為布魯金斯研究院，以紀念商界名人 Robert Somers Brookings，現任院長為阿瑪寇斯（Michael H. Armacost）。[6]

該院絕大部分資金來源是靠各方捐款、基金會、企業體或私人的捐助是主要的財源，與政府之研究計畫和出版品收入亦是該院財源的一小部分，由於該院崇尚自由派的研究方向和多年來的努力成果，使它在美國外交政策及國家經濟、安全政策研究方面佔有一席之地。[7]該院的主要研究部門包括：經濟研究（Economic Studies）、外交研究（Foreign Policy Studies）、政府研究

5　Nicholas Lardy, "China's WTO Membership,"《Brookings Policy Brief》, April 1999, p.6-13.

6　資料來源，布魯金斯研究院網站：
　　http://www.brookings.org/about/aboutbi.htm。

7　資料來源，布魯金斯研究院網站：
　　http://www.brookings.org/ea/foundation.htm。

（Governmental Studies）和政策中心（Policy Centers）等四
大部門。其中研究範圍包含：非洲研究（African studies）、美洲
研究（Americas studies）、國內政策議題（Domestic Policy
Issues）、能源與國家安全研究（Energy and National Security
studies）、歐洲研究（European studies）、國際財經研究
（International Finance and Economics studies）、國際傳播
（International Communications）、回教研究（Islamic
studies）、中東問題研究（Middle East studies）、政治軍事研究
（Political-Military studies）、預防外交（Preventive
Diplomacy）、俄羅斯和歐亞研究（Russian and Eurasian
Program）及南亞研究（South Asia Program）等。

　　布魯金斯研究院在兩岸問題上的發言，仍然受到美國政治界
和學術界的重視，其中拉迪（Nicholas R. Lardy）是柯林頓政府
對中共政策的主要智囊之一，其專長在於中共經濟問題，和臺灣
及香港經濟的轉型問題，曾出版數十份文章和書籍，此外，亦經
常受邀至國會做證詞，拉迪基本上主張不要強逼中共加速開放國
內經濟和金融市場，否則中共很可能會選擇置外於世界貿易組織
（World Trade Organization, WTO）。[8]布魯金斯研究院被視為
是自由派智庫的重鎮，在政治光譜上被認為是站在中間或中間偏
左，但或者應該說是該研究院與美國民主黨的兩岸政策態度較接
近，並以美國本身利益考量為出發點，從而對美國的兩岸政策發
表意見。從其所屬幾位中國問題專家，例如拉迪、季北慈（Bates

8　Nicholas Lardy, "China's WTO Membership", 《Brookings Policy
　　Brief #47》, April 1999.

Gill）和沈大偉（David Shambaugh）的言論看來，該院對兩岸關係的立場態度比較偏向於美國和中共的交往。

自由派智庫學者認為柯林頓政府的兩岸政策基本構思是正確的，美國應該維持這樣的政策目標，即美國對臺灣問題的最後結果並沒有任何預設的立場，只要結果是以和平方式解決，臺灣如果真和大陸統一，並未必真的損害美國利益，但是美國也不促使兩岸非得統一不可。有三個理由可以回應美國不希望臺灣與大陸統一說法，一是美國的區域安全，二是美國在臺灣的貿易和投資利益，三是美國對臺灣民主的支持。這三個理由都和美國國家利益有關，但沒有任何一個理由是一定要建構在臺灣和大陸分裂的狀態之下。就區域安全問題而言，美國將臺灣視為不沉的航空母艦的認知已經不存在了，因為美國對中共已不再採取軍事圍堵的做法，而且美國也不準備再涉入東南亞的戰爭之中，假使這些不幸的事件真的發生，美國也不是一定要靠臺灣維持它的軍事力量，而在夏威夷、關島、日本、南韓和東南亞幾個主要港口完成部署美軍基地，美國不再依賴臺灣的地理位置來維護它在亞洲的軍事地位。

就商業利益而言，美國在臺灣的確有許多實質的商業利益，但是這些利益不但不會因兩岸統一而有所減少，反而會增加，何況美國商人早已經在大陸上有相當多的生意往來和投資，如果兩岸的統一是經過雙方協商過的，可能會帶給臺灣比香港更有利的經濟條件，如此對美國的商業利益更有保障，美國在大陸和臺灣的投資經過，一九八九年天安門事件、九六年臺海飛彈危機和美國空軍誤炸南斯拉夫大使館事件的起起浮浮後，都能繼續維持，除非將來兩岸間有更嚴重的衝突發生，否則很難預見美國在這個

區域內的商業利益會受到打擊。另外,美國是否會因為臺灣施行民主而放任臺灣的言論和行動,如果以政治角度看待這一個問題,似乎難以想像以美國外交政策的價值觀,會袖手旁觀一個充滿活力的民主臺灣遭受強鄰中共的吞噬而不顧。智庫兩岸問題專家建議,儘管臺灣問題是如此困難與危險,美國卻仍然特別耐心對待,臺灣的問題在短時間內是無法解決的,這個問題與美國緊緊相扣了幾十年,而且這種局面將再繼續幾十年,兩岸未來的發展和臺灣外來的走向實在難以預料,美國的首要任務就是防止戰爭爆發,到目前為止,實驗多年的策略模糊政策,似乎是維持兩岸現狀最好的方式,美國不該預設臺灣未來的地位,中共如果成為世界超級強國,美國也不該為中國人決定未來的前途發展,美國應該釋放一個清楚的訊息就是美國不會因為臺灣的民主就開給臺灣一張空白支票,同時美國也應該讓臺灣知道美國不會討好中共而出賣臺灣。

美國知名利益團體 The Pew Charitable Trust[9]在小布希政府上臺後,即委託美國企業研究院結合布魯金斯研究院、胡佛研究所和其他美國智庫最優秀的專家學者,共同研究改善並監督美國新政府從競選到執政期間轉型所產生的問題,並定期結合決策者和新聞媒體共同發表議題,這個執政轉型計畫(Transition to Governing Project)為期三年,共分為三個階段執行,協助美國人民監督政府,也提供新政府制定政策的謹慎思考空間。[10]由於美

---

[9] The Pew Charitable Trust 是由石油大亨 Joseph Pew 所創立,旨在提供金錢於獨立公司或團體做社會研究工作,為一提供財源的機制。

[10] http://www.appointee.brookings.org/resourcecenter/other_transitionprojects.htm

國的政治結構提供許多機會給政府以外的私人機構研究建議的空間，不同於臺灣長久以來傳統上視政府就是政策，政策就是政府的認知，因而使得智庫有更多發揮影響力的機會。為了保持它的中立客觀，布魯金斯研究院規定限制政府的資助不得超過總收入的百分之二十，也不接受秘密的研究，以免被外界視為某機構的附屬品。[11]根據筆者針對美國國會議員助理所做的調查發現，無論是民主黨或共和黨的國會助理，都認為布魯金斯研究院所做的研究具有最高的可信賴度（credibility）。反觀傳統基金會研究成果的可信賴度則不在前五名之內（如附表 5-3-1）。

依據各家智庫年度報告中之年度總預算統計出美國五大自由派智庫為布魯金斯研究院、外交關係委員會、政治和經濟研究共同中心、預算和政策中心及經濟政策研究院等（如附表 5-3-2）。雖然外交關係委員會之總部不在華府地區，但是它在華府地區仍然設有分部，其他自由派智庫均設立在美國政治權力中心——華府。

---

[11]　范賢睿，前揭書，頁八七。

附表 5-3-1　五大值得信賴之智庫[12]

智庫名稱	意識型態	百分比
布魯金斯研究院 （Brookings Institution）	自由派	91%
蘭德公司 （Rand Corporation）	中間派	86%
外交關係委員會 （Council on Foreign Affairs）	自由派	83%
美國企業研究院 （American Enterprise Institute）	保守派	82%
卡內基國際和平研究院 （Carnegie Endowment for International Peace）	中間派	79%

---

[12] 百分比所得數據係依據筆者電話訪問美國參眾兩院國會助理，針對他們
所認為最值得信賴之智庫為題，調查所得之結果。

附表 5-3-2 自由派五大智庫

智庫名稱	1999年預算	建立年	所在地	研究範圍
布魯金斯研究院（Brookings Institution）	$32,775,00	1917	華盛頓	經濟、社會、政治和國際政策
外交關係協會（Council on Foreign Relations）	$16,930,225	1921	紐約市	外交政策和國際關係
政治和經濟研究共同中心[13]（Joint Center for Political and Economic Studies）	$5,781,687	1970	華盛頓	經濟、社會政策（特別是與黑人有關的政策）
預算和政策中心（Center for Budget and Policy Priorities）	$4,196,225	1981	華盛頓	內政（特別是低收入戶政策）
經濟政策研究院（Economic Policy institute）	$2,808,030	1986	華盛頓	國內經濟和社會政策

＊年度預算數據係根據各家智庫網站上所提供之年度報告（Annual Report）。

---

[13] http://www.jointctr.org

第六章　智庫兩岸政策專家之研究

第一節　智庫學者之兩岸政策主張

　　提起美國學術界對美國外交政策，包括對華政策所發揮的影響力，研究美國外交問題或兩岸問題的人總是會聯想到「思想庫」。[1]中國大陸學者認為，在大陸以「蘭德公司」最具知名度，因為蘭德公司是在中共改革開放後最先被引進中國大陸的智庫。臺灣近年來在國際間的活躍表現，也使得美國主要智庫的名聲在臺灣傳播開來，除了臺海兩岸的問題之外，臺灣的經濟實力也是美國各大小智庫重視的主要原因之一，其中包括傳統基金會、美國企業研究院、胡佛研究院、布魯金斯研究院、大西洋理事協會等。除了這些知名的智庫之外，一些著名大學和智庫的中國問題專家在政府對華政策的制定上也有不同程度的參與。歷史上最具影響力的中國問題專家都集中在哈佛大學，但也包含其他大學或智庫的學者專家，這無形中逐步地形成一種所謂的「菁英輿論」，對政府的政策或多或少有一種滲透作用。[2]

　　對於兩岸情勢如何能穩定和平，這個問題應該是美國制定兩岸政策的主要考量。智庫學者對此議題多有建言，例如美國企業研究院亞洲研究中心主任林霨期待最終的答案是，透過中國人內

---

[1]　美國研究，中國大陸將「Think Tank」翻譯作「思想庫」，《美國研究》，1991（2），p.131。

[2]　《美國研究》，頁二六。

部的「正常化」。這曾是一個使冷戰時期東、西德減少緊張氣氛的開放政策，最後導致兩國統一。這種盼望有其可能性，因為臺北與北京兩邊的人民並無敵意，他們的文化背景大致相同，看重的東西也差不多。他們之間的歧見主要是政治立場，而不是像阿拉伯人與以色列人那樣對立。兩岸人民也知道這一點，且不管言語上如何針鋒相對，六十年代以來，兩岸並無人因雙方交戰而死，所以突破僵局的基礎是存在的。[3]然而兩岸要達成和平，眼前確實有不少的障礙，就像統一前的德國一樣，今日的中國完全不願意承認實際現狀，臺灣承認兩岸現狀也只是近幾年的事。德意志聯邦共和國（前西德）第一任總理愛德諾（Konrad Adenauer）支持豪茲坦條約（Hallstein Doctrine），該條約拒絕與任何承認東德的國家建立外交關係，他總是用「那個地帶」代表德意志民主共和國（前東德）。另外一位擔任過西德總理的布蘭德（Brandt），於一九六六年擔任西德外交部長時，即開始努力建立西德與蘇聯及東歐各國的友好關係。他在回憶錄中說，當時西德總理凱森傑（Kurt Kiesenger）的確勉強自己答覆另一個德國的來信……但是他寧可讓世界一半的人笑他，也不願提及東德正式的名稱，他堅持稱東德為一個「現象」。

　　美國官員對付臺灣的問題也是一樣，這樣做是要付出代價的，因為這種美國政策只會鼓勵北京走進死胡同。其實，美國以前也曾以同樣無視大陸存在的政策鼓勵過臺灣。[4]然而就像蔣介石或者以前的西德總理凱森傑，中華人民共和國現在只是無法說出

---

[3]　前揭書，頁三六六～三六七。

[4]　同上註。

足以打破僵局的字眼，藉著為臺北證明，進一步改善雙方關係。這種不願正視對方的心理，也正如布蘭德以前的西德，似乎部分來自自尊與習慣，部分來自國內政治壓力，同時還混合了一種想法，以為對手只要被孤立到一定程度，就可能會自然消失，或不戰而降。包括美國在內的其他國家依樣畫葫蘆，假象因而得以持續。

　　美國敲開中國大門之後這段折衝史，共有六位總統和一大群外交官，他們試圖找到共存的模式，擱置臺灣問題，埋藏過去的敵意，並在全球最富強和人口最多的兩個國家間，建構友好關係的基礎。一九九〇年代後，美國瀰漫在一股濃厚的「中國威脅論」的氣氛中，「如何與崛起的中國打交道」便成為政治評論家與政治工作者辯論的焦點，以美國參議院資深助理崔普烈為首的中國軍事專家[5]，每年聚集辯論中共領導人未來的目標及兩岸兵力等議題。這些專家包括蘭德公司的史文（Michael Swaine）、國防部淨評估室的白邦瑞及前美國駐北京大使李潔明、詹姆士城基金會資深研究員費學禮等。[6]主要論點與策略有三：

一、　全面性交往（engagement），亦即反對「中國威脅論」：多數傳統的漢學家及國務院負責亞太及中國事務的專家們認為，應從經濟、政治、軍事各方面和中共進行全面性交往，促使中國大陸成為一個可以合作的民主國家，並加強與中共在防止核武擴散、貿易逆差、人權與環保問題的合作。布希及柯林頓政府即採行此一政策，企圖「和中共進行建設性交

5　行政院大陸委員會編印，《兩岸新聞記者赴美國智庫訪問報告》，民國九十年六月十日～二十二日，頁三四。

6　聯合報編譯組，前揭書，頁十七。

往，並進而將中共納入一個可受制約的國際體系中」。柯林頓在九七年和江澤民發表「美中建設性戰略夥伴關係」的協議，即是此政策之產物。[7]

二、預防與圍堵政策（containment），亦即主張「中國威脅論」：蘇聯垮臺，美國一批冷戰戰士在長期的抑鬱後，終於在中國崛起時，重新找到新的假想敵，這令他們憂喜參半，一方面高興又找到一個假想敵，另一方面又擔心這個假想敵終將會在國際權力舞臺上，威脅美國獨霸的局面，這一派人士在這兩種矛盾的心理下，公開批評柯林頓的全面交往政策只會讓中共坐大，並對美國構成威脅。他們建議為預防中共坐大，因此必須改弦更張，採行全面圍堵政策，這些人包括許多國會議員和他們的助理、共和黨政治人物、保守派的媒體工作者、卸任情報部門官員和戰略學家，他們主張將中共定位為戰略競爭者而非夥伴關係，這些人建構起一支被稱為「藍隊」（blue team）的團隊。[8]

三、圍交政策（congagement）：這派主張是以知名智庫蘭德公司為代表，許多學術機構也傾向這種主流觀點，他們認為一味地交往或圍堵均不能平衡兩大戰略目標：一是促使中共走向民主和國際合作；二是萬一中美交惡時美國利益可以受到維護。[9]

雖然美國政府的兩岸政策，或者說是外交政策的基本立場都

---

[7]　張亞中、孫國祥，《美國的中國政策：圍堵、交往、戰略夥伴》（臺北：生智文化事業有限公司，民國八十九年），頁二三～二八。

[8]　前揭書，頁二三。

[9]　前揭書，頁二五。

是以保護美國國家利益為最終目標，但是美國政府看待兩岸問題的態度，時常依主政者所屬黨派之不同而會有基本立場的差異。以臺灣當局最關心的就是美國新政府上臺後對臺灣的政策和對中國的態度將會做如何的轉變？雖然自美國與中共建交後，美國不管是共和黨或民主黨總統，在基本中國政策並未見重大性的轉變和突破，仍然堅持「一個中國」的原則，但是實際上共和黨和民主黨籍的總統和決策者之兩岸立場及態度是存有著差異性。傳統認知上共和黨反共立場鮮明，對臺灣比較賦予同情，而民主黨則比較親中國大陸，這種明顯的二分法顯然已被尼克森總統打破，而使臺灣當局和百姓更務實的看待美國的對華政策，不再一味地寄望共和黨執政改善美國對臺灣的關係，然而，在比率上大多數共和黨籍總統或領導人士對臺灣是比較友善也比較同情。美國智庫兩岸問題專家的兩岸政策立場，正如同執政的共和黨或執政的民主黨所持的兩岸政策，主要分為二派，一派主張美國應該圍堵中國或防止中國的強大，強調「中國威脅論」，對兩岸問題主張採取「策略明確」（strategic clarity）政策。另一派則認為美國與中國應該展開全面交往，反對「中國威脅論」，並且主張對兩岸問題採取「策略模糊」（strategic ambiguity）政策。

李登輝訪美所引發的九六年臺海危機，正如一九五七年的金門砲戰一樣，提醒了全球與美國，美國仍然與臺灣維繫著緊密的關係。美國政府與許多外交政策專家仍然相信，美國在與中華人民共和國關係「正常化」後，已經解決了雙方基本問題，但是美中臺三方關係一種「假象」[10]，這種「假象」已經使兩岸問題的討

---

10 林霨，〈回歸基本面：兩岸關係的美國觀點〉，《臺灣有沒有明天？臺海

論受到限制，並且日趨貧乏，而且也使其他追隨美國外交政策的國家，採取標準的措施看待兩岸問題。這些措施包括建立外交關係、聯盟、官式訪問，以及高峰會議或軍事交流協調等問題。美國由於創造了錯誤的期盼，因而造成中共的對臺政策藉著這種「假象」得以推進，將三邊關係推向一種「什麼也不是」的地步。[11]部分主張「中國威脅論」的智庫學者專家認為華府迫切要做的，是發展出一個處理這種狀況的真正合適政策，然後採取某些可行作法。正如北京經常指出，臺灣是美中關係的重要議題，也是中國國內政治具有象徵意義的關鍵問題。一九九六年臺海危機顯示臺灣仍是嚴重危機的可能起火點，然而與七十年代及八十年代不同的是，有關臺灣的各類問題不再會「自動消滅」，反而永遠存在，如果美國政府繼續假裝這些問題會自行解決，就是放棄有效思考與處理問題的機會，也將浪費了採取行動的寶貴時刻。[12]

主張「中國威脅論」之智庫學者專家認為九六臺海危機所導致的結論，就是美國必須考慮採取「戰區飛彈防禦」（TMD）措施。[13]中國對這種防禦措施不但不表示歡迎，甚至有所恐懼，因為中共相信，能夠反制飛彈的臺灣，將更有選擇獨立的自由。這種恐懼強化了中國處理臺灣的基本態度。也就是說，中共仍然相信武力是最後解決臺灣問題的方法，而這種威脅既缺乏軍事可信度，也

危機美中關係揭秘》（Crisis in The Taiwan Strait），李潔明、唐思合編（臺北：先覺出版股份有限公司，一九九九年），頁三五六～三五七。
[11] 同上註。
[12] 前揭書，頁三五八。
[13] 前揭書，頁三六五。這個建議成了小布希政府上任後的重要政策。

不利外交作為。[14]主張「中國威脅論」者建議美國外交做法的目標
之一,美國應該幫助臺灣,在一個大中國的架構下回到世界,這
種實際上只是接受現況的相互承認,將使兩岸雙方自然的統一,
像美國這樣的強權國家應該參與甚至主導此事,即使利用非官方
的管道私下促成這個作法也無妨。美國的中國政策應該是誠懇堅
定的,既能將中國納入世界體系,也能嚇阻任何軍事冒險。即使
美國開始有超越中美聯合公報的眼光,也必須堅持當初公報賦予
美國的優勢。例如,當中國寧可從事軍事演習,而不用和平方式
處理臺灣問題時,美國應該主動告訴北京,在臺灣地區備戰,會
影響全面中、美關係,而使用武力,仍將引起美國的強烈回應,
但是美國也必須規劃建設性的方案,使中國可自臺灣問題困境中
解套。在妥協與和平解決問題方面,中共可能未必同意美國的看
法,但是美國至少可以明白表達這些許多中國人同意、卻不敢說
出來的觀點。[15]

　　反對「中國威脅論」之智庫學者則主張,中國崛起不一定會
危及美國利益,美國是亞洲也是全球的超級軍事強權,只要駐軍
亞洲,就能針對亞洲的一切侵略行動發揮莫大的遏阻力量。因此,
美國可以針對臺灣問題提供約束和對話的政策,因為有了美國的
約束,臺海兩岸的中國人都會互相對談,而不致貿然以行動展現
他們的安全疑慮。美國的約束更可能促使兩岸瞭解,雙方不可能
以片面採取行動的方式解決中國的內戰問題,任何解決方式都必
須是談判的產物以及中國人自己做出的妥協,中國成為亞洲強權

---

[14] 前揭書,頁三六五。

[15] 前揭書,頁三七三～三七六。

自然有其國家利益，其中有些利益甚至與美國大不相同。這一派
人士認為中國未來是否將與美國為敵，沒有人敢預測，沒有任何
一件事情是事前注定的，但如果認定兩國化友為敵乃勢所難免，
並且根據此一假設採取行動，將愚不可及，美國最好致力謀求最
好的結局，不要促成任何惡果。[16]

　　無論主張或是反對「中國威脅論」的智庫專家，都認為兩岸
問題必須依靠對話、溝通的形式進行。筆者透過著作分析或實地
訪談的方式，歸納出美國智庫學者專家中主張明確與主張模糊之
代表性人物，在兩岸問題之政治、經濟和軍事上所持的基本立場。
筆者研究發現，有些智庫學者介於主張或反對中國威脅論之間，
對美國智庫學者對兩岸問題的研究分析立場模糊，既不願得罪中
國或臺灣任何一方，同時又想討好兩邊，稱不上立場中立，反倒
是投機意味較濃厚。

　　美臺、中臺以及美中這三種關係的牽連，受到政治的大幅影
響，以前如此，今後也將如此，三方面均各有所圖。而美國在這個
三角關係議題的政策制定，經常取決於有影響力的國內民意，或至
少在很大程度上，受到遊說者、企業團體、宗教團體、強硬派和溫
和等各派人士們的影響。與政策有關的爭論逐漸變得情緒化，事實
部分被扭曲、炒作、添加了其他色彩，最後遂演變出一個融合分析、
煽情、偏見以及堅認己方判斷正確等概念在一起的大雜燴，一九九
六年臺海危機的成因即是一例，就美國方面而言，國會、媒體以及
白宮之間，在如何應付中國、臺灣以及美國政策究竟應該如何等方

---

[16] 同上註。

面，出現了激烈與反覆的爭論，以及躊躇不決和衝突的狀況。[17]

　　例如布魯金斯研究院的季北慈認為在今後十年，中國對於臺灣採取軍事行動的能力，會侷限在「低強度的軍事襲擊與可能以遠攻飛彈實施攻擊」的狀況。季北慈認為中國艦隊需要花上幾年的功夫，才能克服幾個關鍵領域的基本弱點，包括海上作戰能力、防禦系統、後勤與海上補給能力、大規模兩棲突擊作戰以及與其他軍種的聯合作戰能力等等，不過由於中國的海軍採購計畫中包括了潛艇與彈道及巡弋飛彈，短期對於臺灣的威脅似乎較大。[18]

　　曾任職於傳統基金會的中國軍事專家費學禮提出另一種看法，他認為中共利用飛彈演習使外界注意到人民解放軍武力優越的一面，也暴露了臺灣防禦系統的明顯漏洞。臺灣缺乏與 DF-15 威力相當的飛彈，也無法抵禦這種飛彈，進一步而言，中共飛彈試射使臺灣對外海空聯繫方面的脆弱表露無遺。[19]

---

[17] 張同瑩、馬勵、張定綺和譯，《臺灣有沒有明天？臺海危機美中關係揭密》（Crisis in The Taiwan Strait），李潔明、唐思合編（臺北：先覺出版股份有限公司，一九九九年），頁四六。

[18] 前揭書，頁五六。

[19] 前揭書，頁五七。

第二節　主張「中國威脅論」者

一、李潔明（James R. Lilley）

　　李潔明現任美國企業研究所資深研究員，主要研究範圍包括中國、臺灣和韓國。他對東亞地區的經歷有：美國對中國國家情報員、約翰霍普金斯國際研究學院教授、美國在臺協會處長、副助理國務卿（專職東亞事務）、美國駐中國大使和美國駐韓國大使、美國在臺協會（American Institute in Taipei）處長、哈佛大學政治所研究員、助理國防部長（專職國際事務）、馬里蘭大學全球中國事務所主任及資深顧問等職。李潔明畢業於耶魯大學，並取得喬治華盛頓大學國際關係碩士，經常受邀於美國主要新聞電視臺評論東亞和兩岸事務，其文章也時常在《紐約時報》、《華盛頓郵報》、《美國新聞和世界報導》、《外交政策》、《華爾街時報》等美國主要報章雜誌刊載，此外也和美國主要兩岸事務專家聯合出書，包括《中國軍隊面對未來》（China's Military Faces the Future）、《中國軍隊的未來》（The Future a China's Military）、《臺灣有沒有明天：臺海危機美中臺關係解密》（Crisis in the Taiwan Strait）和《最惠國待遇之外：與中國的貿易和美國的利益》（Beyond MFN: Trade with China and American Interest）等合輯。[1]李潔明認為撰寫時事評論文章和書籍及上新聞節目評論政治議題等作為，是智庫專家最具體也是最主要發揮影響力的方

---

[1]　http://www.aei.org/scholars/lilley.htm

式。[2]李潔明一般被視為是主張中國威脅論和反共產黨的代表人物，對中共的立場一向強硬，其基本的兩岸政策主張為：

在政治上：李潔明認為李登輝訪美所引發一連串的政治危機和效應，顯示出柯林頓政府的兩岸政策是無能的，搖擺不定甚至刻意忽略中國與臺灣之間的互動關係，結果造成美國政府以刪減對臺軍售來順應中國的抗議，他更擔心的就是柯林頓會更進一步的減少美國對臺灣的支持以減輕中共對美國的壓力。[3]

在經濟上：李潔明認為美國必須要給予中國永久正常貿易關係，使中共可以順利加入世界貿易組織，他認為不只中國會因為經濟的改善而改變，他也認為此舉對美國企業有很大的幫助。

在軍事上：李潔明認為對臺軍售問題應該以法律為準，加上行政部門和國會對中國威脅的客觀評估後再做決議。中國飛彈和潛艇的增加已明顯威脅到臺灣，美國售予防衛性武器給臺灣的考量，應該加上中國持續增加的威脅性。軍售問題和以往一樣在華府又成為兩派人馬的爭辯議題，一派努力為中國囂張的行為合理化，另一派則建議不管中國如何，都應該無條件的支持臺灣，而這兩派爭論的背景就是以高爾副總統和美國駐北京大使尚慕杰（Jim Sasser）[4]所主張的為中共行為加以合理的解釋[5]，及以小布

---

[2] Interview with James Lilley, Washington DC, January 22, 2001, AEI Office.

[3] James R. Lilley, "Face-off over Taiwan," 《San Diego Union-Tribune》, March 19, 2000.

[4] 尚慕杰（James Sasser）在柯林頓政府第二期任內，擔任美國駐中國大使，期間推動中共國家主席江澤民一九九七年訪問美國，和柯林頓總統於一九九八年的回訪，Sasser 在擔任駐中國大使以前為美國參議員。

希州長和競選幕僚萊絲為首支持臺灣的說法，成為二○○○年美
國總統大選的兩岸政策基調，但是不論誰當選總統[6]，中國與臺灣
兩方都相信仍然可以藉由遊說運作來影響美國新任總統對兩岸政
策的決定，因此從歷史看來，競選期間的政策主張並非全然兌現。

　　從更遠的歷史角度看來，美國自十九世紀以來與中國在貿
易、宗教和軍事上都有所接觸，簡單地說就是油罐、聖經和戰艦，
演變到今天則變成世界貿易組織、人權和嚇阻。[7]美國希望中國加
入世貿組織，因為美國需要在中國有更大的銷售市場，在古代就
是賣燈油給中國，戰爭對美國和中國而言，都只會破壞生意。另
外美國人的「救世」動機，使美國深深覺得身為美國人就應該將
美國的思想傳給其他人，這些思想包括基督教的寬容、言論自由、
清白的選舉、出版和集會的自由、全球性人權標準，由法律規範
的人文社會要求中國人接受這些思想觀念，已經觸怒了很多中國
人，這使得中國領導人經常攻擊美國人，認為美國使用雙重標準
而不夠誠意，因為中國領導人認為美國人不是要說服中國人，而
是統治中國人。道德標準使得兩國人間對很多事情的看法有很大
的差異，中國人將統一和神聖的主權放置在對臺灣問題處理上最
首要的位置，而美國則是以民主和自決來看待和處置臺灣問題。
雖然之間存在著差異性，但是中國和臺灣卻不會因此而走向衝
突，雙方都精通於文字遊戲和交易談判，彼此也都有廣大的共同

---

[5]　James R. Lilley, "Face-off over Taiwan."

[6]　筆者撰文期間仍在美國二○○○年總統選舉期間，最後由布希州長當選
　　美國總統。

[7]　油灌代表經商，聖經象徵人道，而戰艦則表示武力，美國與中共在這三
　　個議題的交鋒已有歷史可循。

商業利益。最後還有戰艦和美國的宿命論，李潔明認為美國的力量就是亞洲和平的保證，使北韓相當自制、使臺灣海峽不受干擾、使日本非軍事化而建立起解決亞洲安全防線，使韓國、日本、臺灣和南中國海地區維持穩定。[8]

主權問題一向是中共最敏感的議題，歷史上中國幾次的出兵都是因為主權問題，一九五〇年對韓國、一九六二年和印度、一九六九年和前蘇聯、一九七九年對越南、一九五八年對金門和一九九六年對臺灣等等，但是都算是有節制的小規模戰爭。中美雙方幾次交戰的經驗，也都體驗到相互攻擊所付出的代價，雙方也意識到與其相互攻擊，何不試著尋求相互合作，例如中美雙方成功地一起讓蘇聯共產政權垮臺，一起解決朝鮮半島的核武危機，雙方也都因經貿關係而彼此獲利，數以百萬的中國人也因此脫離貧窮，而美國也可減低通貨膨脹，由此可證，在軍事平衡維持穩定的情況下，貿易必須是中美雙方最優先的議題。[9]

此外，李潔明不認為對臺軍售會如有心人士刻意渲染般地破壞中美之間的關係，他們誇張的說美國對臺軍售將造成臺灣更走向獨立，刺激中共破壞中美或中國和臺灣的關係。他認為臺灣關係法已經清楚地給予臺灣保證，也和中國之間劃清界線，中共在臺灣關係法剛制定完成時也表現得相當氣憤，但是過了六個月後中國即發表九點聲明，強調和平統一中國，而臺灣方面蔣經國總統也逐步對中國開放，而且將臺灣帶入民主化。

一九八〇年代，雷根總統堅定表示他支持臺灣盟友的立場，

8　James R. Lilley, "Face-off over Taiwan."

9　James R. Lilley, "Face-off over Taiwan."

而且授權出售防衛性武器給臺灣，同時他也到大陸訪問，加強和中國的關係以對抗蘇聯，也開始了中美兩國的貿易接觸。雷根對臺軍售的武器內容升級，幫助臺灣減除戒嚴法[10]，臺灣當局通過反對政黨成立和開放赴大陸貿易、旅遊及文化交流等限制，種種政策與變化並未造成臺灣尋求獨立，也沒有破壞中國與美國或中國與臺灣的關係。一九九二年布希政府出售 F-16 戰機給臺灣的決定，更是引起軒然大波，美國部分人士嚴詞批評布希將造成中美關係破裂和鼓勵李登輝更走向臺獨。但是二個月後，布希敗選，中國和臺灣卻達成了「一個中國，各自表述」的共識。四個月後，雙方各派代表在新加坡展開具建設性的會談，共同謀求一個更好的前景，李潔明認為如果對事情更具體地瞭解，而且用更有技巧地方式來解決問題，可以讓中國和臺灣雙方關係更往前一步。

中國表面上看來確實是個躍昇中的強權，但是其內部問題重重，然美國自二次世界大戰以來即充滿處理亞洲國家從紛亂走向民主的成功經驗。中國絕對不會做到滿足美國人的期許或符合美國的標準，但是它卻可能成為夥伴或朋友，只要強調彼此共有的利益和純熟地處理雙方差異性，兩國間的和平和經濟繁榮是指日可待。再以臺灣目前的政治現況看來，二〇〇〇年總統選舉時，三組主要候選人均未提及臺灣獨立的政見，而且都試圖往中間靠攏，也都支持兩岸恢復談話，足以證明現行的臺灣關係法成功地維護了美國保護臺灣的承諾和臺海之間的和平穩定，故柯林頓政府對中國的軟弱態度，會造成美國的兩岸政策失衡而引起美國更多的困擾。

---

[10]　James R. Lilley, "Face-off over Taiwan."

　　李潔明在中國事務上的背景，加強他在處理中國問題的專業
和權威，當年李潔明獲悉美國即將在北京設立聯絡辦事處時，他
所想到的是如何使自己成為中情局在「中華人民共和國」情報站
的第一任主任。在中情局那些資深幹員中，李潔明以生於中國大
陸脫穎而出，他的父親當時在大陸行銷汽油及潤滑油，是美孚石
油公司前身蘇康尼石油公司（Socony-Vacuum Oil Company）
代表。[11]李潔明七歲以前在中國大陸青島度過，一九三五年離開青
島，但中國在他心中生了根。

　　李潔明後來在耶魯主修俄國研究，耶魯的背景引他進入新成
立的中情局，並由此展開生涯；韓戰爆發後不久，李潔明隨中情
局回到亞洲。與其說他是知識份子，倒不如說他是軍人還更貼切，
他在中情局的任務中成長，在那裡他學會善於抓住機會和運用權
謀的重要，而他當時整個任務的目標就是針對共產主義展開多方
作戰行動，李潔明個性中的思考謀略面發展較晚，但他還是比較
鍾情於任務工作，在一九五〇年代及六〇年代他執行任務的範圍
遍及亞洲。

　　派駐香港一年後，李潔明於一九七〇年返回華府，尼克森外
交大突破時，他正在維吉尼亞州任職於中情局對中國大陸作戰
部。李潔明很希望隨聯絡辦事處派往中國大陸，便毛遂自薦。李
潔明對待中共問題的態度如同當時中情局臺北站主任克萊恩的談
話：「你擁抱他們，你發表一切建立鞏固真誠友誼的聲明，但你同

---

[11] 聯合報編譯組譯，《中美交鋒：一九九六年臺海危機的內幕》，Patrick
　　Tyler 原著，《A Great Wall: Six Presidents and China》（臺北：聯經
　　出版事業公司，二〇〇〇年），頁一八七。

時跟在他們後面偵察探測，沒辦法，這就是國家利益。」[12]一九八九年五月二日，李潔明再以美國駐中共大使的身分再度重返中國大陸領土。當時新上任的美國總統布希是他的老朋友兼老同事，而老布希賦予他的首要之務是確保中蘇修好不致損害美國利益。

當時掌控國會兩院的民主黨希望藉由一九九二年總統大選，由參院民主黨領袖米契爾主持召開一連串的黨團會議，擬訂立法策略並決定從人權這個高層次議題攻擊布希，故意逼他否決國會強制行政部門採行的制裁中共措施。一位與會的民主黨幕僚人員稱之為「雙贏策略」。因為即使民主黨無推翻否決，布希還是會被迫替「北京屠夫」辯護，即對共和黨主政的政府造成政治傷害。「六四天安門事件」一周年前夕，羅德和人權組織呼籲布希利用一年一度檢討是否延續中共貿易最惠國待遇的機會，提出嚴格的條件要求中共改善人權。在華府黨派壁壘分明的情況下，利用人權議題攻擊布希對中共採行的政策，當然是理想與現實兼而有之。國務卿貝克因此決定邀請錢其琛前往華府訪問，這是一九八九年天安門事件發生以來，美國首度邀請中共高層官員訪美。貝克原本限制錢其琛只能會見國務院官員，但布希和史考克羅推翻他的限制，他們邀請錢其琛前往白宮，布希在國會的對手因此抨擊他為了爭取中共在聯合國合作，竟然不惜向中共磕頭。

國會的親臺灣派國會議員逮到布希的弱點，就邀集通用動力公司和德州的國會代表團向布希遊說，略帶警告性地向布希表示，如果要想在總統大選中拿下德州的選票，必須批准出售 F-16 型戰機給臺灣，因為這可以替德州創造數千個工作機會。臺灣早

---

[12] 前揭書，頁一九二。

就提出購買 F-16 型戰機的要求，但一直未能如願，布希、史考克羅和貝克都知道，出售這種戰機給臺灣，就構成違反美國和中共發表的「八一七公報」。在布希政府面臨此一巨大壓力的情況下，自北京返回華府在五角大廈擔任主管東亞事務助理國防部長的李潔明和當時任職於白宮的包道格等人合作擬定一套辯詞，供布希公開用來為其決定辯護。李潔明認為，政治的考量姑且不論，這項軍售本身就有正當理由，臺灣的 F-5E 型戰機和更老舊的 F-104 型戰機已經過時，必須採購新式戰機。再者，臺灣自行研發的戰機要再過幾年才能完成，李潔明並舉情報單位提出的報告為證，說明中共向俄羅斯購買蘇愷 27 型戰機，藉此提昇其空軍戰力。他並指出，許多亞洲國家對中共擴充軍力表示憂慮，中共在一九九二年宣稱其主權及於南海的南沙群島，引起菲律濱、印尼、馬來西亞等國的戒心，這些國家都宣稱擁有南沙群島某些島嶕及其蘊藏的石油資源。

李潔明雖然曾經建議由情報單位全盤評估臺灣是否確實需要新型戰機，但在一九九二年，布希政府已經清楚地知道他要的是什麼答案，因此他不願再冒險評估臺灣的需要。如果再交由情報單位進行評估，意味白宮將失去掌控權，於是布希決定拋棄一九八一年號稱具有歷史性專業素養的評估，轉而採納一九九二年比較政治化的評估。李潔明對臺海軍事情勢的了解與判斷非常徹底，這一點無庸置疑，但他黨派立場鮮明，對天安門大屠殺的殘暴仍憤恨難平。從史考克羅以下，布希政府官員被引導造成具有高度黨派色彩的專業假象，提出臺灣需要 F-16 型戰機的專業評估。對於這一點，一向被視為親共和黨的保守派旗艦智庫傳統基

金會會長佛訥，就對布希政府表示「遺憾」。[13]最後，白宮甚至超過五角大廈所提的建議，因此李潔明原本主張出售五十架 F-16 型戰機給臺灣，他認為這樣就足以彌補臺灣空防的需求。[14]

李潔明在美國政界仍然具有一定的影響力，這和他目前仍然任職於美國企業研究院有相當大的關係。美國企業研究院除了積極經營和國會的關係外，幾位具行政經歷的「明星」研究學者，也使它和行政部門之間保持暢通的溝通管道。除了在兩岸之間專業的背景和經驗外，李潔明對議題直言的作風也吸引媒體記者的高度興趣而爭相採訪，他公開提倡「兩個中國」和「一中一臺」的言論，引起中國的強烈抗議與批判，中共駐美國大使館甚至撰文評論李潔明受臺灣政府的收買，是金錢外交的專家（master of money diplomacy）。[15]李潔明偏頗的作為當然使他失去作為一個學者的公正性，但是他的目的本來就不是撰寫具學術價值的文章，他撰文的目的就是要達成他的政治主張和目標。顯然李潔明是已經達到了這個目標，他是屬於倡導型的美國智庫兩岸問題專家。

二、林霨（Arthur Waldron）

林霨教授為美國企業研究所亞洲研究部主任暨美國賓州大學國際關係教授，他曾任哈佛大學歐林策略研究所及費正清東亞研

---

[13] Interview with Edwin Feulner.

[14] James R. Lilley, "Face-off over Taiwan."

[15] Wen Ling, "Behind James Lilley's Anti-China Hysteria," http://www.fas.org/news/china/1997/970322-prc-embassy.htm, March 22, 1997.

究中心研究員、布朗大學客座教授和美國海軍戰事學院策略政策
所教授等職。他擁有哈佛歷史學博士學位，也曾赴英國、法國、
蘇聯、日本和臺灣等地求學，其主要專長為東亞問題研究，個人
著作包括：《從戰爭至民族主義：中國的轉捩點》（From War to
Nationalism: China's Turning Point）；《中國長城：從歷史到迷
思》（The Great Wall of China: From History to Myth）；《和平
如何喪失？》（How the Peace Was Lost！）及《亞洲內部的現
代化》（The Modernization of Inner Asia）等書籍，另外在美國
知名的雜誌包括：《現代亞洲研究》（Modern Asia Studies）、《中
國季刊》（China Quarterly）、《美國歷史評論》（American
Historical Review）、《軍事歷史期刊》（Journal of Military）和
《中國歷史研究》（Chinese Studies in History）等，林霨公開演
講遍佈美國各地、歐洲、亞洲和濱太平洋國家等[16]；他的學術地位
在美國，尤其是華府地區是備受推崇與肯定的。[17]

　　林霨被報導歸類為藍軍[18]，他個人對這種歸類也不以為意，他
認為任何一個人都有自己的政治立場，這樣的歸類顯然是他的立
場還算鮮明，受到外界的認同。[19]林霨基本的兩岸政策主張及立場

---

[16] http://www.aei.org/scholars/waldron.htm

[17] 筆者專訪美國副總統錢尼辦公室國家安全助理賴維琪（Samantha
Revich），賴維琪表示美國智庫學者眾多，型態也不相同，但是林霨教
授的文學素養和文章的學術價值和地位，受到很多政界人士的推崇。

[18] 白邦瑞將許多美國智庫和學術界中之中國問題專家分為紅隊（red
team）和藍隊（blue team）。

[19] Interview with Arthur Waldron, American Enterprise Institute,
Washington DC, January 17, 2001.

為：

在政治上：美國應該遵守臺灣關係法對臺灣的協防和保持臺灣自我防衛能力的基本軍事武器需求，因為儘管中國曾在一九八二年時在對臺政策表現得相當溫和，但是自天安門事件後則變得相當強硬，甚至已經完成對抗臺灣的武器佈署，中共目前所表現的與十多年前曾經表示要以和平方式解決臺灣問題的態度完全矛盾。[20]林霨認為北京政府不願破壞和美國的關係，以美國軍機在海南島與中國軍機撞擊一事為例，中國雖然以堅定的口氣要求美國道歉，但是北京政府終究算計了如果堅持僵局，將造成它在美國市場的利益損失，而且似乎沒有美國在亞洲的盟國會支持中共的行徑，美國最後僅以國務卿鮑爾對中共飛行員的喪失表示遺憾與難過之意，並未做到中國所要求的「道歉」[21]，但是中國仍將釋放美國二十四名飛行員，使僵局圓滿落幕，主要原因是華府成功地說服北京滯留美國飛行員是對中美雙方關係的傷害，而且對中國利益沒有任何幫助，再說在中國極力爭取奧運主辦權之際，中國也不願因此而使它的希望落空，故相信只有釋放人質才可能排除美國對中共申請主辦奧運的阻撓。

主張「中國威脅論」者曾多次提醒美國政府，中國並不是美

---

[20] Arthur Waldron, "Conditions Attached to Reducing Arms Sales to Taiwan," Financial Times, April 27, 2001.

[21] Arthur Waldron, "The End of Illusions,"《Wall Street Journal》, April 12, 2001. "Secretary of State Colin Powell, while offering regrets and condolences—even eventually sorrow over the loss of the Chinese pilot—showed no inclination to consider the apology China demanded."

國長久的朋友，儘管雙方經貿關係有所成長，但是北京政權仍然
和它的人民或其他國家處於敵對狀態。美國對中國問題應該謹慎
看待，在促進正面關係發展的同時，也應隨時防止危險的發生。
美國也應該隨時提醒中國，美國在兩國有所爭執的時候，不會因
為美國在中國的利益將會持續增加而有所讓步。

　　林霨認為臺灣的民主化是造成目前美國、臺灣和大陸三邊關
係困窘的主要原因之一，但是因為自由選舉而製造許多問題的臺
灣並不應該遭到國際的孤立。[22]二〇〇〇年總統大選結果是由民主
進步黨勝選，這個結果已經宣告臺灣已經完全進入民主國家。就
中長程而言，可能有利於解決北京和臺北之間的各種難題，但是
短程看來卻是完全破壞了美國和中國所預期的計畫，因為自從一
九七〇年起，北京和華府一直都希望臺灣可以有效地和中國交換
可以達成終止兩岸紛爭的條件，雖然或多或少是比較偏向中共所
開出的條件，但是臺灣的民主化卻已經對此一短程預期的目標幾
乎變得不可能，大部分的外交政策專家都開始瞭解到解決兩岸問
題已愈來愈複雜，但是民主化也能為問題的解決方式帶來更大的
保證，因為臺灣政府已真正代表它的人民說話，使兩岸的對談進
入合法性和具有代表性。然而一個可以解決問題的機會卻被北京
和華府同時給阻撓了，北京不切實際的要求加上軍事威脅及華府
不切實際的期待加上拒絕防衛而喪失良機。其實各方都應該認知
到臺海問題絕不是一個簡單容易的問題，其解決方式要的是實質

---

[22] Arthur Waldron, "Taiwan's Democratization Dilemma," 《AEI On the Issues》, June 2000.

的方法而非只是口號。[23]

　　林霨認為美國或西方國家通常認為「歐盟」的整合遠比臺海兩岸的統一複雜，因為臺海兩岸都是中國人，有相同的語言和文化，甚至風俗習慣，但是事實證明並非如此，臺海統一的問題和歐洲整合同樣複雜和困難。自從美國終止和臺灣的外交關係後，許多人就曾預言西元二〇〇〇年前，大陸將收回臺灣，但是民主化和自由化使臺灣逃離這個命運，這個結果要歸功於長期執政的國民黨和勇敢的反對黨以及美國的支援，使臺灣無後顧之憂的建設發展。[24]

　　一九七〇年的美國對華外交政策仍本著維持對基本議題的立場，也因此臺灣的最終利益才得以維持，甚至相當成功地維持。美國從未同意臺灣是中國的一部分，雖然在上海公報中曾提及認知中國的立場，甚至在一九七九年的建交公報中，切斷美國和臺灣的所有正式外交關係，但美國也未對臺灣問題表示立場，美國所做的只是對唯一合法政府的承認，即使從臺北轉移到北京，美國也保留它在臺灣的地位而且反覆聲明美國希望以合法方式，即以臺灣關係法的法律條文解決問題。

　　但是，事實真相並不如想像中的單純，因為華府承認北京政府的過程，臺北事先並未獲告知，臺北也沒有任何一位官員被詢問過有關事項，卡特總統甚至是在和臺北斷交一年後才提出對臺北的安全協議，而所草擬的臺灣關係法也未提及任何和臺灣安全

---

23 Arthur Waldron, "Taiwan's Democratization Dilemma."

24 James Lilley and Arthur Waldron, "The U.S. No Apology to the Chinese," 《Wall Street Journal》, April 5, 2001.

有關的議題，「臺北政府」（Taipei Government）一詞也未出現過，甚至對臺灣同胞的原始字眼描述方式為在臺灣島上的人民（people on Taiwan）而非臺灣人民（people of Taiwan），可以清楚地看出沒有人打算和「臺灣主權」（Taiwan authorities）打交道。[25]如果不是雷根政府在「八一七公報」中堅持兩岸的軍事力量必須達到平衡時才會考慮限制對臺軍售，臺灣的處境可能不會是像今天這樣。[26]林霨認為美國與臺灣斷交後，很多政策起草人的最終目的就是朝向降低臺灣成為美國協助中共取得臺灣的絆腳石，這才是中美關係正常化的主要目的，也是中國所認知的建交意義。所謂的三大公報就是企圖加速這個結果，而非如同有些人所說的是為美國和臺灣未來關係所舖設的道路，但是一九七九年由美國國會所通過的臺灣關係法將上述的計畫予以破壞，似乎西方或者中國大陸都未曾想到臺灣沒有走向中美之間預期的後果，而且愈來愈不可能走向這個方向。

林霨因此認為臺灣的民主化已使臺灣的未來將是開放討論和談判的空間，雖然中共一定會強烈反對，但是愈來愈多人開始提議中國和臺灣同時以一個民族兩個國家的形式存在，就像是兩個德國存在方式，事實上這個論調已經有人提出，只不過「一國兩府」（two states and one nation）有太多的解釋，臺灣無疑地是一個政府，而北京堅持的就是「一國」（one nation），臺北和北京的堅持使得華府和北京的進展都受到阻撓，再加上北京對民主的恐懼使得兩岸的緊張更根深蒂固，真正的兩岸和平變得更加

---

[25] Lilley and Waldron, "The U.S. No Apology to the Chinese."

[26] Lilley and Waldron, "The U.S. No Apology to the Chinese."

困難。[27]

　　林霨相信如果北京釋出更多善意，很多問題都可以解決，但是北京目前的趨勢顯然是對臺灣問題絕不妥協，北京應該認清如果對臺用武的後果將是經濟衰退、市場封閉、區域鄰近國家防止中國的擴大和美國軍事力量介入等種種不可預期的後果。但是兩岸關係在中長程看來，「暫時妥協」似乎是不可避免的結果，它的形式只要能為「現狀命名」(baptizing the status quo)而不改變任何形式[28]，則彼此都可共存，但是要達到這一步，則必須要靠近程的關係和長程的利益妥善處理才可能完成，全世界包括中國都應該要和臺灣交往，而不是孤立臺灣。

　　美國應該要接受而且要說服北京接受目前臺海兩岸的現狀不會有實質的改變，一九七〇年代期待臺灣接受附屬於中國的想法已經證明是無法奏效了。臺灣的存在是事實，但是卻得不到國際的認同，如果這個世界要防止臺灣獨立，最好的方式就是賦予臺灣一個不同於現狀的形式以贏得世界對臺灣的支持。如果民主是問題的一部分，它也是長程解決方法的一部分，美國不可再企圖犧牲臺灣，不但如此，美國應該致力於維持現有的和平，持續鼓勵兩岸任何形式的溝通對話，以期找到兩岸都可以接受的一個解決方式。

　　在經濟上：林霨認為美國必須明確的告知中國，美國不會因為其在中國的利益將持續增加，而允許中國欲所欲求或對兩岸問題有所讓步。如果美國在臺海的問題上讓步或是減少對臺軍售，

---

[27] Arthur Waldron, "Taiwan's Democratization Dilemma."

[28] Lilley and Waldron, "The U.S. No Apology to the Chinese."

那無疑地是向中共表示美國已放任中國從事任何不理性的行為。[29]

在軍事上：林霨認為中共武力犯臺的跡象愈來愈明顯，甚至已經在臺海沿岸完成飛彈的佈署，雖然中國目前為止還不至於貿然的侵犯臺灣，但是前提是美國必須明確的告知中國，美國仍然會致力於防範臺海發生戰爭，任何以武力形式的不理智行為，美國都會出面制止。

林霨對臺灣的友善全然不隱諱的表現在文字之中，雖然他的立場鮮明，但是仍然可以維持他的學術地位和對美國之中國政策的專業影響力，筆者從訪談之中發現其中最主要的原因之一就是林霨不與任何企業或權位有任何的關係，他個人表示曾有獲邀進入政府擔任公職的機會，他都予以回絕，仍然選擇留在學術研究領域內[30]，他也將自己在美國企業研究院的角色定位為教育性的功能，並不企圖藉由自己的文章或理念來影響決策，或者藉此與政界保持密切的關係。誠如望月教授[31]所說，許多智庫學者不認為自己對美國政策有影響力，反倒是政治界或外界人士認為他們具有影響美國政治的能力，林霨就是智庫學者以理念思想淺移默化地影響政策的最好例子。

臺灣欠缺獨自嚇阻中國的力量，這方面仍然需要美國來補足。美國航空母艦在一九九六年臺海危機上發揮了嚇阻作用，但只有短期成效，政治問題依舊存在，因為中國並未作出符合中美

---

[29] Lilley and Waldron, "The U.S. No Apology to the Chinese."

[30] Waldron, interview.

[31] 望月正人目前為美國喬治華盛頓大學國際研究院專職東亞研究之席格中心主任，曾任蘭德公司和布魯金斯研究院的研究員，主要研究專長為日本。

公報所謂不威脅臺灣的回應。而且正好相反，中國現在似乎正準備在距離臺灣不到兩百五十里之內的兩個重裝備軍用機場，佈署多達一百架蘇愷二十七戰鬥機。[32]中國沒有向臺灣與美國提出安全保證，反而似乎決定加強威脅態勢，對付這種傳統備戰發展，林霨進而主張美國與臺灣需要建立高於我們過去二十年所見的軍事合作，美國應該與臺灣討論戰區飛彈防禦系統，並且保證提供臺灣武器，使他們能夠真正應付中國那種缺乏戰略的威脅。[33]林霨認為嚇阻不應該是等待緊急狀況發生，然後才派出航空母艦、匿蹤戰機、或甚至威脅將進行核子攻擊。臺灣基本的問題不是軍力，而是缺少能配合其軍力的其他架構。「嚇阻」必須融入日常生活，才能發揮最大功效，就像美國與北約盟國的關係一樣。美國由於與臺灣之間有著非官方關係的假象，因此難以與臺灣建立這種具有日常嚇阻作用的同盟關係，詭異的是，在軍事上，美國有一套對臺政策，但政治上卻付諸闕如。[34]不過，縱使在現今的架構中，仍然可以做很多事，例如讓臺灣參與國際安全討論，是一件很重要的事，當然，障礙難免。在中國堅持下，包含印度與緬甸在內，共有二十一個成員國的東亞協約組織排除了臺灣，就連非官方的周邊會議也不准臺灣參加。解決這些問題的明顯答案，是將臺灣納入以華人背景為主體的國際體系中，前述西德總理布蘭德開放做法的例子已經清楚說明，這種正視現實的做法，不會損及中國最終統一，甚至可能還會縮短統一進程。

---

[32] James Lilley and Chunk Down, Crisis in The Taiwan Strait（Washington DC: National Defense University Press），372-373.

[33] James Lilley and Chunk Down, 373.

[34] James Lilley and Chunk Down, 373.

　　美國與中共正在建交後，發展出一套對待兩岸問題的新關係，包括根據臺灣是中國一部分的一個中國政策原則，允許臺灣在美國成立貿易文化辦事處。在所謂的過度期，美國總統同意。不再強調提供武器給臺灣，轉而支持必要的談判和對話，以幫助兩岸和解，由中國人自己找到在一個中國架構下和平共存的方式。但是並非每一任美國決策者都一定會遵守這些承諾。海協兩岸也都認知，美國扮演著關鍵性的角色，因此，雙方都卯足全力要影響美國政治運作的進程。北京方面集中全力在每一位繼任的總統身上，尋求他們繼續支持一個中國原則的承諾。臺灣則是全力遊說國會，他們很清楚，只要得到一個理念一致的一小團體人士支持，再加上適時的創造輿論，就可以保證臺灣的安全。政治利益仍是美國在亞洲政策考量的核心，這些利益包括擴大臺灣仍為主權國家的國際形象，從而增強與中共談判的政治力場，以免被孤立，使臺北無力抗拒北京的要求。

　　智庫兩岸專家認為在新的世紀中，政治人物和外交人士對待中國政策喜歡使用「交往」（engagement）一詞，彷彿這是一劑無疾不醫、無病不除的良方。「交往」或許不可或缺，但如果雙方都不願意做出共同提昇東北亞安全所必備的妥協，或找尋中國加入世界貿易組織的方式，或抑制在臺海兩岸擴大軍備，或確保中國大陸的人權，光憑「交往」並不足夠。雙方有必要作出妥協，但領導人也有必要英明領導，領導方式愈透明愈好，有全球軍力做後盾的經濟力和道德觀，長久以來一直是美國外交的精髓，但如果沒有一位能夠管理前瞻外交政策，願意在國會為此一政策辯護，並矢志爭取美國百姓支持此一政策的總統，上述各種力量都沒多大意義。

三、葉望輝（Stephen Yates）

　　葉望輝自一九九六年二月起，任職於美國傳統基金會亞洲研究中心資深政策研究員，是目前美國最活躍的兩岸問題專家之一，他在傳統基金會期間撰寫過很多有關中國、臺灣和香港的評論及研究報告，並於一九九八年獲頒傳統基金會中最高的榮譽獎（Drs. W. Glenn and Rita Ricardo Campbell Award），表揚他在中國問題研究上的傑出表現[35]，也顯示他在傳統基金會所受到的重視。葉望輝同時也是美國華府電視、雜誌和報紙在兩岸問題上經常專訪的對象之一，他的評論也受到著名全國性報章如《亞洲華爾街日報》、《洛杉磯時報》、《舊金山評論》、《臺北時報》、《華盛頓郵報》和《華盛頓時報》的經常性刊登，二○○年臺灣總統大選時，葉望輝亦受到臺灣TVBS電視邀請擔任現場評論員。[36]他曾以摩門教傳教士的身分在臺灣地區傳教兩年，能操流利中文，而且言談中經常引用中國古代思想家的話語，他在任職於傳統基金會期間曾多次訪問臺灣，對臺灣頗為友善，並且經常撰文評論我國政情與美國之兩岸政策。他的摩門教傳教士背景使他經常撰文批評北京政府的人權問題，曾經刊在《華爾街時報》內的一篇批判中共人權問題的文章，甚至造成傳統基金會贊助企業美國保險集團（AIG），要求傳統基金會開除葉望輝，否則終止經費贊助，傳統基金會研究員譚慎格（John Tkacik）表示傳統基金會最後決定留住葉望輝，放棄美國保險集團對傳統基金會一年三十萬美元

---

[35] http://www.heritage.org/staff/yates/html

[36] Interview with Stephen Yates, Senior Fellow, Heritage Foundation, Washington DC, January 27, 2001.

的贊助。[37]傳統基金會的高層主管樂於以此案證明該基金會不受企業財團控制思想言論。

葉望輝在一九九八年五月和一九九九年八月曾經兩度組成「美國國會考察團」到亞洲訪問，每一個代表團均受到當地國領導人接見，代表團主要目的在瞭解中國政治及經濟自由的進步情形，並且觀察香港在政權移交後第一次立法局和臺北市長選舉的情況，其次是觀察李登輝發表「特殊國與國關係」後的兩岸政治變化，並與中國、臺灣和香港三方高層就這類重大議題交換意見，作為撰寫評論的資料，也同時累積個人與國會議員及兩岸決策人士之關係。

葉望輝中文造詣甚高，他曾深入訪問中國、臺灣和香港，並且赴大陸許多村落實地觀察以瞭解城鄉差距，也曾和大陸各宗教領導人會面。除了訪問中國等地外，葉望輝也曾訪問印度，拜會印度國防部長討論印度核武試射和瞭解印度政府對中國在亞太區域扮演的角色看法如何。他也拜訪過達賴喇嘛和西藏流亡政府，並赴越南訪問美國駐越南官員和企業界人士，以分析美國與越南再度交往的利弊，另赴緬甸勘察中緬在雲南邊界的問題，最後也到日本拜訪政治和外交領導人等。在加入傳統基金會之前，葉望輝曾擔任美國國防部語言分析員（language analyst），他出生於美國馬里蘭州，取得馬里蘭大學學士和約翰霍普金斯大學碩士學位。[38]葉望輝對兩岸政策之基本立場為：

---

[37] Interview with John Tkacik, Senior Fellow, Heritage Foundation, Washington DC, August 17, 2001.

[38] 筆者二度訪問葉望輝時，他已自傳統基金會轉任美國副總統錢尼辦公室

　　在政治上：葉望輝認為臺灣關係法雖然表示美國將持續維護臺灣的安全，並且繼續出售防衛性武器給臺灣，但是中共從未減緩對臺海安全的威脅，反而因其軍隊現代化而更具威脅性。臺灣關係法明確表示美國總統和國會在基於對臺灣需求的衡量下，應該決定防禦性武器數量和本質，但是儘管中共對臺灣的威脅提昇，柯林頓政府仍應評估臺灣對武器系統的迫切需要。因此，葉望輝認為臺灣關係加強法是有必要的，該法可以加強美國自我決定提供臺灣自衛性武器的能力，他建議美國可藉由下列方式來加強[39]：1.要求行政部門對國會的建議做報告；2.建立和臺灣軍隊的直接聯絡系統，這並不代表改變美國和臺灣現有的關係，而只是減少因溝通不良產生的誤判；3.取消軍隊和軍隊交流層級和內容的限制。葉望輝建議美國參議院應該要儘快通過臺灣安全加強法，他認為：1.安全可以做為民主的支柱，該法通過後臺灣人會對協防臺灣更具信心；2.加強安全可以使兩岸對話更具彈性；3.法案通過可以幫助美國給予中共永久正常貿易關係。[40]

　　臺灣關係加強法主要是落實臺灣關係法執行的方式，而非改變臺灣關係法的本質，美國應該加強的是自己對提供臺灣武器的決定能力。葉望輝也強力批評柯林頓在中國領土上公開表示「三不政策」是顯示美國政府的軟弱，跟著中國的「一中政策」起舞，

　　擔任副總統副助理國家安全顧問。此一職務據葉望輝表示係行政部門一新設機構，主要功能為提供錢尼副總統有關國家安全問題分析。

[39] Stephen Yates, "Time to Act on Taiwan's Security," 《The Heritage Foundation Executive Memorandum》, No.651, February 11, 2000.

[40] Stephen Yates, "Time to Act on Taiwan's Security.

視臺灣為中華人民共和國的一部分，柯林頓的談話將使北京更囂張的反對美國對臺軍售並且更進一步在國際上孤立臺灣，結果將會導致臺灣單獨、無力地被逼上談判桌。雖然柯林頓的政府事後大力辯解「三不政策」並無新意，也沒有太大的作用，但對中國而言，藉機可大肆宣揚美國為「一個中國」背書。[41]他建議美國領導人應該認清「一個中國」是北京的目標，而非華府的目標，美國自尼克森總統以來，即對中國的和平追求一中目標表示尊重，但是美國從未視臺灣為「中華人民共和國」的一部分，也從未背書同意以武力方式對待臺灣或接受一個中國為政策目標，美國承認的是「一個合法的中國政府」，但是很多政府官員誤解美國說法而陷入北京的術語。[42]

葉望輝主張美國對中國的政策必須要有明確策略，與其讓北京持續發表這個被誤解的言論，柯林頓政府應該要改變對臺灣問題的說詞，為了重新建立美國的利益，華府應該要：1.公開重申對臺灣的保證，柯林頓有必要對「三不政策」所犯的錯誤做彌補，必須明白地向臺灣表示華府並未接受北京對臺灣主權的說法，也就是重申雷根總統在一九八二年所提的「六大保證」；2.加強臺灣安全，促請參議院通過臺灣安全加強法；3.停止使用「一個中國」的說法，美國應該只表示基於美國的政策和利益，美國承認北京為合法的中國政府，而且明白北京尋求以和平方式統一中國的決心外，美國應更加強對和平的期許。

---

[41] Stephen Yates, "China's Taiwan White Paper Power Play," 《The Heritage Foundation Executive Memorandum》, No.656, February 29, 2000.

[42] Yates, "China's Taiwan White Paper Power Play."

　　在經濟上：葉望輝認為美國與中國在經濟上的衝突將會發生在中共正式進入世界貿易組織之後，美國在考慮是否給予中共永久貿易關係之前，應該要：1.重新評估出口行政法案（Export Administration Act）。這個法案同意與中國的關係發展將以貿易為主，貿易是促進中國自由的主要因素，但是保護美國利益仍為主要前提，重新評估這個法案將可顯示美國對於國際安全的重視超過與中國的經貿往來；2.加強臺灣安全，美國應該在支持北京加入世界貿易組織前，先明白表示確保臺灣的民主和安全，使臺灣有足夠的能力與北京談判；3.為中共人權問題請願，中共對法輪功的施壓，顯示中共無法容忍有組織的異議份子的存在，因此，當國會考慮與中共永久正常貿易關係的同時，行政部門也應該和國會研究一種促進中國人權自由的方法；一個是培植民主在中國的基礎，另一個則是賦予中國人民依他們認為合適的方法改革政府的能力，如果單獨靠貿易，很難實質地改變中國內部的本質；4.不要把美中貿易協定當作機密文件處理，尤其是一些已經有結論的商業談判或協定，更應該要將它從機密表刪除。[43]葉望輝相信美國尋求與中共貿易關係正常化是正確的，但必須有步驟的進行，美國也必須清楚地表示它對保護美國的安全或對民主的支持的決心，不管是中共在加入世貿組織之前或之後，都應該一以貫之。

　　在軍事上：葉望輝主張美國應該重視中國軍事現代化所帶來的後果，如果美國不明確表示對臺灣的支持，和不惜為臺灣動武的決心，將會使臺灣陷入不安，迫使臺灣為自己的前途提早做決定。

---

[43] Stephen Yates, "Permanent Trade Relations with China: Necessary Steps for Congress," 《The Heritage Foundation Executive Memorandum》, No.661, March 10, 2000.

　　葉望輝是傳統基金會中少數具有個人知名度的學者，他有計畫的經營自己建立個人聲譽，以期達成他的政治目標，他年紀輕，經歷短，進入行政部門後是否會對兩岸政策有所改變，有待觀察。但是以他在傳統基金會將近七年的服務時間，成功地建立個人的人脈與知名度，加上有計畫的經營，使他順利地達成他的政治目標，原因之一應該歸功於傳統基金會致力於建立與國會議員和決策者之間的關係，使他比其他學者更具優勢達成目標，葉望輝的例子足以說明類似像傳統基金會的華府智庫只要等到適當時機，將有機會更直接的對美國政治發揮影響力。

四、武爾茲（Larry M. Wortzel）

　　武爾茲現任職於美國傳統基金會亞洲研究中心主任，主要專長為國家安全、中國問題和軍事策略等，自一九七〇年起，武爾茲即開始專注在國防、政治和經濟議題的研究，他在服務於美國陸軍期間，曾經派駐於韓國、中國、泰國和新加坡，其中四年任職美國駐中共大使館助理武官（Assistant Army Attache）期間，經歷天安門事件，一九九五年他再度回到中國擔任美國駐中國大使館武官一職，除此之外，他也曾歷任陸軍總部亞洲部門的策士、國防部長辦公室國際安全政策幕僚和以陸軍上校身分擔任美國陸軍戰爭學院策略研究所主任。

　　武爾茲畢業於武裝部隊學院（Armed Forces Staff College）和美國陸軍戰爭學院（U.S. Army War College），並曾就讀於國立新加坡大學，他自喬治亞州哥倫布學院取得學士和碩士學位，自夏威夷大學取得博士學位，著作包括：《中國階級社會》（Class in China: Satisfication in a Classless Society）、《中國軍隊現代化》（China's Military Modernization: International Implication）和

《當代中國軍事史字典》（　Dictionary of Contemporary Chinese Military History）等，並且定期在傳統基金會出版的刊物中發表專刊和於報紙發表時事評論等。[44]沒有顯赫的學術背景或獨到政策主張，武爾茲印證傳統基金會輕學術重權術的特質。武爾茲對兩岸政策的主張和立場，一般被歸類為是反共的，媒體更將他歸類為「藍隊」（blue team）的一員，其主張為：

在政治上：武爾茲認為美國應該特別留意中共的軍事動作和拉高反臺灣的聲調，如果臺海情勢惡化，美國必須立即採取軍事回應。美國應該重申它對臺灣的支持，而且拒絕對臺施壓和中共談判，美國必須避免擔任民主臺灣和極權中國兩邊政府的調人，美國對兩岸問題唯一該發表的言論應該是鼓勵北京與臺灣雙方都應該放棄以武力解決問題的想法。

武爾茲認為「臺灣關係法」使美國與中國和美國與臺灣之間維持了長久穩定的局勢，但是柯林頓政府公開宣佈反對臺灣獨立和放棄「兩個中國」的說法，已經暗示美國已接受如北京所宣佈對臺灣主權的說法，此舉使臺灣關係法的精神遭到破壞，也使得亞洲其他國家看清楚美國長久以來對臺海問題維持中立的立場已經有所動搖，這個結果使得美國立法部門得再度思考「臺灣關係加強法」的必要性[45]，立法部門希望就臺灣的民主和亞洲情勢的變化，主張美國政府加強提供國防設備給臺灣，以保護臺灣的安全，武爾茲認為柯林頓政府的作為使中共不知美國對其武力犯臺的回

---

44 Wysiwyg://6//http://www.heritage.org/staff/wortzel.html
45 Larry Wortzel, "Dealing with the China-Taiwan Puzzle," 《The Washington Times》, January 11, 2000.

應為何，他主張美國應該明白地告訴北京當局美國無法容忍中共
對臺灣任何不理性的軍事行為，一九九六年美國對臺海危機的回
應方式，中共就應該知道美國對維護臺海和平的態度。

在經濟上：武爾茲認為美國應該促進與中共的經貿往來，企
圖以經濟成長帶動政治改革，美國也應該協助兩岸加入世界貿易
組織，有助於大陸加速朝向民主改革。他的研究發現中國的經濟
改革製造了很多中產階級，好幾百萬的大陸人民已經開始擁有私
人的產業，而且也開始走向市場競爭的時代，雖然言論自由仍然
受到限制，但是由西方國家所贊助的商品廣告卻蓬勃發展，帶動
了印刷和出版事業的成長，愈來愈多的中國人學會了為自己做選
擇，將來他們除了經濟的自我選擇外，勢必會要求政治上的自我
選擇。

武爾茲也大力鼓吹美國給予中共永久正常貿易夥伴關係，給
予中共最惠國待遇的問題，每年在華府的保守派與自由派人士都
會為此議題爭論不休，彼此為與中共提昇貿易夥伴關係可否促進
中共對人權、宗教自由和公平勞工待遇等問題的改善爭執不下，
他認為除了保護美國國家安全或促進中國和亞太地區的和平外，
美國應該尋求一個使中、美雙方都可獲利的政策來加強兩國的經
貿關係，他建議美國應該鼓勵中國走向民主化和建立以國際為標
準的市場經濟，這樣的氣氛有助於改善中國的人權問題，給予中
共最惠國待遇一樣對中共的人權問題有正面的作用，除了藉由兩
國人民之間頻繁接觸來逐漸影響中國人民外，也可以移轉美國最
具競爭力的經濟項目到中國的市場上，例如農業、汽車工業、電

腦業、金融業、電訊工業和新興的網路市場等。[46]給予中共最惠國
待遇是一個好的正面政策，貿易擴張可以提昇美國各種利益，例
如保護美國國家安全和促進臺灣和大陸的自由。除此之外，美國
可利用協助兩岸同時加入世界貿易組織的機會，開發大陸的潛在
市場和促進臺灣市場的再成長，美國也不會因為與中國大陸建立
良好的貿易關係而被批評為放棄對大陸人權問題的關心，而可以
改採赫爾辛基委員會（Helsinki Commission）所建議的持續性觀
察大陸對人權問題的改善，而非一年一度的審理大陸人權問題，
美國只要加強現有的法令，例如出口行政法案和武器出口控制法
等，就可確保美國企業與中共解放軍之間私下的生意往來，長程
策略的制定是使美國達成協助中國自由化目標最實際有效的做
法。武爾茲相信給予中共永久正常貿易夥伴關係，除了可以使美
國企業在中國更具競爭力之外，增加彼此的貿易關係可以開展中
國的市場經濟和私人企業，如此有助於幫助中國人民降低對共產
黨政府的依賴度。[47]

　　在軍事上：武爾茲主張美國應該加強提供國防設備給臺灣，
而且明白地向中共表示任何以武力形式犯臺的動作，美國都會以
武力回應，任何的模糊策略只會讓美國所遭遇的難題，難上加難。
他認為美國應該明白地告訴中共，美國無法容忍中共對臺灣的飛

---

[46] Stephen Yates and Larry Wortzel, "How Trade wit China Benefits Americans," 《The Heritage Backgrounder》, No.1367, May 5, 2000.

[47] Larry Wortzel, "National Security Concerns and the China Trade Debate," 《The Heritage Foundation Executive Memorandum》, No.678, June 5, 2000.

彈射擊、禁運或封鎖臺灣的行為,但不需告訴中共美國回應的程
度將會是如何,一九九六年美國對臺海危機的回應方式,已經清
楚顯示美國的底限如何。武爾茲表示回顧美國的歷史和美國建國
的理想,美國不應該也不可以因為軍事的壓迫或威脅而放棄一個
民主國家,他更呼籲美國兩黨總統應該切守臺灣關係法的精神,
和重申美國對臺灣的「六大保證」(six assurances)[48],以維護
臺灣的和平。

武爾茲在華府政治圈或學術界中並非具有名氣或高聲望的兩
岸問題專家,也沒有獨樹一格的作品或具震撼性的文章發表,個
性內斂沉穩,大多數在傳統基金會所發表的文章都與葉望輝一起
掛名,這也符合傳統基金會強調團隊精神和不倚賴知名政治人物
或學者的組織文化,傳統基金會借重的是他在軍隊服務期間的領
導統御的經驗和能力。武爾茲的兩岸政策主張基本上除了嚴守保
守派陣營的兩岸政策立場之外,並不具太多創意,他對中國的了
解來自於他在美國駐中國大使館期間的經歷,但是任職於傳統基
金會期間很少赴中國訪問,對臺灣的瞭解更是有限,他表示在傳
統基金會約兩年的時間到臺灣不到四次,對臺灣也沒有特別的感

---

[48] Larry M. Wortzel, "Why The Administration Should Reaffirm The
'Six Assurances' To Taiwan," 《The Heritage Foundation
Backgrounder》, No.1352, March 16, 2000. 武爾茲認為柯林頓在上
海宣佈的「三不政策」後一連串的政治效應,造成三個結果,第一,北
京、臺北和亞洲其他國家覺悟到美國已朝向中共所定義的中國與臺灣的
關係;第二,北京政府更有信心可以公開宣佈收回臺灣主權的言論;第
三,臺北愈來愈不確定美國對臺灣安全的承諾。因此,他主張美國政府
重申「六大保證」。

情因素在其中。武爾茲明白的表示他在乎的只有美國利益，以前對臺灣沒有良好的印象，認為臺灣是一個列寧式政黨所領導的社會，一直到一九九六年總統選舉後，才開始接受臺灣是一個民主社會，他所珍惜的不過是臺灣的民主，至於臺灣的未來如何，武爾茲表示「我不在乎」(I don't care!)。[49]

五、費學禮（Richard Fisher）

費學禮畢業於艾森豪學院，自一九八三年起任職傳統基金會，期間專注於研究亞洲各國對美國政策的挑戰，尤其以對中國解放軍的研究最為深入。費學禮就中國解放軍所發表的著作包括：〈中國軍事加速現代化〉收在《外交與嚇阻，美中關係策略》一書、〈中國飛彈試射展現軍力〉和〈中國飛彈威脅〉等主要文章，大多數有關兩岸議題之文章均刊載於傳統基金會出版刊物之中。

費學禮現職為美國詹姆士城基金會（Jamestown Foundation）資深研究員[50]，並曾於一九九九年前擔任傳統基金會亞洲研究部主任，係一絕對反共派，媒體視費學禮為「藍隊」的代表性兩岸問題專家之一，費學禮曾經多次訪問臺灣政界和軍事領導人，由於其強烈的反共言論，使他受中國列為不受歡迎之美國學者之一。然而費學理仍然積極設法參加中國航空展等軍事活動，他的主要專長為中國軍事問題，在兩岸關係的立場及主張為：

---

[49] Interview with Karry Wortzel, ibid. 筆者問到「如果中國以武力犯臺，您贊不贊成美國出兵協防臺灣？」時，伍爾茲的回答。

[50] 筆者自一九九七年元月開始對費學禮作追蹤研究時，費學禮仍任職於傳統基金會，九八年起因故離職，在詹姆士城基金會擔任專任研究員，仍專注於中國大陸軍事分析。

在軍事上：費學禮主張為了防止臺海戰爭，或擴大至中美戰爭，美國應該提昇臺灣的防衛能力，尤其是中共九六年對臺灣的威脅程度足以引發戰爭，美國總統應該儘快審慎地研究對中國威脅的因應對策。費學禮根據中共軍委會副主席張萬年最近一次的會議直言，在中共的五年計畫中，勢必包含在臺海發動戰爭，而且中共解放軍會採取先發制人的戰術，保證會贏得勝利。[51]他建議美國政府應該儘快決定售予臺灣先進武器，並且協助臺灣建立空軍部隊，甚至美國國防部應該停止對臺軍售限定在「防衛性武器」的不合理說詞，美國國防部也應該擴大和臺灣軍方領導人在四年前展開低調的非正式接觸，唯有如此，似乎可能防止張萬年談話變成不可挽救的事實。[52]而美國更需儘快提昇它在亞洲的海軍和空軍設備，以應付中共快速成長的軍事設備和作戰能力，另外和亞洲同盟國家設定區域防禦飛彈系統也刻不容緩。

費學禮引用一份以加州共和黨籍眾議員寇克斯（Christopher Cox）領軍所完成的超黨派國會委員會報告，名為「寇克斯報告」，披露中國對美國安全所造成的潛在威脅，以反擊柯林頓政府對此一訊號的冷淡反應，這份報告顯示中國已自美國取得製造新式核武的軍事技術，以威脅美國的安全和美國在亞洲的利益，柯林頓的反應，將造成美國納稅人為了政府必須製造抗衡中共的新式武器而付出更多的代價。報告中並指示中國為取得美國製造核武的技術，利用各種合法或非法的過程，在美國國內進行間諜活動收

---

[51] Richard Fishes, "Swift U.S. Response Is Critical To Forestall Attack on Taiwan," 《Defense News》, December 18, 2000, p.31.

[52] Fishes, "Swift U.S. Response Is Critical To Forestall Attack on Taiwan."

集資料甚至利用政治獻金企圖影響柯林頓政府的「技術出口政策」，其中最重要的影響是，中國已經有足夠的能力直接或間接地威脅美國，中國的間諜行為主要目的是為了收回臺灣和驅逐美國在亞洲的地位。[53]

　　費學禮建議美國需要一個可以防衛國家的政策，包括：1.放棄中國為美國策略夥伴的想法，這個想法於一九九七年由柯林頓總統所提出；2.制定一套改進「反情報」工作的策略，美國的反情報工作，已經證實無法防止中國滲透到美國的核武實驗室中；3.重新啟用多邊高科技出口控制的政策。這項政策在一九九三年遭柯林頓總統的否決而終止，對電腦、飛彈核武技術的管制應該再予執行；4.加速飛彈防衛能力的發展，柯林頓放任飛彈技術流入中國，迫使美國必須再增加費用研發新飛彈防衛系統，例如全國飛彈防衛系統或戰區飛彈防衛系統的佈置。[54]中共九六年在臺海的飛彈射擊不僅是威脅到臺灣的經濟和人民的安全，它的動作也在測試華府的領導能力和解決能力，更進一步的是挑戰美國維持臺海自由和平的傳統利益。柯林頓派遣二艘海軍航空母艦阻止中國的舉動是正確的，國會對中共的行動也強力批判，眾議院長金瑞契更將其形容為「恐怖行動」。[55]

　　在政治上：費學禮認為阻止臺海衝突發生是美國在一九九六年

53　Richard Fisher, "Time to Heed the Cox Commission's Wake-Up Call,"《The Heritage Foundation Executive Memorandum》, No.602, June 3, 1999.

54　Fisher, "Time to Heed the Cox Commission's Wake-Up Call."

55　Richard Fisher and Stephen Yates, "China's Missile Diplomacy: A Test of American Resolve in Asia,"《The Heritage Foundation Backgrounder》, No.269, March 12, 1996.

初最重要的外交政策，柯林頓沒有適當地就中共在中國海對臺灣所做的窮兵黷武做出回應，顯示了美國的軟弱，柯林頓未能明確的表示如果中共攻擊臺灣真的發生，美國是否會保護臺灣？結果造成中共強硬派人士無形中被鼓勵對臺動武，柯林頓政府因此必須付出更大的代價向中共表示美國的基本利益是在保護臺海和平。國會在臺海危機事件上扮演了重要的穩定性角色，重申一九七九年臺灣關係法對臺灣的支持。美國政府應該重申臺灣關係法，並且向北京明示任何對臺灣的攻擊就是對美國安全利益的挑戰，如果中共認為美國不會回應中共的攻擊，將使北京更囂張。華府必須重視臺灣的民主改革並且促進兩岸和平解決歧見，私下警告中國如果攻擊臺灣，可能面臨到美國國會的經濟制裁和失去最惠國待遇，而且美國不放棄協助臺灣和包括先進空對空飛彈的對臺軍售。

費學禮認為有三項原因美國應該支持臺灣：1.臺灣為美國第七大貿易夥伴僅次於中共，傳統基金會將臺灣列為第八大自由經濟體，在美國之後；2.臺灣的民主轉型反映了美國對民主的承諾；3.臺灣民主化對中共的正面影響[56]，一九九五年二月中共佔領菲律賓自稱為領土之珊瑚島，美國一直到五月才發表聲明表示「關心」（concern），同年七月中共在臺灣一百海里處試射六枚飛彈，柯林頓也僅表示「關心」[57]，阻止中共用武力攻擊臺灣，該是美國在亞洲最主要的任務，自一九七九年起，三任美國總統對臺灣的支持使中共不敢動武，現在動武顯然是認為美國軟弱，柯林頓政府

---

[56] Richard Fisher, "China's Threats to Taiwan Challenge U.S. Leadership in Asia," 《The Heritage Foundation Asian Studies Center Backgrounder》, No.139, March 6, 1996.

[57] Fisher, "China's Threats to Taiwan Challenge U.S. Leadership in Asia."

中某位不願具名的國防部高級官員表示,臺灣若遭攻擊,美國不會以武力回應,美國不該選擇表示一定會如何,應該保持「策略模糊」。如柯林頓政府之前助理國防部長奈伊表示,我們不知道美國對臺灣遭致攻擊的反應會是如何?但是美國總統與國防部一定要共同合作重拾美國領導信心,加強臺灣海峽的防衛。這樣的說法使中共存在著測試美國維護臺海決心的想法,無疑地勢製造臺海的不安。

　　費學禮在一九九六年三月六日即撰文建議,應該於臺灣總統選舉前夕加強派遣航空母艦戰鬥群到臺海表示美國維持臺海和平的決心,而美國三月十日派遣航空母艦赴臺海的動作,可看出費雪禮對臺海情勢評估的準確性及專業性,費學禮在傳統基金會服務期間,許多包括中國和臺灣的華人記者或是美國主要媒體記者,經常就臺海軍事問題訪問費學禮,奠定費學禮成為兩岸軍事專家。他最近在詹姆士城基金會撰文表示美國應該佈署區域飛彈防衛系統以維持亞洲平衡力量,更主張美國應明示不會坐視中共以武力攻擊臺灣。[58]然而以目前費學禮所服務的智庫詹姆士城基金會看來,在知名度和影響力上顯然不如傳統基金會,他的主張是否能發揮功能和影響力?則有待觀察。[59]

---

[58] Richard Fisher, "The PRC's Third Zhuhai Air Show," 《Reports》, November 5-12, 2000, Jamestown Foundation.

[59] 筆者三度專訪費雪時,他已離開傳統基金會亞洲研究部,據他個人的說法他是在無預警的情況下被傳統基金會「剷出去」(dig out),他個人的說法是某贊助企業主對其強烈反共的論調不以為然,要求傳統基金會開除他。這個說法與譚慎格講述葉望輝遭到美國保險集團要求開除的說法一致,只是費雪與葉望輝所遭遇的結果不同。

第三節　反對「中國威脅論」者

反對中國威脅論之智庫學者相信，在中國改變前，世界不可能安全，必須說服中共，使它相信必須改變，並讓它相信他們的帝國主義野心不可能實現，必須不再從事國外冒險，並轉而解決本身的內部問題才符合他們自己的國家利益。以長期觀點看，這派智庫專家學者認為不能讓中國永遠被摒除在國際社會之外，導致他們在那裡培育自己的幻想、堅持自己的仇恨、威脅他們的鄰國。[1]而這種說法背後的隱藏意義是承認中共目前的危險和潛在的危機，並認為美國政府應該採取因應這種危險的措施。

一、沈大偉（David Shambaugh）

沈大偉現任職美國喬治華盛頓大學國際事務學院之中國研究部主任兼政治系教授，並且為布魯金斯研究院外交政策研究部資深研究員，主要專長為中國問題、美國與亞洲關係、中國外交政策和亞洲安全等，目前正從事「中國軍對現代化前景與問題」[2]之專題研究，是華府目前最活躍的中國問題專家之一。

沈大偉曾經擔任英國倫敦大學東方和非洲研究學院和密西根大學政治系的講師、《中國季刊》（China Quarterly）編輯、威爾遜國際學人中心亞洲部的代理主任、美國國家安全會議東亞局的研究員、美國國務院情報研究局東亞暨太平洋室的中國和中南半島事務分析員。自一九八〇年起，沈大偉曾多次赴中國大陸、臺

---

[1]　前揭書，頁四七。
[2]　www.brookings.org/scholars/dchambaugh.htm

灣、香港、俄國、德國和日本擔任訪問學者或學員，其中以在中國大陸的時間最長，訪問的次數也最多，中文造詣頗深。他以自己的中文為豪，並經常公開表示如果不懂中文者，稱不上是「中國專家」。[3]沈大偉畢業於喬治華盛頓大學，一九七七年取得約翰霍普金斯大學國際研究學院碩士，一九八〇年取得密西根大學政治學博士學位。[4]他對兩岸政策的主張和立場為：

在軍事上：沈大偉相信中國對臺灣的強硬不過是虛張聲勢，以中國目前的軍力，尤其是海軍和空軍，在短期間不足以有能力攻下臺灣。以臺灣目前的國防設備包括幻象 2000 和 F-16 戰機，足夠在美軍支援前抵擋中共的侵犯，如果美國選擇協防臺灣，再加上臺灣特有的險要地理位置，使中共的侵犯更加不易。但是，也許臺灣的領導人很清楚中共的武力在短時間不致對臺灣構成威脅，才致使臺灣當局拒絕認真地和大陸談判統一問題，甚至挑戰「一個中國」的原則。沈大偉認為華府有義務協防臺灣的安全，但是不斷供應武器給臺灣不是解決的方式，因為對臺軍售只會使兩岸軍備競賽情形更嚴重，中共勢必會從俄羅斯購買更多的武器，包括潛水艇或摧毀艦等。他主張確保美國利益最佳的方式應該是在合理的保持臺灣防禦之下，促使臺灣領導人認真地就統一問題和大陸談判，而也應該鼓勵北京政府創造更好的政治誘因，吸引臺灣思考與中國統一。[5]

---

[3] 沈大偉於一場在喬治華盛頓大學之著作發表會上公開表示，美國許多自稱為「中國問題」專家，卻不瞭解中文，這些人不能稱得上是「專家」，二〇〇一年九月十五日。

[4] www.brookings.org/scholars/dchambaugh.htm

[5] David Shambaugh, "China is All Bluster on Taiwan （for Now）,"

沈大偉表示美國應該利用陳水扁當選總統的契機，促使兩岸恢復對談，並且經由美國民主、共和兩黨重申美國仍堅持以和平解決臺海問題的決心，他認為這樣的宣示可以使北京有臺階可下，兩岸因一九九六年中國在臺海發射飛彈後，就一直找不到合適的機會使兩岸領導人同意恢復協商管道。沈大偉因此建議：1.臺灣新政府應該明白表示支持一個中國的原則，唯有如此，才可能與北京或華府有更進一步的發展；2.中國必須創造更具吸引力的統一政治術語，使臺灣考慮接受；3.美國必須限制對臺軍售，美國應該要持續適度地協防臺灣，但是不應該販售攻擊性武器給臺灣，那只會鼓勵中共和臺灣展開軍事競賽。[6]

沈大偉認為小布希政府對中共所發表的言論，令中國領導人視為是對中國新的「圍堵政策」，而更令北京恐懼的是小布希新政府如果加強對臺軍售的武器種類，中美之間必定會處於一種劍拔弩張的氣氛。[7]小布希政府決定軍售臺灣，對北京而言就是華府「反中國情緒」再起，根據臺灣關係法，美國可售予臺灣防衛性武器，但不可以出售攻擊性武器給臺灣，美國可以協助臺灣避開中共目前最有可能使用並佔優勢的電子和資訊戰，搗亂臺灣軍事通訊系統，並暗示美國無須親自捲入臺海衝突之中。[8]而沈大偉也擔心小

《The New York Times》, OP-ED, March 6, 2000.

[6] David Shambaugh, "Taiwan's Success Story," 《The Washington Post》, March 19, 2000, B7.

[7] David Shambaugh, "No Easy Way Forward With China," 《The New York Times》, OP-ED, April 3, 2001.

[8] David Shambaugh, "The Taiwan Prescription Is Deterrence Without Provocation," 《International Herald Tribune》, Editorials/Opinion, April 23, 2001.

布希政府中的鷹派人士將主導美國的中國政策，他認為這群強硬派人士主要在國防部、副總統辦公室、國家安全委員會，甚至少數國務院中的重要幕僚，這群強硬派人士的立場一向不信任國際組織，除非是以美國為首的聯盟，他們相信美國應該領導全球，而且主張使用武力達成目標，這群人士就是造成美國反對「京都全球溫室效應協議」和「生化武器大會」的幕後主謀。[9]

　　而小布希政府中有另外一派以國務卿鮑爾為首的溫和務實派人士在國務院中，這些人士相信基於共同利益與他國交往可以解決問題，他們希望尋求和其他強權建立穩定的關係，他們也主張應該主動來處理與他國之間的關係。至於對中國政策的看法，鮑爾和溫和派人士認為中國是個崛起的強權，但並非是具威脅性的國家，他們相信中國是美國很好的也是一定要有的貿易夥伴，而共和黨的強硬派人士大多數都以一個具軍事策略的角度來看待中國，他們認為中國的軍隊正在快速的現代化，而且已經對美國在亞洲的利益形成挑戰，因此有所謂的「策略競爭者」（strategic competitor）的說法，所以計畫加強與中國周邊國家結盟和合作。他們認為中國欺負臺灣，更主張美國應該加強對臺灣在政治上和軍事上的支持，他們並不會公開承認，但是他們主張佈署區域性防禦飛彈系統就是為了抗衡中共日漸強大的核子武器能力。[10]

　　中國內部當然已經仔細觀察評估這群美國鷹派人士的行動並

---

[9] David Shambaugh, "Beware, Washington and Beijing Both Have a Hawks Problem," 《International Herald Tribune》, Editorials/Opinion, Monday, July 30, 2001.

[10] Shambaugh, "Beware, Washington and Beijing Both Have a Hawks Problem."

已經開始進行反制，中國最近和俄國的結盟就是一種回應美國鷹
派人士的舉動。但是一般而言，中國對華府的刺激算是表現得相
當自制，中美兩國的溫和派人士都寄望小布希的大陸行和江澤民
會面後，[11]可以讓中美關係較明朗化，沈大偉更直言中美關係的真
正問題不在於中美兩國的政府，而在於兩國政府內部的組成分
子。他認為柯林頓總統時代的對臺軍售處理妥當，美國應該考慮
的是那一種防衛性裝備符合臺灣國防真正的需要，鮮為人知的是
柯林頓政府曾考慮準備著手提昇臺灣的軍力結構和戰鬥能力，但
是如果靠美國國會通過臺灣關係加強法案，並不一定可以使美國
國防部改善這一套計畫的實行，反而會使國防部有更多的限制。
他呼籲小布希政府應該了解臺灣的軍事需求是軟體（software）
多過於硬體（hardware），臺灣軍隊所需要加強的是對先進武器
的使用訓練和操縱技術，而臺灣現有的軍備已經相當充足且先
進，足以達到防禦的能力。[12]

　　由於區域與全球安全對美國和中國而言都是很重要的中心議
題，因此，兩國的軍事和安全的機制是否能夠建立，取決於常態
性的對話來澄清兩國之間在這一個議題的差異性，華府保守派批
評家普遍認為中國是無可取代的敵人，美國不宜與中共解放軍有

---

[11] Shambaugh, "Beware, Washington and Beijing Both Have a Hawks Problem."小布希計畫於二〇〇一年十月赴中國大陸參加在上海舉辦的亞太經合會議（APEC），並與中共國家主席江澤民第一次的正式會晤。

[12] David Shambaugh, "What Taiwan's Military Really Needs,"《International Herald Tribune》, Editorials/Opinion, April 22-23, 2000.

任何的接觸，但是，這樣的想法是極為狹隘的，而且不符合美國
利益，只有直接的接觸，才能化解經傳達而產生誤解的訊息。美
國應該表達它希望建構的國防安全結構如何，而且應該告知中國
希望它在此一結構中扮演的角色為何？美國和中國可以學習在這
個世界上共存，儘管雙方策略有所不同，美國與中國之間高層對
談就是雙方異中求同的極佳開始，但是，先決條件是雙方必須認
同彼此基本的國家安全和利益。[13]

　　對於解決臺海的問題，美國政府應該考慮：1.美國軍售臺灣的
實質改變和區域飛彈防衛系統的佈置是否包含臺灣？2.努力促成
北京和臺北重回談判桌，而且以「一個中國」原則做為對談的基
礎，沈大偉認為類似德國的邦聯制會是雙方問題的最好和最後的
解決方式，因為這樣會讓臺灣在中國的主權下享有實質的自治
權。華府應該積極鼓勵雙方思考這一個制度的可行性。他認為中
國如果有心收回臺灣，以武力方式絕對行不通的，而香港模式也
無法讓臺灣政府和百姓接受，北京政府應該實質改變國內的政
治，創造更多的誘因使臺灣領導階層和人民都能接受的政治氣
氛，這樣的結果必然困難重重，但是卻可達到「雙贏」；3.中國和
美國之間核武平衡的問題，必須解決在臺灣和日本佈置飛彈防衛
系統的構想上，中共的反應和後果必須謹慎考慮。華府目前最迫
切的需要除了和北京高層展開對話外，也應該將北京帶入整個區
域安全維護工作中，如果中共置身於整個安全維護結構之外或成
為同盟國家之攻擊目標，將使區域陷入不穩定之中。

---

[13] David Shambaugh, "Learning to Coexist," 《The Asian Wall
Street Journal》, Editorial & Opinion, July 13, 2000.

在經濟上：沈大偉主張美國應該為中共排除任何阻止它加入世界貿易組織的障礙。[14]他建議小布希政府：

（一）與中共交往是生活實現，中美兩國在文化、社會、科學和經濟上靠著透過兩國人民交往和接觸而緊密結合，美國與中國現在的情形不同於冷戰期間美蘇兩國幾乎沒有任何接觸。根據統計，每年約有二十萬美國人訪問中國，而中國人赴美國的人數更每年高達三十餘萬，還不包含每學年五萬個到美國求學的中國大陸學生、學者和研究人員的互訪以及姐妹城市的建立等交流活動，近二十年內這些都在逐年增加中。兩國間的貿易往來更是使兩國緊密結合，中國與美國之間一年的貿易額約為一百億美元，而且每年約成長十億美元，此外，二國之間的交通和傳播日漸頻繁，也增加了中國和美國的緊密關係，由此可見，中美關係不需要建立在具有敵意的基礎上。

（二）美國和中國的關係應該是既合作又競爭，美國和中國在對朝鮮半島和印度、巴基斯坦的核武爭執上，都曾一起合作企圖解除這些核武危機，當然也有彼此意見衝突的議題，例如臺灣安全問題和日本與美國在亞太地區的角色問題，儘管彼此的關係中包含某些歧見，但是華府和北京應將合作極大化，解決歧見容忍競爭，如此便能彼此共存。最重要的是兩國之間在短期內應該避免因為臺灣問題而引發衝突，在長期上也避免因建立區域安全架構而產生敵意。兩

---

14 David Shambaugh, "Facing Reality in China Policy," 《Foreign Affairs》, January/February, 2001. p.51-53.

國之間不僅應該要謹慎處理緊張關係，更應該要縮小彼此
的差異性以期促進穩定和平。

（三）華府必須看清中共仍是一黨專制的政權，美國對中國內政
的影響力幾乎微乎其微，美國應該放棄它長期強加在異國
身上的「使命感」（missionary impulse），希望藉此將中國
「解放」（liberalize），美國應該更有耐心的來看待這一個
問題，中國內部的改變是有可能的，但必須是由內發起的
改變，而不宜藉由外力強加改變。

（四）美國和中國的關係不應該只建立在雙邊的基礎上，而該邀
更多亞洲和歐洲盟友一起合作，歐洲國家曾對美國制定中
國政策未與歐洲會商一事頗有怨言。另外，第二軌道外交
的管道應該再加強，並且給予歐洲國家參加的機會，有了
歐洲盟友的共同努力，美國將會發現它的中國政策會得到
世界更多國家的支持，同理，與亞洲其它國家合作一樣，
可以使美國的中國政策更具合理化，尤其是日本、印度、
韓國等和中國息息相關的國家的共同協商研究，將使美國
的兩岸政策更具意義。

（五）與國會的合作：沈大偉表示一個成功的中國政策必須得到
國內兩黨的一致支持。美國國會對與中共交往與否的爭議
仍然存在，造成美國的中國政策無法具一致性。兩岸政策
的制定，應該在和國會達成協議後，由美國總統向全國人
民說明美國和中國建立良好關係的目的為何，執政者應該
看清處理中國問題甚至美國的外交政策已經不再是行政部
門單獨的事情，它已經變成一個多元化的政治過程，國會、
利益團體、媒體都成為重要的角色，也肩負著某種程度的

責任。

（六）在行政部門內建立新的機制專職中國政策，某些改革是必
要的，中國問題必須是「中央化」，由單一個人統合行政部
門內對中國政策的意見和看法，這個人除了專精通兩岸事
務外，也應該讓中國和臺灣兩邊都能接受的代表性人物，
同時也必須得到總統和國家安全會議的信任和國會的敬
重。執行這些方案首先需要美國行政當局認知到中國問題
對美國的重要性，中國無疑地將成為一個強大的國家，而
且未來也沒有一個國家會像中國一樣對美國如此重要。美
國在運作中國政策時，應該要同時思考如何因應中國的強
大、中國的現代化和中國的未來將如何等問題，一個成功
的中國政策應該是幫助中國和平穩定地走向進步和現代
化，如果美國決策誤導其它國家與中國為敵，全球將陷入
不穩定的局勢，因此美國政府的中國政策不但要正確，而
且要儘快制定。[15]

沈大偉明顯的中國政策主張使他成為目前最受中國歡迎的美
國學者之一，而這也使他因此失去了學術獨立性，被一般外界和
媒體視為是「紅隊」中國問題專家之一，他所面臨到的問題是立
場的明顯偏向中國，使他的意見可能失去了公正立場，但是如果
從宣傳或為政策辯論的角度思考，沈大偉無疑地是反對中國威脅
論的代表性人物之一。

---

[15] Shambaugh, "Facing Reality in China Policy."

二、季北慈（Bates Gill）

　　季北慈現任布魯金斯研究院東北亞政策研究中心主任暨外交政策研究的資深研究員，主要專長為中國、東亞軍隊現代化，國家安全和美中關係等問題。他曾擔任美中政策基金會和美國中國研究協會董事、外交關係委員會會員、韓國國防分析所海外研究員、斯德哥爾摩國際和平研究所東亞安全和武器控制專案總執行等職務，在一九九一年取得維吉尼亞州博士學位，能操中文和法文等外國語。季北慈的主要著作為中國的軍事問題，另外也常發表專論並刊登於美國主要報章雜誌，如《外交事務》、《華盛頓郵報》和《紐約時報》等[16]，出版品產量極多，是華府目前極為活躍的中國問題專家。他的主要兩岸政策的立場為：

　　在政治上：季北慈認為美國和中國雖然在一九九九年時同時舉辦活動慶祝美中關係正常化二十週年，並且彼此讚賞雙方關係建立在具建設性的策略夥伴的基礎上，但是事實卻不如表面，雙方的良好關係已漸漸失去誘因，更進一步的說，兩國高度政治化的光芒模糊了雙方的重大差異性並掩蓋了更深層無法解決的問題，中美之間存在問題包括經濟關係、人權、區域穩定等，都使兩國在未來關係發展上蒙上陰影，包括美國對中國的貿易赤字持續增加，到一九九八年已經將近有六十億美元的赤字、是否讓臺灣先加入世界貿易組織、年度的中國人權紀錄報告和美國計畫在東亞佈署的區域飛彈防禦系統等，特別是佈署在日本和臺灣的構想，都會阻礙美中兩國正面關係的進展。[17]而對臺灣這個高度敏感

---

[16] http://www.brookings.org/scholars/bgill.htm
[17] Bates Gill, "A Clearer U.S.-China Picture: Avoiding False

的議題，一直都是中美之間的難題，臺灣的民主選舉結果和中國
建國五十週年，都可能使臺海之間回復到九五至九六年間的不平
靜。18

　　季北慈認為寇克斯報告中針對美國轉移衛星發射技術給中共
的調查，將使兩國之間產生相互不信任，無論報告結果如何都將
使美國提高中國對美國安全威脅的注意，而且可能造成美國國會
更嚴重的限制中美關係的發展。儘管上述某些議題可能在短期內
解決，但是對於一些更基本的議題，兩國的看法還是呈現嚴重的
分歧，例如全球化、主權問題、武力使用和在聯合國的角色扮演
上等等，雙方都需要花很長時間在分歧的議題上做實質的互動，
才可能在彼此間找到一個共同的看法，中美雙方都應該要為建立
彼此的互信和互相尊重而努力。兩國的領導人也應該說明兩國關
係良好對兩國所帶來的利益為何，進而擴大兩國具共識的議題。

　　季北慈認為中美關係因誤炸中共駐南斯拉夫大使館，和美國
允許李登輝總統訪問母校康乃爾大學等事件而陷入僵局，然而加
入世界貿易組織和賠償中共駐南國大使館的財產損失卻開啟了兩
國重新正式且正面的對話，包括了武器控制和人權問題等重大議
題。經過長期的僵局，雙方都急於突破現狀。但是，季北慈建議
應該在重開談話大門前，需要認真的看待問題的真相，過去雙方
關係低靡的原因應該做為雙方重新開始的警訊，而且也必須清楚

Sentimentalities and Insecure Pessimism," 《Christian Science
Monitor》, January 20, 1999.

18 Gill, "A Clearer U.S.-China Picture: Avoiding False
Sentimentalities and Insecure Pessimism."

地認知雙方關係不可能回到僵局之前的中美關係[19]，這並不是表示反對美國與中共的交往，而是要為交往找到合理的理由，美國應該要一個更清楚的交往架構，並面對現實的將兩邊的差異性呈現出來。中美雙方的新關係，應該走出策略夥伴或策略競爭，而應該朝向「策略重新保證」（strategic reassurance）的方向努力，中國對臺灣的威脅、核子武器的發展、人權紀錄和貿易行為都使美國對中國抱持著懷疑與不信任心態，雙方的歧見如果無法取得共識，合作將變得困難，競爭將造成危險，如果不能找到解決之道，就應該讓雙方互相保證彼此的行為，美國不該對中美兩國未來的關係發展抱著太大的期許，或許可以參考道家所說的「無為而治」。[20]

在軍事上：季北慈基本上並不反對全國飛彈防禦系統的佈署，但是他建議美國政府應審慎評估對主要強國中國的影響力。這個防禦系統佈署的構想是和一九八〇年代的「星際大戰」（Star Wars）的提案是相同的，主要是為了在導彈發射至美國領土之前加以攔截。[21]不同的是，星際大戰是佈署在太空，而目前的防禦計畫卻是佈署在地面上，而且數量在二十到兩百枚之間，所能提供的防禦能力相當有限。季北慈在訪問中國和中共軍官及決策人士會晤時，他們曾對美國的這個防禦計畫表示相當的憤怒，雖然美

---

[19] Bates Gill, "U.S.-China Relations May Thaw a Bit," 《Newsday》, January 5, 2000, p.A37.

[20] Gill, "U.S.-China Relations May Thaw a Bit."

[21] Bates Gill and Nicholas Lardy, "China, Searching for a Post-Cold War Formula," 《Brookings Review》, Fall 2000 Vol.18, No.4, p.15-18, The Brookings Institution, Washington DC.

國並未說明防禦飛彈主要是針對誰,但是中國軍方領導人則認為
是針對中國而來的,是美國對中國表示敵意的訊號。雖然美國不
需要中共告訴她如何建立她的國防安全體系,但是如果完全忽略
中國的感受或她的反應,很可能會對佈署飛彈的原意造成反效
果,導致危害安全利益。[22]

　　季北慈認為如果這個佈署計畫真的執行,中國的反應將會
是:1.出售反制飛彈的武器給北韓、伊朗和巴基斯坦等國,使美國
必須加倍佈署,增加困擾;2.中國會選擇加速其核武現代化,更可
能逼迫中國發展具攻擊性的核子武器;3.中國可能會加速它的軍事
目標、放棄洲際武器,改為發展短程或中程距離的核子彈,這會
造成日本或南韓等國擔心美國收回它的「核子保護傘」,危及他們
的安全而建構自己的飛彈或核武的防制裝備,這樣的局勢發展,
會造成整個亞太區域的不穩定;4.中國可能會不以和飛彈或核武有
關的方式做回應,而是對朝鮮半島的情勢採取不合作的態度,或
者進一步就軍售臺灣的議題向美國施壓,從中國發表的白皮書中
提到將就統一談判議題對臺灣施壓一事,就可以看出中國的態
度,也值得美國政府的高度重視。[23]

　　季北慈認為臺灣的民主演變是解決兩岸問題的核心議題,任
何尋求和平解決臺灣問題的人都應該認清民主的價值對這個目標
的意義。沒有放棄「一個中國」原則,使臺灣更受到國際的重視,

---

[22] Gill, "U.S.-China Relations May Thaw a Bit."

[23] Bates Gill and James Mulvenon, "A Look at … The China Puzzle,
Goal: Build A Missile Defense, Problem: How To Handle Beijing,"
《The Washington Post》, March 5, 2000, p.B03.

而最重要的是臺灣為中國未來可能的民主轉型模式做了很好的典
範，這個模式也是各方都在尋求的長程利益，當然包括北京在內
也希望這種模式可以建立在中國[24]，但是很遺憾的是華府與北京都
未將臺灣民主演變當作政策思考，當然臺灣民主化並非解決兩岸
問題的唯一思考模式，經貿文化和學術的交流也應該加強，除此
之外臺灣對中共的軍事壓力必須要保有基本的自衛能力，才能使
這種策略思考有發展的空間。而對臺軍售問題顯然成為美國與兩
岸之間的角力戰，中國應該認清美國會持續售予臺灣國防上所需
的防禦性武器，而美國也應該瞭解售予臺灣防禦性武器遠比將臺
灣納入美國所構想的飛彈防禦系統中，更不會造成臺海緊張，而
更重要的是，美國應該要看清軍售問題不是解決臺海爭端最終的
方式。[25]季北慈認為中國的軍隊根本只是虛張聲勢，短期內並不能
對美國構成威脅，而且就算中國未來的軍事力量強大到足以成為
區域鄰國或甚至成為美國的威脅，但是中國是否會選擇威脅其他
國家，卻是另一個問題。[26]季北慈認為柯林頓派遣航空母艦到臺海
是正確的，而且甚至應該更強硬的對付中共的行為。

　　在經濟上：季北慈仍以國家安全的觀點看待中美之間的經濟
問題，假設美國國會通過給予中國永久正常貿易夥伴關係，而中
共也順利加入世界貿易組織，中國將被迫開放自己給全世界，如

---

[24] Bates Gill, "The Meaning of 'One China,'" 《The Washington Times》, March 23, 2000.

[25] Bates Gill, "Arms Sales to Taiwan: The Annual Dilemma," 《Newsweek Korea》, March 23, 2000.

[26] Bates Gill and Michael O'Hanlon, "China's Hollow Military," 《The National Interest》, No.56, Summer 1999.

此一來，中國將很快地走向國際化，以國際標準行事。然而這樣的趨勢發展也可能使中國技術更熟練，經濟更穩健，這也意味著中國有可能比以往更加速更新國防設備，維護中國的國家安全。[27]季北慈更指出他的另一個觀點，雖然他認為發生的可能性不大，但是還是希望提出來參考的，就是如果中國無法妥當的處理大幅開放後的轉型期而變得更加不穩定時，將會為美國製造一個更複雜的安全問題。就中國的社會政治發展而言，美國應該樂見中國的開放，一個開放的社會必然會更多元化，增加更多的社會菁英分子，進而使其外交政策務實及更具合作性，一黨專制的情形也會自然地逐漸消失。這個結果很可能造成未來的中國領導人更具信心，而且會企圖將中國帶向一個更符合中國利益的強大國家之路，其後果就是一個「民主」的中國如同其他民主大國俄國、印度甚至法國等一樣，與美國的利益背道而馳。[28]

季北慈在對國會的一場聽證會上曾建議，美國與中國之間已經建立在一種複雜和困難的安全關係上，然而，與中共持續交往的過程當中，美國應該更務實的看待中國問題和確實掌握對中國政策的情報資料來源，美國有能力可以幫助中國改變，美國也應該繼續採取和中國交往的策略，給予中國永久正常貿易關係就是其中的方法之一。

季北慈的專業素養和文學根基使他的文章兼具學術價值和專

---

[27] Bates Gill, "Hearing on Giving Permanent Normal Trade Relations Status to China: National Security Implications," United States Senate Foreign Relations Committee, July 18, 2000.

[28] Bates Gill, "U.S. China Relations: Immediate Crisis Resolved, But Many Challenges Ahead," 《Newsweek Korea》, April 18, 2001.

業見解，他在分析問題的客觀性和獨到的見解使他在華府維持一定的聲望[29]，也確保布魯金斯研究院在華府甚至全美國智庫的龍頭地位，而基於這兩個原因使季北慈和布魯金斯研究院的影響力相得益彰，雖然意識型態的不同使共和黨政府在傳統上並未與布魯金斯研究院有密切的往來，但是共和黨人士仍然對布魯金斯研究院的研究成果頗為肯定。

　　季北慈相信現階段而言，臺海兩岸關係並沒有太大改變的契機，因此，他建議美國政府現階段應該採取無為而治的態度，即「袖手旁觀」的對待兩岸情勢的發展，這樣會使美國、中國和臺灣三邊關係傷害最小，而且美國國會對美國兩岸政策的干預太多，很難有一套具共識的兩岸政策。雖然美國政府的「一個中國」政策的基本架構不會隨新舊政府的轉變而有大幅的改變。兩黨政府均認為中美兩國經濟應該持續交往，加強兩國合作關係，但是在政策執行的技巧上卻有明顯的不同，例如小布希政府比起柯林頓政府而言對臺灣較為同情，對中國人權問題更加重視，也比較不能容忍中國對臺灣的強硬態度。季北慈認為軍售臺灣和與中國持續交往表面上看來是有衝突的，但是實際上卻是沒有衝突，因為過去三十年來，美國與臺灣之間雖然沒有正式邦交，但仍發展出相當緊密的關係，使臺灣的軍事力量得以鞏固，但也不影響美國與中國之間關係的進展，提供臺灣援助並不代表就是對中國表示敵意，雖然這不是理想的交往方式，但是，以目前美中臺三邊發展的情勢看來，這種方式是行得通，而且頗有成效。

---

[29] 可以從白邦瑞對華府中國問題專家的分類中，並未將季北慈歸類為紅隊或藍隊看出端倪。

　　季北慈認為「二軌外交」是智庫目前所能發揮最重要也是最
有幫助的角色，它可以提供另一種溝通管道，排除政府官僚的種
種限制，值得信賴也具有交換訊息的優點，「二軌外交」改善了溝
通的不良，創造新的思考模式而且提供保證，尤其在近幾年內中
國與美國的關係不甚穩定的情況下，「二軌外交」變得更重要，尤
其是大多數參與二軌外交會談的智庫均不需要政府的資金贊助，
也就不受限於政府的顧慮和政策，可以使會談內容更多元，方法
更彈性。有些會談的機制有政府代表參加，這種會談只能稱「一
個半軌會談」，會談結果必然也會受到重視，美國政府幕僚一般而
言都非常重視二軌會談的議題和結果，甚至有時會因此邀請參與
會談的智庫學者到有關政府部門做簡報，可以藉此收集新的情報
和資料，而事實上證明，美國政府認為此舉對兩岸問題政策的制
定是很有效的。以布魯金斯政究院的立場而言，雖然很多人視布
魯金斯研究院為自由派智庫，但是，布魯金斯研究院學者所發表
的言論只管對或錯，不論自由或保守。同樣的，一個好的政策也
應該辨別對與錯的政策辯論，而非只看重政黨的意識型態，更應
該看重政策建議的價值。布魯金斯研究院堅持以教育為目標的學
術性機構，以研究教育為主要目的，其中的研究人員也沒有因意
識型態而限制其研究方向，前外交研究所主任哈斯受邀到小布希
政府任職，即可證明布魯金斯研究院中立和獨立性的目標已經有
所成效。

三、藍普頓（David M. Lampton）

　　藍普頓現任美國華府尼克森中心（The Nixon Center）中國
研究部主任，同時也是約翰霍普金斯大學高級國際研究所的教
授，在此之前，藍普頓曾擔任位於紐約的美中關係全國委員會的

主　席（ National Committee on United States China
Relations），該委員是全美最早致力於美國和中國、臺灣和香港之
間相互瞭解的非營利且具教育性質的組織。在一九八八年前，藍
普頓擔任華府美國企業研究所中國政策研究部主任及俄亥俄州立
大學政治系副教授，他所撰寫關於中國國內或國防事務的書籍和
文章數目相當可觀，而且文章常被刊登於《外交事務》、《外交政
策》、《紐約時報》、《基督科學箴言報》等美國重要報章雜誌。著
作書籍則包括最近出版的《同床異夢：處理美中關係，自一九八
九至二〇〇〇年》（Same Bed, Different Dreams : Managing
U.S.-China Relations, 1989-2000）和編輯《中國改革時代的外
交和安全政策的制度，1989-2000 年》（The Madding of Chinese
Foreign and Security Policy in the Age of Reformers,
1978-2000）。他更時常受美國有線新聞網（CNN）和美國主要全
國性新聞節目，包括美國廣播主播詹寧斯（Peter Jennings）的
專訪，他自史丹佛大學取得博士學位，並曾經在大陸、香港和臺
灣等地住過一段時間[30]，對中國、香港和臺灣地區頗有研究和精闢
的見解。藍普頓被媒體視為「紅隊」，其兩岸政策之主張和立場為：

　　在政治上：藍普頓認為一些在美國行政部門的官員相信北京
政權的垮臺是美國的目標，卻很少人認為這樣的想法是很恐怖
的，因為北京政府的垮臺所產生的後果可能會因而製造難民潮，
脆弱的中國對美國和美國的盟國所構成的威脅，遠超過強大的中
國可能帶來的危害。[31]藍普頓也以杜魯門總統為例，說明美國決策

---

[30] http://www.nixoncenter.org/davidm.htm

[31] David M. Lampton, "Questions Facing Bush," 《South China

常將中國政策當作是其他政策目標的代罪羔羊，杜魯門當初為了
尋求國會對他的歐洲政策和增加對北大西洋公約組織的軍隊預算
的支持，放棄他當初對中國政策原有的堅持。[32]如今小布希政府似
乎視飛彈防衛佈署和擴充國防預算為首要政策目標，小布希的中
國政策有可能遭遇和杜魯門總統一樣的後果。

在經濟上：藍普頓對美國的中國政策所採取的軍事防範、經
濟合作的可行性感到懷疑，小布希政府表示將加強與中國經濟合
作的貿易發展，從他重新給予中國永久正常貿易夥伴關係和協助
中共加入世界貿易組織的動作可以看出他的決心。但是，現在美
國國防部一些人士再度主張將核子武器重新對準中國和在太平洋
佈署美國海軍，而且必須對中共武力犯臺的嚇止態度轉趨強硬。
這種軍事經濟並進的政策可能產生一些問題：1.如果中國真如國防
部一些官員所說是美國的威脅，那如何基於美國利益的架構與中
國展開經濟合作？2.如果美國一直強調中國威脅，這樣的「好戰性
格」對中美經濟關係必然有所傷害，可能甚至造成將主要的市場
拱手讓給其他的美國競爭對手，而且可能刺激中國軍隊的加速成
長。為使美國外交政策奏效，美國至少需要一些世界其他強權，
例如歐盟、日本和俄羅斯的支持，如果這些國家反對美國的中國
政策，美國將陷入孤軍奮鬥的處境中。[33]

藍普頓對國會參與外交決策感到憂心，他認為由赫姆斯參議
員和戴雷眾議員分別在參議院和眾議院所主導的臺灣安全加強法

Morning Post》, June 15, 2001.

[32] Lampton, "Questions Facing Bush."

[33] David Lampton, "The Taiwan Security Reduction Act,"
《Washington Post》, October 31, 1999, p.B07.

案是美國外交政策制定上最危險的一環，他更諷刺的說這個法案應該被稱為「臺灣安全降低法案」(Taiwan Security Reduction Act) [34]，藍普頓預言這個法案如果通過並實際執行，將會升高美國和中國之間的武力衝突，而且將會製造另一次臺海危機，臺灣人民也會面臨經濟的衰退和政治的不安，華府也不需要再思考中美兩國在一些主要議題上的合作，東亞國家也必須開始準備武器競賽。

　　藍普頓認為臺灣利用各種合法管道運用大批金錢買通華府政客、智庫和法律公關公司等推動臺灣安全加強法案，使其在眾議院順利通過，這些作為使中共利用金錢攻勢所從事一些不合法的政治獻金活動看起來愚笨不堪。如果避開金錢問題不談，美國立法部門倒是點出了真正的問題點，那就是過去二十年來，華府與北京就中國與臺灣的問題經過多次複雜的談判，再加上一九七九年制定的臺灣關係法，創造出華府對付臺海衝突問題的模糊政策。一般而言，策略模糊並不是好的政策，因為不確定性會產生危險的誤判，但是就臺海問題而言，如果華府清楚地表示美國將無條件支持和保護臺海和平以及全力維護臺灣安全，無疑地是鼓勵臺北任意行事，而製造與北京的更多衝突。相反地，如果美國對防止北京的武力犯臺表現得膽怯，可能會使中共誤認為美國不會出兵協防臺灣而使臺灣陷入危險之中，因此，藍普頓相信針對臺海問題，部分的模糊是最謹慎的中庸做法。

　　在軍事上：美國立法部門的動作是充滿雙重煽動性，它不但燃起中國人民的民族主義情緒和加強提昇中共在武器上預算的數

---

[34] Lampton, "The Taiwan Security Reduction Act."

量，另一方面造成臺灣認定他們可以依照自己的意願操控美國政治體系。藍普頓認為基於三種理由，美國總統對臺灣安全加強法案，應該予以否決：

（一）沒有必要：總統已經合法授權對臺灣出售她所需的武器。

（二）現有的美中臺三邊架構運作二十年來，使臺灣的政治、經濟都有所成就，如果這一個運作良好的架構「沒有破，何必補」（aren't broke, don't fix it）。[35]

（三）立法部門要求行政部門和臺灣軍隊建立直接軍事溝通訓練和其他關係，回復到一九五五年美國與臺灣簽訂的「國防互助協議」（Mutual Defense Treaty）。此舉無疑地違反一九七九年美國與中國建立正式外交關係的主要意義。[36]

在經濟上：藍普頓認為雖然中美雙方近幾年歷經幾次的考驗，如臺海危機和美軍誤炸中共駐南斯拉夫使館等重大事件，但是中共高層仍維持基本的改革和開放政策，而其中美國維持與中國的實質關係是中國成功的關鍵，他們相信和平和建設仍是主導全球趨勢。他也建議美國國會再次通過給予中共永久正常貿易關係，當做是表示接受中國加入世貿組織[37]的善意。美國政府也應該用具有可信度的方式公開重申它的中國政策，尤其是中共加入世

---

[35] David Lampton, "China's US Policy: Embassy Bombing in Just Momentary Hitch for Beijing Policy or Reform and Openness," 《The Christian Science Monitor》, July 14, 1999, p.9.

[36] Lampton, "China's US Policy: Embassy Bombing in Just Momentary Hitch for Beijing Policy or Reform and Openness."

[37] David Lampton, "Beware of New Cold War," 《New York Daily News》, May 25, 1999, p.17.

貿組織一事不該再有任何的變數，中美雙方將會呈現一種雙贏的
局面。

　　藍普頓對「寇克斯報告」所提出的中國與美國即將步入新冷
戰（New Cold War）的看法是，中國與美國雙方必須同時停止
誤解，否則雙方若走向衝突競爭，對中美兩國而言都將付出極大
的代價，以美軍誤炸中國駐南斯拉夫大使館為例，中國境內昇起
一股反美情緒，造成中國人表示該是中國人站起來（grow up）
的時刻[38]，這種情緒對中美關係的改善也有相當負面的影響，也可
能促使加速中國軍隊現代化，造成臺海甚至亞洲的不穩定，中國
會因此而不再是美國最快速成長的出口市場，而中國人也將流失
他們每年在美國市場上所賺取約六十億美金的收入。中美雙方都
該審慎評估對兩國可能造成的傷害，而設法改進此一僵局，使中
國順利加入世貿組織就是可以化解誤解的契機，同時中國入會也
可達成中美兩國的基本利益，如果兩國政府未朝此一方向努力，
那種真正的新冷戰時代就要開始。

　　藍普頓認為將來中國與美國的關係不僅是貿易和人權，也是
攸關戰爭與和平，普遍認為美國可能介入衝突的四個地區為：臺
灣海峽、朝鮮半島、中東和巴爾幹半島。其中中國直接涉入臺海
和朝鮮半島之中，至於中東和巴爾幹部分，中國身為聯合國安理
會員國，具有間接的影響力。[39]一九九六年臺海危機一事，可看出
臺海間的衝突真是一觸即發，北京的動作部分原因是認為美國不

---

[38] Lampton, "Beware of New Cold War."

[39] David Lampton, "Should Clinton be in China? Yes, It's in America's Interest,"《Daily News》, New York, June 25, 1998, p.17.

會對臺灣的安危做回應，如果中美雙方有常態的高峰會，可能可
以避免中國以飛彈對臺灣的攻擊。經濟也是中國對美國利益重要
的因素，姑且不論美國出口中國所創造出來的二十四萬個就業機
會，對美國人民財產最大的威脅，還是捲入亞洲的金融貿易和政
治危機。亞洲目前所面臨的危機，包括印尼經濟和政治的動盪不
安、印度和巴基斯坦的核武競賽、韓國和日本所面臨的經濟問題
等，使得亞洲國家不願看到因為中國和美國的衝突，製造更多更
複雜的亞洲問題，而造成區域內的緊張和不安。

　　藍普頓的言論和主張被媒體視為是「親共」色彩濃厚，雖然
他目前所任職智庫「尼克森中心」較偏向保守派智庫，但是藍普
頓本人卻是較偏向自由派思想的，他在美中關係全國委員會服務
的背景對他的中國政治主張有相當大的影響，該協會與「美中貿
易協會」（US-China Business Council）關係密切，協會背後三
百多個贊助的美國大企業足以影響他們對中國政策的思考和主
張。

四、拉迪（Nicholas R. Lardy）

　　拉迪現任美國布魯金斯研究院外交政策研究部資深研究員，
主要專長為亞洲、中國經濟、轉型中的經濟和香港的研究，目前
正進行一項整合中國加入全球經濟的專案計畫，其主要經歷大多
為教職，教授經濟學、國際貿易和金融等，任職的學校包括耶魯
大學和華盛頓大學（University of Washington），拉迪畢業於威
斯康辛大學，並自密西根大學取得博士學位，通曉法語和中文。
他在華府智庫中以經濟專長聞名，在對亞洲尤其是對中國經濟剖
析的出版品甚多，包括：《中國未完成的經濟改革》（Chinese's
Unfinished Economic Revolution）、《中國與全球經濟》（China

in the World Economy）、《中國的對外貿易和經濟改革，自一九
七八至一九九〇》（Foreign Trade and Economic Reform in
China, 1978-1990）等書籍。刊登在報章雜誌的專刊更多，《時報
雜誌》、《亞洲華爾街日報》、《外交政策》和《金融時報》等都可
以時常看到拉迪對中國經濟問題的評論。[40]拉迪對兩岸政策的立場
為：

　　在經濟上：拉迪認為美國和中國之間的關係已經變成美國外
交政策最主要的議題，因此需要愈來愈多的建議和看法提供給政
府和各界人士參考。他建議美國總統應該解除任何對中共的經濟
制裁，加速中國進入世界貿易組織，而且加強美國維持在亞太地
區地位的計畫。美國政府不應該想像中國會成為如美國所願的自
我節制，不管是對它的邊境國家或它自己的人民，美國甚至有可
能發現它必須要圍堵一個擴張的、有敵意的中國，如果事情真的
發展到如此，那麼美國是應該修正它的中國政策，但是圍堵中國
必定要付出極高的代價和危險性。[41]

　　拉迪相信美國和中國不會也不需要變成敵人，中美兩國領導
人或中高階層官員的定期會晤，可以解開兩國的許多歧見和敵
意，當然會晤的談話內容必須是彼此坦誠的[42]，例如相對於歐洲和
日本早就取消許多限制，柯林頓解除美國因天安門事件對中國的

---

[40] Nicholas R. Lardy, http://www.brookings.org/scholars/nlardy.htm.

[41] Richard N. Haass and Nicholas Lardy, "The United States and
China: A New Framswork," 《Brookings Policy Brief #25》,
October 1997.

[42] Richard N. Haass and Nicholas R. Lardy, "New Rules of China
Engagement," 《Newsday》, October 26, 1997.

經濟制裁就是很好的開始，另外美國政府也該阻止美國私人企業提供核子武器生產配備給中國，美國對中國的制裁受害的是不利於企業在大陸的競爭力。[43]

在政治上：中國人權問題一直是中美關係發展的關鍵因素之一，美國甚至國際媒體都很關注中國的人權改善，美國總統當然也要予以表示關心。但是，如果將人權問題當作是中美關係的中心議題是很嚴重的錯誤，拉迪認為美國政府應該明白的表示美國對此議題的關心，就如同應該明白表示美國無法接受中國對臺灣用武，也不可能接受臺灣宣佈獨立，破壞和平的立場一樣。[44]

在軍事上：拉迪認為中美兩國軍事交流有助於建立互信的基礎，而且必須是透過雙方都認為有用的談話機制，才可發揮交流的功效。

在對臺軍售上，美國應該維持它裝備臺灣防衛中國攻擊的立場，一直到中共放棄以武力解決臺灣問題為止，但是美方也必須在對臺軍售的武器內容上保持低層、地面的防禦武器，現階段不應提昇對臺軍售的武器層級，美國依照臺灣關係法保護臺灣的安全是正確的，但是美國必須讓中共明白美國支持臺灣的民主，並不代表美國支持臺獨。在東亞問題上，美國也應該表示它對東亞地區的承諾是具持續性的，美國和東亞等國如日本、南韓甚至澳洲等都應該表示對區域穩定的關心，而華府——北京——漢城——平壤四方對話有助於區域和平，美國應努力持續進行此一對話機

---

[43] Haass and Lardy, "New Rules of China Engagement."

[44] Nicholas R. Lardy, "Permanent Normal Trade Relations for China," 《Brookings Policy Brief #58》, May 2000.

制，無論是官方或非官方的方式。[45]

拉迪根據他的經濟專長，分析中國的經濟實際上充滿著不確定性，所以給予中國永久正常貿易關係更顯得格外迫切，而且完全符合美國利益，如果美國不給予中國永久正常貿易關係而影響中國進入世界貿易組織會員國，正好符合中國保守派分子的所求，限制私人企業的角色，限制市場的定位，限制網際網路的發展和嚴格控制資訊的流通。[46]拉迪建議美國新一代領導人在政治、經濟和安全上都應該比以往的美國領導人更加強整合中國進入國際體系，鼓勵美國與中國更緊密的合作關係，而且要在國內重新建立一個範圍更寬廣的共識來支持與北京的穩定關係。[47]

儘管中國可望順利加入世貿組織，但是中國也瞭解入會後將會永遠改變她和全球經濟的互動關係，而中國已然同意降低關稅，逐步淘汰非關稅障礙，例如進口執照和進口配額等，更重要的是她也同意開放一些敏感性的行業，例如電子傳播（包括網際網路）、金融服務和外國投資等，另外也接受以國際標準來保護智慧財產權，提供電影、音樂和電腦軟體等更大的市場需求。儘管

---

[45] Nicholas R. Lardy, "Hearing on Changing Congressional Views of the U.S.-China Relationship," Statement before the Senate Subcommittee on East Asian and Pacific Affairs, Foreign Relations Committee, June 8, 1998.

[46] Lardy, "Hearing on Changing Congressional Views of the U.S.-China Relationship."

[47] Bates Gill and Nicholas Lardy, "China: Searching for a Post-Cold WarFormula," 《Brookings Review》, Fall 2000, Vol.18, No.4, p.15-18.

如此，對中國而言，加入世貿組織後一定會面臨種種困難，例如對中國縣市或部會領導階層和國營企業管理團隊在對進入世貿組織基本的原則和瞭解中國義務責任細節的教育仍然相當缺乏。更糟的是，許多官僚人員仍想要透過新的非關稅障礙來保護自己的地盤，增加和外國的競爭力，地方官員更精通於如何對抗非本土生產的商品流入市場。[48]美國政府的工作就是提供更多的資源來督促或監督中國執行它所做的承諾，例如美國駐中國大使館可以就近追蹤中國的貿易表現，同時也要協助中國在加入世貿前後改變所產生的影響和可能後果，例如加強訓練中國的法官和律師及重新建立中國的商業法，也同時加強中國的法制系統來迎接市場經濟的到來。世界貿易組織的專職人員太少，預算也太低，中國入會會帶來很多的工作需求，美國應該提供資金給世貿組織，使其有足夠人才及經費有效率地應付將面臨的龐大工作量。

拉迪建議美國在面對中國時，必須要很有技巧地解釋三個重要議題：全國飛彈防禦系統、臺灣問題和美國未來在東亞的角色。[49]中國已經表示強烈反對美國佈署全國飛彈防禦系統的計畫，因此，美國應該尋求中國的建議和看法，緩和兩國敵對的氣氛，因為對中國而言，飛彈防禦系統的佈署是政治問題，而不是軍事安全問題，中國科學家更揚言中國可以製造出反制的設備，中國對美國的敵意已經存在，美國必須要妥善回應。而臺灣在歷經兩次總統大選的民主過程後，美國應該儘快重新評估美國、中國和臺灣三邊關係的政策，美國的基本利益仍然是維持不變，即避免臺

48　Nicholas R. Lardy, "U.S.-China Economics Issues: Implication For U.S. Policy," House East Asia Subcommittee, April 25, 2001.

49　Lardy, "U.S.-China Economics Issues: Implication For U.S. Policy."

海發生戰爭，華府也必須不厭其煩的重申反對臺灣獨立和不容許
中共對臺動武[50]，除此之外，華府應該利用陳水扁當選總統之後，
鼓勵兩岸以全新的思考方式來處理兩岸問題，而使兩岸可以恢復
對談，方式包括經濟互動、文化交流和建立信心等。[51]

　　拉迪已經樹立他在中國經濟問題上的專業地位，美國國會在
處理給予中國永久正常貿易關係的問題時，多次邀請拉迪到國會
聽證，聽取拉迪的意見和看法，他對中國經濟問題的研究報告也
受到美國政府行政和立法部門的重視[52]，主要的原因除了拉迪的專
業知識素養之外，拉迪的研究報告兼具深度與廣度、立論公允和
對問題提出具體實質的解決建議方案，可以提供立法和行政部門
思考方案的可行性。但是，以傳統共和黨政府和保守派人士與布
魯金斯研究院的傳統意識型態，拉迪的中國經濟長才是否仍在小
布希政府中受到重用，則有待觀察。

五、江文漢（Gerrit W. Gong）

　　江文漢於二〇〇一年七月前任職於美國戰略暨國際研究中心
中國研究部主任，具東方血統，小布希政府上臺後即有江文漢職

---

[50] Nicholas R. Lardy, "Hearings on Accession of China and Taiwan
to the World Trade Organization," Statement before the House
Ways and Means Committee, September 19, 1996.

[51] Nicholas R. Lardy, "China's WTO Membership," 《Brookings
Policy Brief #47》, April 1999.

[52] Interview with Wayne Morison. 國會研究中心負責中國經濟研究的
資深研究員，在國會研究中心已經服務了十八年。他推崇拉迪是目前美
國的中國經濟問題專家最具權威也最有聲望的學者，他相信拉迪的研究
報告受到很多國會議員和行政部門官員的重視。

務異動之傳聞，在二○○一年七月已正式離職，返回母校猶他州楊百瀚大學擔任校長特別助理一職。[53]他在中國事務上的經驗包括：前國務次卿（現任布魯金斯研究院院長）阿瑪寇斯（Michael H. Armacost）特別助理、美國駐中國大使李潔明和羅德兩任大使特別助理、戰略暨國際研究中心亞洲研究計畫主任等職。他畢業於猶他州楊百瀚大學，並取得英國牛津大學國際關係博士學位。他任職於戰略暨國際研究中心期間，曾擔任國會訪問亞洲團執行官等職務，能操中文。江文漢發表許多有關兩岸問題或中美關係的文章均被刊登在美國主要報章雜誌或戰略暨國際研究中心的出版品中[54]，在美國中國問題專家之中資歷較淺，所發表的研究報告也不具創見或獨到之處。江文漢對於媒體將他視為「紅隊」一員，頗為在意，並且透過各種管道希望加以澄清。江文漢對兩岸政策立場為：

在政治上，他認為要開展兩岸直接接觸的可能方式包括擴大北京政府和臺灣領導人的意願，但是大部分在北京政府的高層均認為李登輝是不值得信賴的，因此不願和他接觸[55]，因此對於臺灣新的領導人而言，重新恢復兩岸對話的任務就顯得更加沈重。在李登輝發表「特殊國與國關係」的言論後，兩岸關係再度陷入低潮並呈現另一波緊張狀態，江文漢建議臺北應該儘可能的表示善

---

[53] 根據江文漢致筆者信，二○○一年六月二十九日。

[54] 根據筆者訪問江文漢時，江文漢致筆者個人簡歷。

[55] Gerrit Gong, "Washington Caught in the Middle...Again," Pacific Forum CSIS, Comparative Connections, An E-Journal on East Asian Bilateral Relations, 3rd Quarter 1999: China-Taiwan Relations.

意，使汪道涵在不久的將來可以順利訪問臺灣，而華府、北京及臺北三方面也應試著尋求在臺灣海峽的共同利益，包括和平、繁榮和穩定。

在經濟上，江文漢相信兩岸加入世界貿易組織有助於維持兩岸的和平繁榮和中國的進步。華府對臺海情勢的發展有三個主要目標。1.華府尋求減少任何可能觸及兩岸衝突對峙或誤判雙方情勢導致局勢失控的可能性，如果兩岸真的兵戎相見，將會一發不可收拾，所幸目前因美國的「交往」（engagement）策略似乎不但有效地維持臺海安全的狀態，也控制住緊張的發生[56]；2.華府尋求創造對三方均有利的機會，包括具彈性及建設性的暫定協議，此協議必須是建立一個對華府——臺北——北京三邊關係有原則但務實的架構。追求臺海和平的共同利益和減少三方面對彼此之間的誤會或猜疑。柯林頓和江澤民在電話中或亞太經合會見面時即重申肯定中美兩國已建立起的關係，他們一致認為已經將中美關係帶入一個更正確的方向，而且是依據更實際或說更穩定的基礎建立起彼此關係的架構，這種方法明白地顯示出美國並不躲避或表示支持任何對臺海兩岸現狀直接或間接的挑戰；3.華府唯有尊重臺灣海峽情勢才可以充分地與兩岸交往並且可以實際地保護和加強美國在臺海兩岸的利益，包括兩岸的穩定和繁榮。

暫且不論美國在防止軍事誤判上的努力，華府持續地討論中程協議（interim agreement）是否對美國的兩岸政策有正面的幫助，可不可能造成所謂的道德危險[57]，美國對兩岸問題的承諾是

---

[56] Gong, "Washington Caught in the Middle...Again."

[57] Gong "Cross-Strait moral hazard defines the potential tendency

在於兩岸處理問題的過程，而非特定的兩岸未來的結果，美國強調的過程是以和平方式而非以武力方式決定兩岸的未來，不論其最終的結果是維持現狀、統一、邦聯、聯邦，只要是兩岸相互可接受的形式，美國都不宜預設立場。既然如此，江文漢認為第二軌道外交、信心建立測試、中程協議等可以減少影響兩岸情勢變數的思考，都是值得開發的，各種解決兩岸問題的選擇所得到的結果，都可以供美國、臺灣和中國參考。例如有些建議應該設法限制臺灣宣佈獨立的因素發生，和降低中共以武力犯臺的可能性。如果要有效地執行，這些建議都需要得到國際上的認同和兩岸軍隊合作彼此監督。

在軍事上：江文漢分析江澤民在收回澳門主權的儀式談話上表示，北京已經準備好「解決臺灣問題並且完成中國的完全統一」（solve the Taiwan issue and achieve China's complete reunification），又進一步表示「我們（北京）有決心而且有能力儘速地解決臺灣問題（We have both the determination and the ability to resolve the Taiwan question at an early date.）」。江文漢認為在中國陸續收回香港和澳門之後，臺灣已經成為中國下一個注意焦點[58]，更糟的是當美國駐中國大使普魯赫

---

for those on either or both sides to take more forward-leaning positions on the assumption that the United States can and would re-establish stability if Beijing or Taipei miscalculate in their relations with the other."

[58] Gong and Cossa "Across the Strait, Across the Years," Pacific Forum CSIS, Comparative Connection, 《An E-Journal on East Asian Bilateral Relations》, 4th Quarter 1999: China-Taiwan Relations.

（Joseph Prueher）第一次禮貌性拜會江澤民時，江澤民又藉由媒體致話表示「中國將『解放』臺灣」（China would "liberate" Taiwan）。雖然翻譯人員引用「reunify」來翻譯「解放」一詞，但北京似乎是在發出對臺灣日趨與中國分裂的傾向感到不耐煩的訊號。[59]臺灣當局對江澤民談話的反應是認為江澤民「一國兩制」的想法對臺灣是一種諷刺和煽動，也特別解釋臺灣和香港與澳門二個殖民地性質不同，前大陸工作委員會主委蘇起指出「中華民國政府不反對最終與大陸統一，但是必須是在自由、民主和均富中國狀態下統一。」[60]（the ROC government is not opposed to eventual unification with the Mainland. However, that unification can only be realized under a free, democratic, and equitably prosperous China.）。

臺灣前副總統連戰在回應中國對臺灣海峽所造成的威脅時表示臺灣應該考慮發展中程防禦飛彈以應付中國大陸飛彈威脅的挑戰。他在擔任副總統任內的反應在當時被解讀為「官方看法」（official viewpoint）而不是非官方的政策（unofficial policy）。[61]美國在臺協會理事主席卜睿哲特別就此事赴臺北與連戰見面，連戰向卜睿哲保證他不是在鼓勵軍事競賽，而是一種策略性的思考（strategic thinking），因為長期以來臺灣人民太強調被動性防禦。卜睿哲當然將他所得到的訊息向柯林頓報告，並建議絕對不

---

[59] Gong and Cossa "Across the Strait, Across the Years."

[60] Gerrit Gong and Ralph Cossa.
http://www.csis.org/pacfor/cc/994Qchina_taiwan.html

[61] Gerrit and Cossa.
http://www.csis.org/pacfor/cc/994Qchina_taiwan.html

可讓臺灣安全加強法通過，因為該法一旦通過將造成中美關係不必要的複雜化，而且對臺灣長程利益會變成反效果。

　　江文漢對柯林頓政府的兩岸政策看法是，柯林頓希望維持兩岸政策的策略上清楚，技術上模糊[62]，雖然這種策略在美國內部引起保守和自由兩派人士的強烈爭執，但是北京政府已經很明顯地希望美國排除任何模糊的策略，盡快地確定統一臺灣的時間表，然而北京任何一位領導人也認知到如果是北京單方面的宣佈統一時程，勢必會掀起臺海兩岸的軍事衝突。而臺北方面卻是希望保持某種程度的模糊，臺北認為這樣模糊有利於臺灣真正的兩岸利益和目標，有局部地限制來自華府和北京的壓力和影響，也希望藉此維持臺灣內部的政治平衡。

　　江文漢建議美國加強對臺海兩岸局勢的政策為「四不」，即柯林頓的三不政策再加上不使用武力，涵蓋了美國對臺海關係的利益的「六是」（six yeses）政策：1.維持臺海雙方信心平衡的狀態；2.促使臺北和北京對保持雙方的合作和競爭負責；3.鼓勵臺北和北京彼此直接交往；4.促使其他亞太地區國家公開表明他們希望和平解決問題的立場；5.防止美國內部變成解決北京和臺北議題的變數；6.事先準備美國在中美三大公報和臺灣關係法原則之下戰術和戰略的改變。[63]

　　江文漢相信美國的利益就是在臺海兩岸都建立起它們的信

---

[62] Gong "U.S. Anchor Interests across the Taiwan Strait," Testimony of Dr. Gerrit Gong, before the Subcommittee on East Asian and Pacific Affairs Senate Committee on Foreign Relations, July 2, 1999.

[63] Gong "U.S. Anchor Interests across the Taiwan Strait."

心，兩岸因此可以決定和平或以和平方式互動的範圍。北京和臺北雙方都需要值得信賴的軍事防禦能力，以期在沒有壓力的情形下展開雙方對話。美國應該讓雙方都感到公平，任何一方都不應該被強制談判或接受任何的協議，包括統一時間表或中程協議。美國也應該拒絕任何以武力破壞現狀的挑戰或是阻止臺灣的獨立，而應該留給北京和臺北自己創造出一套可以和平統一的思考模式。美國的利益是在減低北京低估華府解決臺灣問題或假設華府會放棄臺灣的猜測，同時也必須使臺北不要高估美國對臺灣無條件的支持或假設華府會出賣臺灣。柯林頓總統在一九九六年派遣航空母艦赴臺海或隨後宣佈的三不政策，就是在表示美國不容許臺海任何一方的挑釁或是具侵略性的行為。雖然臺海兩岸仍然持續競爭，但是美國的利益應該是建立安全的範疇，而非僅止於限制緊張的發生。

　　江文漢認為鼓勵北京和臺北建立起一個具建設性的直接對談的機制，一直是美國的利益之一，但這不代表美國就兩岸對談議題向兩岸直接或間接的施壓，美國不需要加諸兩岸對談結果任何的期許或責任，唯有賦予兩岸一個持續性、一致性、確定性和具權威的對話機制才可能建立兩岸的互信和將信心建立在一個穩固的基礎上。擴大兩岸對談有助於增加北京和臺北的相互瞭解，例如，利用已建立的管道使雙方軍方對軍方展開對談，是促進一個基本而且長遠的信心建立的方法。

　　所有東北亞或東南亞國家都有義務和責任表示對維持區域和平的期待，這並不意味著要求這些國家在兩岸之間做選擇，而是如果任何以非和平方式解決區域間存在的爭執，將會帶來不可預估的危險，尤其是一些區域性組織應該以集體利益的立場來看待

273

或表達對和平解決紛爭的主張，如果有必要，甚至應該討論觸及
對主權問題的關心。

以寇克斯委員會為例，該委員會是一個結合美國兩黨對美國
基本上的安全、政治、經濟和人權利益看法和反應的組織，美國
民主精神的可貴即在於不同政策主張可經由正面的討論而得到共
識，但是讓華府內部變成解決非美國內部議題紛爭的機制，可不
是美國的利益。

美國有必要重新討論美國對中美三公報和「臺灣關係法」的
意義，這樣美國在為演變快速的策略做調整時才不至於使任何一
方感到無所適從，這樣做不但可以使華府瞭解防衛臺海安全的承
諾，對中國和臺灣的瞭解也有所幫助。美國需要格外謹慎的處理
兩岸敏感的問題，否則這個重申美國利益的做法又將會被解讀為
策略太過清楚。在臺海兩岸間強行找出一個解決方案並非美國的
利益，也超過美國的能力，但是基於維持美國在臺灣海峽的力量
和堅持民主的原則，美國要保持兩岸間的平衡或一個具模糊性的
策略。模糊並不是一個最好的選擇，美國要的是一個清楚的策略，
一次而且永久的解決問題，但是中國人的問題還是應該留給中國
人自己解決。江文漢認為結合美國利益和價值的臺海兩岸政策架
構，不但是最好又最符合美國利益的政策，而且可以促成中國和
臺灣達成對維持臺海和平、安全和穩定的共同利益。[64]

江文漢的政策主張和立場看似清楚，仔細研究分析後則相當
模糊，他很有技巧地避開可能觸及中國或臺灣任何一方不悅的問
題，而以含糊籠統的政治性言論蓋過個人的立場，分析江文漢的

---

[64] Gong "U.S. Anchor Interests across the Taiwan Strait."

文章可以隱約看出江文漢贊成美國和中國的交往，但又怕傷及他
和臺灣的關係而從未正面回應這一個問題。臺灣軍方和某學術機
構對戰略暨國際研究中心亞洲研究部的捐款是該部門生存的重要
因素之一，與江文漢有所接觸的人都應該感受到江文漢熟練的外
交肢體動作有效地拉近彼此之間的距離，可以讓人感受到他的誠
意而建立起良好的印象，達成募款的主要目的[65]，但是從江文漢所
發表的研究報告的質與量，和他為臺灣問題所舉辦的研討會等有
關活動的實質功效看來，臺灣在選擇與美國智庫交往時，除了考
慮智庫本身的公信力和組織運作能力之外，也應該仔細分析美國
智庫兩岸問題專家的政治主張和立場，才可以使投資達到實際的
功效。

---

[65] 戰略暨國際研究中心的組織行政管理與其他智庫不同，中心各部門主管
必須有能力募款，維持該部門的行政開銷，而部門主管也具有實質的人
事權和財物權，和中心之間的關係類似靠行制。

第七章　智庫與李登輝總統訪美個案研究

第一節　遊說與美國決策

　　遊說本就是美國民主社會表達意見並影響決策的正當管道之一，我國在與美國斷交，失去與美國溝通的正式外交管道後，運用遊說做為結交美國行政官員和民選議員，支援美國智庫和學界學術研究，並運用專業遊說人士為我國在美建言，在悄無聲息中影響美國決策人士，進而做成對我有利之決策。我國對美遊說雖獲致諸如美對我軍售、九六年臺海危機美航艦赴臺海兵力展示及李登輝總統訪美等重大成果，然而因為實務作為尚未盡完善，而造成國家形象之損傷及遊說成效互相抵消等後果。所謂「前事不忘，後事之師」，在對美遊說作為上，我國有必要記取教訓，先從建立國人對遊說的正確觀念上著手，進而統整對美遊說作為之資源與事權，並施以適當之監督。在實際作法上則應注意國家形象之塑造，確立遊說的目標及重點，並須遵循合法之管道。如此，方能免遊說之弊，收遊說之利。[1]

　　遊說一詞源於 lobby 一字，原意為「大廳」。早期對重要人士的遊說工作通常係於旅館、飯店、劇院等公共場所的大廳中進行，久而久之，lobby 意義遂由名詞衍生為動詞。就字面意義而言，遊說以言詞說服為主，自然不涉及任何精神或肉體上的脅迫。廣

---

[1]　劉廣華，〈我國對美遊說之研究〉，《國防雜誌》，第十六卷第二期，民國八十九年八月十六日，頁五八。

義上，遊說指的是以言詞說服他人，以影響其決定的作為。狹義言之，遊說可視為個人或利益團體以其所擁有可用之非脅迫手段，影響政府或企業等大型組織之決策人士，作出對我有利之決定。由於一般市民或利益團體較少針對攸關其利益之政策或議題作全職性的遊說，專業遊說人士（professional lobbyist）遂應運而生。[2]

　　遊說基本上是一種溝通行為，且通常是由不涉及直接利益的第三者代表個人或團體進行。故遊說可概念化（conceptionalization）成為由他人代表，針對政府決策者進行，影響其決策，作出對我有利決定之行為。遊說人士（lobbyist）則可概念化為代表個人、利益團體、外國政府或企業，意圖在某些方面影響政府決策之人士。遊說是一項可以做、不可以說的工作。在本質上，遊說工作可間接的影響決策管道。就因為其不公開的特性，遊說人士即便大有斬獲，通常也是不敢張揚，免得引起被遊說對象不滿，斷了後路，而被遊說的決策人士更是三緘其口，以免招致受賄或偏袒的惡名。

　　李登輝總統於一九九五年成功地訪問母校美國康乃爾大學，顯示美國遊說力量對政治決策的影響力是不容忽視的，但是就是因為未顧及國家形象及整合運用，致使雖然達成了李登輝總統一人之職志，卻付出了傷及兩岸關係之慘痛的代價，更造成美國部分政界人士認為我國「財大氣粗」的負面印象。[3]所幸李登輝訪美案並非完全由臺綜院所僱用之公關公司卡西迪包辦，我國外交系統運用其累

---

[2]　前揭文，頁六〇。

[3]　Interview with Stephen Yates, August 9, 2001. 葉望輝認為一個成功的公關公司應該讓雇主站在鎂光燈下，而不是自己成為焦點。

積之資源管道「配合」辦理，例如經由美國智庫舉辦的學術研討會
或是發表言論表示支持[4]，或多或少地使李登輝訪美一事帶點人
權、道德和義氣的成分，不致造成一面倒的負面批評，可說是智庫
專業技巧的貢獻。然而，也可以經由美國智庫參與李登輝訪美的活
動得知，美國智庫已經悄悄地轉型運用其學術專業從事潛移默化的
遊說工作。因此在討論遊說影響美國決策者同意李登輝訪美之前，
有必要先行介紹美國歷史上對遊說法規範之發展。

一、 一九三八年代理國外遊說登記法：凡是代表外國人（個人、
　　 法人、政府）進行遊說者，必須向檢察總長提出聲明，並定
　　 期申報其財務與商業資料，標示其政治宣傳活動，並製作詳
　　 細紀錄，以便於政府部門的視察。

二、 一九四六年的聯邦遊說管理法：本法可以說是對遊說行為的
　　 一般性規範。本法規定凡是以任何方式為組織或基金會募集
　　 或收取捐獻者，必須製作財務帳冊，並保留二年的時間，倘
　　 若上述的行為是以直接或間接影響國會通過或阻撓立法為主

4　中央社電，〈美參議員抨擊柯林頓對臺政策已經過時〉，《自由時報》，民
　 國八十三年七月二十三日，頁四。一篇由美國企業研究院研究員李潔明
　 敦促柯林頓政府與臺灣建立進一步密切關係的文章，被列入美國國會紀
　 錄。據該文指出，臺灣在短短十年期間，民主與人權俱有長足進展。阿
　 拉斯加州共和黨籍參議員穆考斯基，要求將李潔明撰寫的〈如今是誰在
　 磕頭〉一文，列為國會紀錄的建議，獲國會無異議採納。李潔明在文內
　 指出：「政府常談到要如何促進民主與人權，那為何不先從臺灣做起，
　 臺灣在短短十年之內，這兩方面皆有顯著進展。」李潔明說，柯林頓總
　 統曾在白宮橢圓形辦公室接待中共「副總理」鄒家華，我們也應該給予
　 臺灣的民選總統尊嚴和尊重的待遇，認知這一點是很重要的。

要目的，則該行為者必須向國會秘書處申報其財務帳冊。[5]另外，在特定的條件下，在進行遊說前必須先向國會秘書處登記為專職遊說者，並且定期向秘書處提出報告。而所謂的「特定條件」指的是：第一、遊說者必須是受雇於他人，且可因而獲得相當的報酬；第二、其受雇之目的是為了影響國會的立法；第三、影響立法是該遊說者的主要活動等三項條件。凡是違反前述規定者將受到處罰。

三、使用聯邦基金（Federal funds）遊說的限制：聯邦法令中嚴禁聯邦政府官員以該部門配屬的基金，用來從事對國會的直接遊說活動，與聯邦政府有合約關係或受到補助者，不得任意提撥部分合約金或補助金作為遊說的經費。一九八九年通過生效的拜德修正案（Byrd Amendment），更規定接受聯邦補助者、受有聯邦融資、與聯邦政府訂有契約和合作協議者，必須向預算管理局（OMB）申報其遊說活動的花費，且不得使用聯邦的經費進行遊說。此外，民間團體雖然可以用本身的經費從事遊說活動，但是公益團體受有國家免稅的優惠，因此政府仍有必要對其遊說的花費，進行某種程度的規範，同時以是否取消免稅優惠來監督。

四、離職官員遊說的限制：目前美國聯邦法令對於聯邦官員在離職後所從事的遊說行為有許多不同的規定，不過通常可區分為「在離職後一段時間內不得從事遊說活動」與「離職後不得從事與原職務有密切相關的工作」兩項，此種規定的主要

5　美國聯邦稅務局規定，遊說公司係依據 501（c）（4）條文規範，有關條文如附錄一。

原理是在於「冷卻」既有的網絡關係。另外，針對國會議員，規定離職後一年內不得代表任何人向國會部門進行遊說，包括國會助理與國會部門的官員皆受其拘束。

五、 國會議員的倫理規範：國會兩院各自通過有關國會議員應予遵循的行為準則，其中包括接受饋贈、旅遊招待、演講費與出席費等的最高限額，這些規定雖然並未直接規範遊說者的行為，但是透過對主要被遊說者行為的規範，仍然可以對於遊說活動有所限制。一九八九年通過的倫理改革法與一九九二年通過的國外饋贈與勳獎法，對於國會與行政部門人員接受招待、饋贈等行為，訂有更為嚴格的規範，部分取代了國會先前通過的行為準則。

六、 一九七八年的政府倫理法：本法主要是規定一定職等以上的行政人員、國會議員與法官皆應依法定期申報並公布其財產狀況，以避免公私利益衝突所產生的流弊。本法並增設政府倫理局專責相關法規政策的擬定和執行工作。[6]

美國相關的遊說立法和執行，自一九四六年通過聯邦遊說管理法以來，即受到相當大的質疑，由於當時立法目的和方向是希望將所有的遊說行為皆納入規範，而實際上就目前已通過實施的法令來看，其規定往往掛一漏萬，許多被認為是十分普遍的遊說行為卻不必適用遊說法令。其次，眾多的條文立意雖好，卻因為缺乏專責機構，或欠缺足夠稽核人力，使得逃避法令者眾多，法律條文無法真正落實。一九九一年國會針對遊說管理法修正案舉

---

6 劉淑惠，〈遊說活動如何規範：從美國的立法趨勢談起〉，《國家政策雙週刊》，第一一二期，一九九五年五月十六日，頁二七～二八。

行公聽會時，會計總署（GAO）曾提供多項證據和資料來說明上述的情況。基於以上的缺失，國會兩院多年來試圖提出各種修正案，可惜皆未成功。[7]

美國第一○三屆的國會在一九九三至一九九四年期間也曾對此作過努力，在第一會期，參院提出編號三四九的議案並獲通過，其內容在修改聯邦遊說管理法，增設專責機構，即「遊說登記局」，受理遊說者的登記和查核工作，同時增列遊說者必須申報對國會議員及其幕僚二十美元以上的饋贈。同年十月，眾院則提出編號八二三的議案，禁止所有遊說者致贈禮物給國會議員的行為。在第二會期，參院提出編號一九三五議案，主張除極少數例外，遊說者不得致贈禮物給國會議員及其幕僚，此案與參院三四九號合併，在眾院作少部分修改之後獲得通過，隨後送回參院，卻因「冗長演說」的杯葛，最後功敗垂成。[8]美國立法規範政治遊說行為，迄今已有近五十年歷史，其主要法源為國會一九四六年通過的「聯邦遊說管理法」（1946 Federal Regulation of Lobbying Act）。該法多年來雖屢受國會檢討，認為其未對行政部門、國會助理及地方政府之遊說加以規範有所不足，然而在各方力量的牽制下，迄無重大修正。[9]

「美國聯邦遊說管理法」，全文包括第一條該法之名稱，共僅十一條。其他重要條文摘要如後：

[7] 前揭文，頁二八。
[8] 前揭文，頁二八。
[9] 牟華瑋，〈美國遊說情形及遊說管理法簡析〉，《立法院院聞》，第二十三卷第三期，頁三八。

一、界定名詞

1.「捐獻」（contribution）——包括禮物、捐款、貸款、借支、存放金錢或任何有價物品，以及包括以契約、期約或協定所為之捐獻，無論其有無法律執行力。

2.「支出」（expenditure）——包括給付、分贈、借貸、預支、存款、金錢或任何有價物品之禮物，以及包括以契約、期約或協定所為之支出，無論其有無法律執行力。

3.「人」（person）——包括個人、合夥人、委員會、協會、公司以及由「人」所組之任何其他組織或團體。

4.「立法」（legislation）——意指法案、決議案、修正案、任命案以及在任一國會中之任何其他待議事項。[10]

二、捐獻需詳細登錄

任何人以任何方式請或收受一項為後述目的所給與任何組織或基金之捐獻者，有責任詳實登錄下列事項：

1. 任何金額或價值之全部捐獻；
2. 捐獻金額超過五百美元之姓名地址及捐獻日期；
3. 前述組織或基金本身或其代表所作之各項支出額；
4. 各項支出收受者之姓名地址及收受日期。

前述行為人應就每筆超過十美元之各項支出取得詳列細目之收據，並予保存各該收據及帳目至少兩年，自含有各該項支出之

---

[10] 同上註。

報表申報日起算。[11]

三、捐獻應給收據

任何人收取為本法後述目的所作五百美元以上之捐獻者，應於收取後五日內詳細登錄捐贈人之姓名地址及捐贈日期，送交受贈人或組織存查。[12]

四、向眾院書記長申報報表

任何人為本法後述目的所收受之任何捐獻或支出，應在每一季開始之一至十日內，向眾議院書記長申報自上次申報日之翌日起迄今之報表，其內容包括：

1. 捐獻價值達五百美元以上，而未在前次報表載明之捐獻者之姓名地址；

2. 前款所述以外，對或為申報人在年度所作之捐獻總額；

3. 對或為申報人所作之年度捐獻總額；

4. 申報人或代申報人在年度內所作單項或多項累積金額或價值超過十美元支出之支付對象之姓名地址及該支出之數額、日期及支付目的；

5. 前款所述以外，申報人年度內所做支出總額；

6. 申報人或代申報人在年度內所做支出總額。

前述申報之報表內容在相關年度內採累積計算，為與前季報

---

[11] 同上註。

[12] 同上註。

表所載項目一致者，僅需轉載數額。[13]

五、本法適用對象

本法條款適用於任何人（「聯邦貪污行為法」中所界定之政治委員會以及一政黨所正式組成之州或地方委員會除外），自身或經由代理人、受雇人以及其他人等，以任何方式直接或間接要求、募集或收受金錢或其他任何有價物品，而其主要用途在協助或該人之主要目的在協助達成下列目的者：

（一）使美國國會通過或否決任何立法。

（二）直接或間接影響美國國會通過或否決任何立法。[14]

以上幾項重要條文可看出美國對遊說法規定之嚴屬，不過卻也難免有所缺失，由於美國政府部門與私人企業間人員流通頻繁，政府官員或是新進議員長發現他們所面對的說客即其舊日長官或同僚，他們對於組織內之人事務了解更勝一籌，而且熟悉有關之行政運作和議事流程，其中佼佼者夾其豐沛的政商人脈或國外關係，出任大公司的說客，發揮所長。美國智庫與大多數如公關公司之利益團體的最終目的都是在影響決策者之政策制定，智庫雖未有違背「遊說法」之作為，但是從智庫與企業界的關係和政府要員進出智庫的跡象看來，智庫對美國決策者所做的工作已經是「間接的遊說」。

「聯邦遊說管理法」之立法背景係在羅斯福總統（Franklin D. Roosevelt）主政後，鑑於以往政商關係放任無拘，各類遊說團體

---

[13] 同上註。

[14] 前揭文，頁三九。

濫用遊說力量影響立法及施政，乃致力推動通過立法。經過半個
世紀美國政壇的演變，該法在約束遊說行為方面已有不足之處。
新一派的立法提案著眼於消除遊說者在政府運作過程中運用不當
之影響力，主張全面禁止外國利益團體對美遊說，禁止遊說人捐
助政客競選經費，取消企業界遊說開銷得抵稅之規定，並限制國
會議員及助理接受款宴、贈禮及旅行招待等。但是無論美國政界
領袖能否擺脫遊說團體之利誘，民眾對於特殊利益團體藉遊說政
府而獲私利的行徑已經愈來愈感到厭惡。[15]遊說作為所產生的影響
與成效二者間的因果關係難以界定，美國政府與國會議員的友華
政策與作為可能是，也可能不是我國對美遊說的成果。其中錯綜
複雜的內情、各方勢力角逐的過程究竟如何？恐怕難以經由一個
研究完全掌握，但是仍可藉由某些個案和事件發展的趨勢看出端
倪，李登輝訪問美國康乃爾大學個案即可做一番剖析。

　　遊說研究最大的困難即在於資料取得的不易，另有三大特
質，不但使得遊說包上一層神秘的面紗，更增加研究遊說行為的
困難。

一、　遊說行為難以證明：遊說行為是一種低調、長期性的工作。遊
　　　說行為也不僅僅限於金錢、物質上的貢獻或捐贈；私人情誼、
　　　專業知識往往扮演更重要的角色。舉例言之，與決策人員或其
　　　重要幕僚，公餘之暇，共同健身、打球、往來酬酢，純粹建立
　　　交情，而不涉公務，算不算遊說行為？以行動或物質，大力支
　　　持決策人員提倡的公益活動，算不算遊說行為？提供決策幕僚
　　　專業知識與諮商，以利其政策制定，算不算遊說行為？且莫論

---

[15]　前揭文，頁四〇～四一。

　　　上述作為通常不會留下紀錄，即便眾所周知，又如何證明其為
　　遊說行為？[16]

二、遊說行為與決策之間難以建立因果關係：一項決策之完成，
　　遊說可能是主要因素、可能是因素之一、也可能毫無影響。
　　易言之，遊說不必然是因，決策完成也未必然是果。舉例言
　　之，民國八十九年二月一日，美國眾議院以三四一票對七〇
　　票壓倒性的多數通過了「臺灣安全加強法」（Taiwan Security
　　Enhancement Act），某眾議員之所以支持該法的通過，是
　　其個人受我國遊說的影響？或是因為其選區與我商業關係密
　　切，在選民壓力下，不得不勉為其難？會不會是二者皆非，
　　事不關己，只是應同僚力邀，順勢而為？議員們緊閉金口，
　　外界無從得之；議員們順水推舟邀功，外界則是真假莫辨。[17]

三、遊說行為之效果無法測量：即便可以確認某項作為確是遊說
　　行為，也可以肯定其確是某項決策完成之主要因素，其效益
　　之測量則又是一大問題。某議員可能個人本就支持我國，選
　　民與同僚又提出要求，順理成章的投下這一票。然而個人態
　　度影響較多，還是選民因素比重較大？孰輕孰重如何衡量？
　　如何量化計算？如何評估？[18]

　　遊說行為雖是難以察覺，卻也不是無跡可尋。仔細觀察遊說
行為慣常運用的管道、資源、方法後，總是有些蛛絲馬跡。遊說
行為通常以重要決策人士及其幕僚為目標，刻意與其親近、結交；

---

[16] 劉廣華，前揭文，頁六一。

[17] 前揭文，頁六一。

[18] 同上註。

也經常利用各種名義支持重要智庫、知名大學或重量級學者之研究；更常聘請退職之政、軍、經濟界人士進行全職遊說工作。再者，遊說行為與決策間雖說因果關係難以確定，遊說行為之效益亦難以測量，總也有若干事件，抽絲剝繭後，可作為遊說行為效益的指標。

對美遊說是雙面刃，用之得當，自是有利國家安全之維護。一旦用之不當，影響大者，無助於國家安全，甚而破壞國家形象、損傷兩國友誼。影響小者，造成資源浪費，或縱容私人以公謀私也是有損遊說之本意。所以，適當的監督乃是我國對美遊說運作機制中，不可或缺的一環。易言之，對美遊說團體中，舉凡獨斷專行，有礙於對美遊說整體運作及目標之達成者，均應施以適當節制，以免於未盡全功之憾。

智庫與從事遊說之公關公司最大的不同在於智庫靠「思想」影響決策，而公關公司則靠「行動」影響決策，兩者的最終目的都是希望可以為其客戶達成影響政府決策的目標，進而為其客戶爭取最大利益，確保自己的生存發展。因此，兩者如果可以結合共同唯一特定目標而努力，將可彼此為自己達到利益最大化。以李登輝訪美造成九六年臺海危機所引發一連串政治效應為例，李登輝在開始「度假外交」之前不久，臺北成立一個名為「臺灣綜合研究院」的新機構，由李登輝的親信劉泰英主持。一九九四年夏天，臺灣綜合研究院涉入美國政治，與華府公關公司「卡西迪公司」（Cassidy & Associates）簽訂每年一百五十萬美元為期三年的合約，發動在美遊說李登輝訪美的工作。卡西迪公司與民主黨淵源深厚，例如卡特總統的新聞秘書包威爾（Jody Powell）是卡西迪的成員，在卡西迪公關公司協助下，臺灣利用管道向國會

積極活動。一九九四年十一月國會改選，共和黨在參、眾兩院都
躍居多數席次，掌控了國會；華府出現的新進議員，對過去的中
國政策瞭解有限，使得臺灣得以有遊說的空間。在一九九五年初，
新任眾議院議長金瑞契支持臺灣總統到美國訪問，以及臺灣重新
加入聯合國的主張，金瑞契並曾在一個接見臺北代表團拜會的場
合宣稱，臺灣理當受到尊重。金瑞契對中國的強硬態度也明顯的
表露，他在率領一個國會代表團訪問亞洲時，聲言絕不「對中國
缺乏言論、宗教、集會及出版的基本自由現象，保持緘默」，以往
金瑞契通常對中國政府並沒有公開地批評，這番廣為傳揚的評
語，反映出國會共和黨人越來越重視中國議題的現象，其中與美
國在中國的商業利益有極大的關係。

　　一九七九年美國與中共正式建交後，美國對我國之政治、經
濟關係在「臺灣關係法」中並未明確規範，我國又缺乏與美國正
式對話管道，因此運用各種管道影響美國做成對我有利之決策，
進而持續對我之支援，以維持臺海均勢與和平。過去二十年來我
國細心的運用所有可用資源建立、鋪設各種對美遊說管道，耐心
的經營長期公共關係廣布人脈，進而在悄無聲息中影響美對臺之
決策。中共與美國建交後，美國對臺決策雖不致全然偏袒，也往
往對我有利；對我國之協助，雖未能盡如所需，總也差強人意。
在並無正式外交管道，而「臺灣關係法」又不具足夠強制性的狀
況下，我國如何影響美國做成對我有利之決策，進而持續對我之
協助，遂成為一重要的研究課題。

　　美國的民主政治環境，給予許多以民意為訴求的美國人民，
可以透過特定管道影響政府決策者或機構，這群人代表特定利益
團體遊走於各行政部門與立法部門之間，設法左右某一政策之取
向，藉此達成自我利益和目標。在美國這類人士多以公關公司

（consulting firm）、法律顧問公司（political law firm）、政治行動委員會（PACs）以及各種特定利益團體為棲身之地施展所長，加上良好的政商關係，往往可以得心應手，將民意發揮得淋漓盡致，這群人通常被稱為「說客」。而說客已經成為美國政治生態中不可或缺的一環，在華府地區以此為業者已達兩萬人之譜，平均每三十六位說客就有一位國會議員做為遊說對象，形成牽制行政部門的龐大力量。[19]

　　我國政府提供智庫等學術界研究經費為影響美國對臺政策的管道之一。數十所知名的大學與研究機構均曾接受過來自我國的研究經費。其特質為：

一、　支持學術研究、援助學術活動、促進學術風氣之存心立意光明正大、冠冕堂皇，有何不宜？外國政府支援本國研究，既不規定題目，也不干涉研究，更不預設結論，又有誰能說不可？

二、　美國朝野一向尊重專業，重視智庫或學界之研究，某些決策者之施政立法也常採納學者專家之建議，支援智庫和學界研究有助於美國朝野對有關我國議題之瞭解，也容易聽到我國之聲音，從而促其重視我國之需求。

三、　學術活動中，不論是講演、研討會、學者交換或互訪，通常廣邀三方學、政、軍界之中量級人物參加，使我國政要無形中多了一條與美方接觸和對話的管道。較諸於正式外交管道之繁文縟節，此一非正式外交管道往往能使雙方在私下進行

---

[19] 牟華瑋，〈仕而優則說〉，《外交部通訊》，第十二卷第十一期，民國八十四年五月號，頁三六。

更有效、更直接的溝通與意見交換。例如,「美國大西洋理事會」在一九九四年接受了我國四萬二千美元的委辦費,舉辦一場學術研討會,廣邀美國、臺灣及亞洲地區知名學者和政要,專門討論臺灣及其他亞洲相關議題。[20]臺灣問題在美國甚至在全世界的能見度升高,多拜長年來中共的壓力和美國智庫及學界不定期的為中華民國或是兩岸問題發表意見之賜。他所造成的影響力如同遊說工作難以評估,但是從李登輝訪美一案和爾後引發的臺海危機,可以看出智庫對決策的影響雖然沒有公關公司的炮火猛烈、集中,但卻是綿延不斷、源遠流長。

公關公司卡西迪與智庫的攻勢的確達成了其「雇主」的委託,完成李登輝的訪美夢並獲得美國國會一面倒的支持,但是個案所產生的負面形象卻也不能坐視不理。過去幾十年來,我政府與民間各界小心、細心、耐心的運用所有可用資源,建立、鋪設各種對美遊說管道與人脈,所獲成果雖不可謂不豐碩,有時也不免過於咄咄逼人,招致若干反效果。李登輝總統訪美案就使得柯林頓政府灰頭土臉,許多行政官員對我國借力使力,用國會打白宮,逼行政部門就範的作法,就頗不以為然。[21]再以一九九六年三月十八日眾議院通過的「美國應於中共攻臺時,協防臺灣」決議案為例,我國求功心切,不能見好就收,逼得美國行政當局全無退路,如此作法,雖不致完全斷了後路,總也壓縮得迴旋空間所剩無幾。主管亞洲事務的美國共和黨重量級眾議員貝魯特一向親華,也是該案通過的主要推

20　劉廣華,前揭文,頁六三～六四。

21　Nancy Tucker, 《China Confidential》(New York: Columbia University Press, 2001) 116-122.

手，但連他都在決議案通過後，語重心長的表示：「但願總統大選過後，臺北能知所節制，不要再做得太過火了」。[22]無形中，我國利用遊說途徑影響美國作成對我有利之決策，正印證了米爾柏（Lester W. Milbrath）的理論：「遊說是長期性的作為，無法一蹴可幾，通常不能畢全功於一役，遍灑金錢也很難促使對方作成對我有利之決策」。[23]

　　整體而言，我國對美國的遊說努力仍然有整合不足、各自為政的現象，舉例而言，臺灣綜合研究院以四五〇萬美元的代價，和卡西迪顧問公司簽訂了三年的合約一事，外交部就事先毫不知情。[24]李登輝主政時期，臺灣對美遊說基本上可區分為兩大陣營，一方是由官方主導，諸如代表處、經濟文化辦事處、公營企業、民間企業、團體、組織等準官方或親國民黨的組織團體，其所訴求議題或希望達成的目標在於提昇我國在美形象，影響美國朝野對我國的觀感，作成對我國有利之決策。另一方則是諸如「北美臺灣人教授協會」、「臺灣公共事務會」等團體或組織，其主要訴求是控訴我政府在島內施行的威權統治，譴責執政黨的白色恐怖，在做法上，則是要求美國對臺施壓，以促進島內民主化、重視並保護人權及要求美國支持臺灣獨立等。雙方不同訴求所造成的結果是，目的不同的臺北遊說團體，傳達了互相衝突的訊息，

---

22 Nigel Holloway, "Special Wheel," 《Far Eastern Economic Review》, Vol.157, No.45, 1994, p.22.

23 Lester W. Milbrath, 《The Washington Lobbyist》（Chicago: Rand McNally & Company）20-29.

24 李瑞芬，〈臺綜院與美公關公司簽約在華府進行遊說工作：外交部事先並不知情〉，《臺灣新生報》，民國八十四年十月三日。

往往使得不熟悉臺灣事務的美國朝野人士，莫衷一是，不知孰是
孰非。以目前兩岸態勢，在可預見的未來，我有賴美國協助之處
仍多。而在與美國並無正式邦交，中共又在一旁虎視眈眈的狀況
下，我國的選擇其實不多，有技巧並且經過整合的對美遊說不失
為一較佳選擇。慎重評估遊說利弊和選擇遊說管道必可使我國對
美外交工作達事半功倍之效。

　　遊說的主要功能之一即在塑造國家良好形象，博取對方朝野
好感，進而落實對我之實際支持。一九七九年之前的「中國遊說」
（China Lobby）留給美國朝野中華民國是「自由中國」（Free
China）、是「反共堡壘」、是「民主鬥士」的正面印象。雖說當
時美國對我國的全力支持有其戰略利益之考量，遊說所塑造的形
象卻絕對有利於美國行政當局取得協助我國的正當性。[25]在具體作
法，我政府應妥善運用美國傳播媒介，廣為宣傳我已躋身民主國
家之列。我政府應加強將遊說的目標鎖定在國會議員及學界、智
庫學者專家，其原因在於，國會議員無政策包袱，容易接受遊說，
即便其與行政當局屬同一政黨，以其代表民意的立場，通常不會
對行政當局所有的政策照單全收，總得「為民喉舌」一番，因此，
提供了遊說的空間。在學界方面，以美國政府和民間重視學術研
究的傳統而言，智庫或學界的研究成果落實為政策的機會頗大，
我若以這兩類的人士為遊說目標，可獲致實際成果的機會不小，
國會議員每每為我仗義執言，而智庫也經常有對我國有利的研究

---

[25] 劉廣華，前揭文，頁七四。一九七九年之前的「中國遊說」（China
Lobby）成效卓著，尤其在搭配正式外交管道的狀況下，不但使美國朝
野承認我國為中國合法政府達二十二年之久，更使美國支持我國在聯合
國的席位直到一九七一年為止。

成果發表。[26]

　　以臺海險峻的情勢來看，我國最應在臺美軍事與安全的關係上大加著墨，孰知有時我行政當局不作此想，反將遊說重點置於非急迫的事務上。以一九九五年李登輝總統訪美一事為例，臺灣固然是揚眉吐氣，但是代價也不小。激怒了北京，惹惱了華盛頓之餘，多年來在國會山莊累積的人脈、交情也嚴重損耗，得不償失。[27]

　　在擺脫外交孤立，運用各種管道走入國際社會的作法上，我國應思考可以在不對「一個中國」原則正面挑戰的狀況下，利用智庫影響美國朝野支持我國加入諸如「世界貿易組織」、「世界衛生組織」等聯合國非核心組織。經遊說作為而產生影響本就是民主社會中，表達意見，影響決策的一條管道，其在本質上與選民透過民意代表、學者利用專業或媒體運用輿論，表達意見，影響決策的作法，並無不同，美國朝野的認知如此，亦立有「遊說法」以規範之，應予以善加運用。

---

[26]　前揭文，頁七五。
[27]　前揭文，頁七六。

第二節　李登輝訪美始末

　　中美斷交二十年以來，迫於國際政治現實，我國以往「漢賊
不兩立」的外交策略已有很大改變。經國先生當政時期，我國推
動「彈性外交」，在「政經分離」的原則下，我國放寬對東歐的貿
易管制、接受「中華臺北」的名義參加奧運、甚而在亞洲開發銀
行擅改我國名稱為「臺北、中國」的狀況下，仍參加一九八八年
在馬尼拉，以及一九八九年在北京舉行的年會。李登輝主政時期
的「務實外交」更見靈活，我國不再拘泥於意識形態，也不排除
以「雙重承認」的作法，參與國際組織、活動，對國旗、國歌、
國號等更是不再堅持。實務上，更是殫精竭慮，想出各種名義，
諸如度假、參與文化活動等，赴無邦交國家從事「非正式訪問」，
訪問美國自然也是目標之一。[1]

　　一九九四年五月，李登輝總統預定訪問中美洲邦交國，並向
美國提出至少讓總統專機在美國領土「過境加油」，而美方的立場
是，只要我方保證在李總統過境期間不會從事公開的活動，美方
願意提供應有的禮遇，包括由美國在臺協會理事主席白樂琦及國
務院禮賓官員前往機場接機，如果在過境地點過夜，美方願意提
供警車開道、安全人員護送、禮遇通關等禮遇項目。[2]國務院的態
度從「接待上有困難」到「同意轉機過境」之間的轉折，與李潔

---

[1]　前揭文，頁六七～六八。

[2]　胡玉立，〈總統訪中美洲，專機過境加油〉，《聯合報》，民國八十三年三
　　月三十一日，版四。

明等一些對臺灣友好人士的積極斡旋，有極大的關係。[3]雖然最後臺灣方面選擇在夏威夷加油後繼續飛往尼加拉瓜。美國政府因預期北京的敏感反應，讓李登輝專機在夏威夷過境，而指派低層官員接見和過境休息室的簡陋安排，使李登輝憤而不願意下飛機，只穿便服在飛機上接見白樂琦等人，這種屈辱種下李登輝渴求美國之行的種子。

推動李登輝總統訪美的努力在初期的阻力甚大，但是越來越多美國國會議員不滿柯林頓政府對李登輝在夏威夷過境美國一事的不平等對待，認為柯林頓在中國政策上過分輕臺灣而懼怕中共的做法，引起美國國會一連串的支持我國的動作，除了美國官方和非官方在華府積極遊說的結果，更是美國國會在當時同情臺灣處境並進而以行動支持我國的具體做法[4]，同時也反映了遊說國會議員以達成影響決策的可行性。一九九五年五月，美國眾議院通過一項無約束性(non-binding)的決議案，要求柯林頓政府同意，讓登輝總統赴美參加其母校康乃爾大學的校友會。美國行政當局試圖在委員會階段就封殺此一議案，卻徒勞無功。該決議案在眾議院以 360-0 票，在參議院以 97-1 票壓倒性的勝利通過。傳統上，美國國會議員一向均專注國內事務，甚少插手涉外事務，外交事務一般均放手交由行政部門處理。參、眾兩院總數高達 457 名的國會議員聯手，要求行政部門同意一無邦交國總統訪美，此事絕

3　傅建中，〈李潔明等人積極斡旋，國務院首肯專機可在美停留過夜〉，《中國時報》，民國八十三年五月五日，版二。

4　於慧堅，〈裴兆琳建議移轉中美關係焦點〉，《自立晚報》，民國八十四年五月十五日。

無先例。[5]

　　李登輝感到被美國屈辱或忽視，使得他決定放棄行之多年的低調外交（low-keyed foreign diplomacy），而改採一個新的而且是可讓各界注視的「務實外交」（pragmatic diplomacy），其方式之一就是出訪東南亞國家並和其元首打高爾夫球，或是更積極的訪問集中在中美洲的邦交國，進而努力爭取舉辦亞洲運動主辦權和以元首身分參加「亞太經濟合作會議」（APEC meeting），但並未如願，因此，李登輝更採納當時在野的民進黨提出重返聯合國的主張，邀集臺灣僅有的邦交國在聯合國會議中提案，此舉依然失效。一九九五年初，李登輝再度施壓申請美國簽證，他深知他無法以元首身分取得簽證，遂以其母校康乃爾大學頒予榮譽頭銜，重返母校授勳並發表演說為由申請，最後他終於如願訪問美國，此行不但提昇了臺灣的國際能見度，也藉機宣揚臺灣在國際上的代表權應該和聯合國會員國中的每一份子一樣。

　　當時任職助理國務卿的羅德顯然對臺灣方面在這件事情上的處置頗不以為然，他表示臺灣在美國國會的遊說工作已經是第二大的團體，僅次於以色列，但是臺灣卻仍然花費數百萬美元雇用卡西迪公關公司來為此案遊說，臺灣在為李登輝申請美國簽證一事，儘管沒有雇用卡西迪，也已經在美國國會形成很大的壓力了。雖當臺灣政府對此案有反對的聲音，但是臺灣內部多股勢力在醞釀李登輝成行，李登輝的訪美對美國行政部門的壓力，就可想而知了。[6]

---

[5] 同上註。
[6] Tucker, nancy Bernkopf, China Confidential, (New York:

　　儘管康乃爾大學邀請李登輝訪美的計畫已被美國國務院打回票，但條文中包括柯林頓政府應立即表明歡迎李登輝總統訪問母校的眾院第五十三號共同決議案，仍在眾院連過兩關，分獲國際關係委員會亞太小組及全體委員會通過。美國國會對李總統訪美一事，態度已經相當明確，但是行政單位卻始終不肯放寬我高層官員訪美的限制；我外交部是以爭取行政單位的支持為主，對美國國會如此「積極」，外交部其實不是很認同這種做法，認為美國國會若屢以動作「逼」美國政府表態，對中美關係長久發展不是很理想。[7]面臨了國會強大的壓力，美國行政部門也嚴陣以待，擔心再不妥協，國會可能有更大動作出現。事實上，國會在當時也已著手進行修正「臺灣關係法」的連署，修正案一通過，必將進一步危及華府、北京的外交關係，而這是行政部門極不樂見的狀況。「兩害相權取其輕」，同意李登輝訪美的問題相較之下小得多了，一九九五年五月二十二日，柯林頓政府終於同意李總統以非官方的身分，返母校康乃爾大學訪問。[8]

　　中共對李登輝成功訪美的不滿，表現在一九九五年七月於臺灣海峽進行了兩波的飛彈試射；一九九六年三月，就在我國第一次直接民選總統大選前，中共在臺灣海峽進行了第三波的飛彈試射，並同時實施軍事演習。包括了對臺的模擬攻擊，與在基隆、高雄外海的飛彈試射。演習的目的除了恐嚇我國人民，意圖削弱

Columbia University Press）p.478.

[7]　劉其筠，〈美十位眾議員提臺灣關係法修正案〉，《聯合報》，民國八十四年四月七日，版二。

[8]　傅建中，〈美參院通過邀請李總統訪美〉，《中國時報》，民國八十四年五月十日，版二。

其對李登輝的支持外，也意在迫使我國就統一問題走向談判桌，並阻止我國尋求美國和國際承認的努力。

中共武嚇初期確實引起了島內人民不小的驚恐，除了造成股市狂跌，市井百姓稍有資產者，紛紛拋臺幣、換美金，大有中共即將兵臨城下之勢。此時美國國會部門還是適時的伸出了援手，一九九六年三月十八日，美國共和、民主兩黨再度聯手，為數高達百分之八十五的眾議員通過了一項決議案，宣稱：「於中共犯臺、進行飛彈攻擊、或實施海峽封鎖時，美國應協助防禦臺灣」。此一決議案仍屬建議性質，美國並無義務派兵協防我國。雖說如此，美國航空母艦「獨立號」率領之航母戰鬥群，隨即駛往臺海周遭海域。幾天後，美國航空母艦「尼米茲」率領之航母戰鬥群，亦赴臺海加入巡弋行列。兩個航母戰鬥群赴臺海演習所造成威脅，是表示「關切」（concern）的一種「展示」（demonstration）。在美方主動的兵力展示之後，除了島內資金仍有斷續流出的現象之外，島內人民基本上是以相當冷靜的態度面對此一危機。有學者辯稱，中共試射的不過是所謂的「啞彈」，而且美國根本未曾明白表示協防我國，美方所使用最嚴厲的說詞不過是，若中共開戰，則其將面對「嚴重的後果」。此言乍聽之下，言之成理，但在「可以做、不可以說」的狀況下，美軍在臺灣海峽的兵力展示（military presence），在某一程度上，已說明了美國在必要時，協防我國的意願。[9]這兩個案例也說明了長期對美的遊說，是造成美國朝野對我強力支持的主要原因之一。

---

[9] 前揭文，頁六九。

附表 7-2-1　李登輝訪美始末[10]

83.12.21	共和黨參議員穆考斯基表示將促成李總統訪美，且已邀請李總統參加 1995 年「中美工商聯合會」。
84.2.9	美國眾院議員與助理國務卿羅德於亞太小組委員會舉辦的亞洲政策聽證會中激論李總統訪美問題，羅德表示「認真考慮」。
84.2.10	我總統府官員透露李總統訪美可能性，表示接受康乃爾大學邀請為管道之一。
84.2.17	康大校長寫信邀請李總統赴康大訪問。
84.3.6	36 位美國參議員向參院提出要求行政部門同意李總統赴康大訪問。
84.3.10	助理國務卿羅德表示此舉「不合美國與臺灣的非官方關係」。
84.3.25	康大師生合力推動「臺灣有話要說」運動。
84.4.7	康大師生校內示威，抗議柯林頓政府不讓李總統返母校。
84.4.10	康大校長親自來臺邀請李總統訪問母校。
84.5.3	眾院通過邀請李總統訪美建議案。
84.5.9	眾院通過邀請李總統訪美建議案。
84.5.10	眾院國際關係委員會通過「美國海外利益法案」，其中包括不得拒絕臺灣民選官員訪美。
84.5.16	參院外交委員會亦通過國務院授權法案，其中包括不得拒絕臺灣民選官員訪美。
84.1.7	「臺美政治教育委員會」負責人張佐本傳出消息：柯林頓同意李登輝總統訪美。

[10] 馮昭，〈李總統赴美過程大事記〉，《青年日報》，民國八十四年五月二十二日，版四。

84.5.19	外交部證實中美正為李總統訪美一事進行討論,地點包括華盛頓及臺北。 國務院發言人伯恩斯說,美國正考慮以過境訪問的方式讓李總統赴美。
84.5.20	白宮發言人麥克瑞說,美國考慮讓李總統過境美國,以拜訪康大。

第三節 智庫在李訪美案之角色

　　華府與北京的正式外交關係和華府與臺北的非外交關係是目前美國外交政策中最複雜的平衡關係，幾個美國主要外交政策的核心目標使得這個三角關係更複雜，這些目標包括：推行民主，維護美國信用，忠實於傳統盟友，整合與交往躍昇的強國進入國際體系，維持亞洲和平穩定。這些目標的錯綜複雜使得臺灣海峽的情勢變得更不可預測，成為一個戰事一觸即發的危險地方。臺灣近十幾年來的民主化也漸漸地破壞三方都默認的「一個中國」政策，臺海衝突的可能性也相對提高，美國政府和民間的外交政策菁英絞盡腦汁思考如何維持逐漸脆弱的臺海和平，對美國而言，全球大概沒有一處像臺灣海峽一樣極可能將美國捲入戰爭之中。[1]

　　李登輝訪問母校康乃爾大學所引發的臺海危機和一連串的政治效應，為美中臺三邊關係掀起了一陣驚濤駭浪。回顧歷史，國民黨黨營事業負責人劉泰英僱用美國公關公司卡西迪成功地達成李登輝訪美的夢想，卡西迪公司也從此在美國和臺灣聲名大噪，但是臺灣卻付出極大的代價。美國司法部所公佈的外國代理人活動實錄記載，替臺灣公私機構在美國進行遊說，截至一九九一年止，收取費用最高的是雷根政府時期的國家安全顧問艾倫在退出政壇後，利用他累積的人脈關係自組的李察艾倫公司，販賣他的影響力，一年的費用大約將近五十二萬美元，[2]與臺綜院付給卡西迪一年約一百五

---

[1] Kurt M. Campbell and Derek F. Mitchell, "Crisis in the Taiwan Strait?" 《Foreign Affairs》, July/August, 2001, Volume 80. November 24.

[2] 傅建中，〈臺研院在美遊說費空前絕後〉，《中國時報》，民國八十四年二

十萬美元，並簽約三年的龐大金額相比，是不成比例的。臺綜院的
作為，同時也造成我國外交部的不滿與不以為然。[3]

　外交系統為了在中華民國一個重大外交事件上不缺席，也使
出渾身解數，動用所屬駐美代表處在美國華府經年累月之關係與
管道，在李登輝總統訪美一事錦上添花。根據美國司法部登記的
檔案，華府目前有二十九家公關公司為臺灣進行遊說，其中有二
十一家公關公司與協助推動加強中華民國與美國政府關係有關。[4]
因此，李登輝訪美案既然已經由其他民間管道所僱用的公關公司
卡西迪開始進行，外交部只好運用其他管道輔助李總統訪美順利
進行，美國智庫則是其中重要的管道之一。以中華民國公私機關
而言，只要對我國與美國關係有助益，遊說任何美國民間機構推
動對我國有利之法案或活動，都在所不辭，因此，不管是僱用美
國任何民間機構，對我國而言都是一種遊說行為。遊說是公關公
司的天職，而智庫雖然規定不得進行遊說工作，但是美國企業研
究院與傳統基金會在李登輝訪美一事所做的，實際上已經算是一
種遊說工作。因此在李登輝訪美一案，公關公司和智庫兩者可說
是競爭者，對他們而言，「中華民國」就是他們的客戶（client）。
就李登輝訪美案，雖然臺綜院和駐美代表處同時進行，但是支付
金額的不同和推動的途徑不同，卡西迪公關公司應該算是主攻，
而智庫只能算是助攻。卡西迪以遊說的方式影響國會迫使柯林頓

月二十三日。http://www.google.com

[3]　張青，〈為了卡西迪雙方相互放話：外交部、臺綜院衝突白熱化〉，《自
立晚報》，民國八十四年二月十四日。

[4]　曹郁芬，〈臺灣安全加強法，卡西迪遊說目標〉，《自由時報》，民國八十
九年七月九日，頁四。

政府同意訪美，火力十足；而智庫則以舉辦研討會或撰文增加此案能見度，並形成輿論，進而影響美國國會的投票，其方式雖然看起來不慍不火，看似一群學者就一特定個案發表看法，但是它形成輿論的影響力，卻已經無形地滲透到了行政部門決策者，智庫頂著學術光環的言論讓卡西迪泰山壓頂般的逼迫柯林頓政府同意李登輝訪美一事，夾雜著某種程度的正當性和道德勇氣。

　　根據一位曾經擔任我駐美代表處外交官，熟悉美國智庫運作之學者表示[5]，中華民國政府遊說美國政府的方式主要仍是以聘請美國公關公司為主，對智庫的投資如果有遊說的企圖，則僅止於政策的宣傳（propaganda）工作，透過政府駐美代表處捐助智庫的途徑如附表 7-3-1：

附表 7-3-1　中華民國捐助智庫路徑圖

中華民國政府外交部 ----＞民間單位（政大國關中心或企業團體）----＞駐美代表處承辦單位 ----＞簽訂合約之智庫。

（一）舉辦與中華民國有關之學術研討會，尤其是例如臺灣關係法二十週年、李登輝總統訪美等重大事件，並邀請中外媒體報導。

（二）不定期在媒體撰文或發表友我之言論。

（三）接受我國有關機構委託做文字研究案，包括出版專書或短文研究案。

　　另外二項不以文字明列於合約：

5　該名學者表示不希望透露姓名。

（一）滿足國內政界的需求，接待國內訪美之政府官員或民意代表。

（二）擔任引薦美國政要與我國官員會晤之管道。

　　我國外交部對美國智庫的投資金額平均一間智庫大約在十至十五萬美元之間，但是對傳統基金會和美國企業研究院的捐款則高過平均數額約四十至五十萬美元，而這兩所智庫為我國所發表的言論或舉辦的活動也相對的多過於其他智庫，以一九九五年李登輝訪問美國母校康乃爾為案例，智庫所發揮的影響力應該是次要且較溫和的，主要的主攻力量還是透過公關公司的遊說，例如像卡西迪公關公司已透過遊說國會向行政部門施壓的方式，達成美國政府核發簽證給李登輝的目的。智庫在這個事件中所扮演的角色是以文字宣傳方式形成輿論，說服國會李登輝訪美的正當性與必要性，進而間接影響行政部門的決定。相較之下，卡西迪是李登輝訪美最主要的推手，但是它的影響層次僅止於國會，無法深入行政部門，而智庫雖然在這一事件中並非主角，但是它利用文字所散播的思想不但影響國會，更無形地滲透到行政部門和決策者（如附表 7-3-2）。

附表 7-3-2　智庫在李登輝訪美案之角色

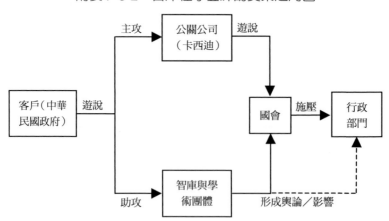

　　李登輝訪問康乃爾大學後造成美國與中共的關係出現逆轉，可以說是一顆「政治原子彈」，而引爆的牽線謀劃者是原美國駐中共大使、現任美國企業研究所資深研究員李潔明，他向李登輝提出以訪問母校康乃爾大學旗號的「迂迴訪美」策略[6]，再經由李登輝的國民黨黨營事業大掌櫃劉泰英著手推動，劉泰英深知美國政治生態，擅用金錢所能發揮的功效，重金僱用美國卡西迪公關公司出面遊說國會，讓李登輝以返回母校康乃爾大學名義訪美，同時，藉由國民黨海外工作會所推動籌組的「李登輝之友會」[7]，捐贈兩百五十萬美元在康大成立李登輝講座，康大校長羅茲因此向李登輝發出邀請函。[8]中美雙方關係自此陷入僵局，直至美國第一夫人希拉蕊表示將率領美國代表團前往中國，出席在北京召開的聯合國婦女大會，才稍微緩和。李潔明曾就此事表示，中國釋放吳宏達與希拉蕊到北京出席聯合國婦女大會，表明中美兩國都在努力設法改善不斷惡化的兩國關係。

　　美國學界係推動美國政治新思潮之原動力，我前駐美代表丁懋時就在一九九四年一次對立法院的報告中提及，我駐美代表處工作重點之一即在推動美國學術界對我國加入聯合國一案之注意與討論，盼能形成利我共識。在一九九三年間，包括大西洋理事會、外交關係委員會、亞洲事務協會、哥倫比亞大學東亞所、卡

---

[6] 楊中美，前揭書。筆者向李潔明大使求證實，李潔明否認此一說法，但也不願加以辯駁。
[7] 根據國民黨負責該項工作主管表示，李登輝訪美是否由「李登輝之友會」名義捐贈金錢給康乃爾大學不得而知，但是國民黨中央黨部絕沒有撥出該款項給「李登輝之友會」，做為李登輝訪美之用。
[8] 楊中美，揭前書，頁二〇五。

內基倫理暨國際事務會、加州克萊蒙研究所、費城外交政策研究所等智庫單位為我國加入聯合國一案舉辦研討會，或出版專刊。一九九四年則有傳統基金會、哈德遜研究所與約翰霍普金斯大學高級國際關係研究所、加州克萊蒙大學研究所等機構為該案舉辦多場研討會。另外，我駐美代表處亦持續邀請具潛力之美國智庫學者訪華，透過與我國政界人士溝通，實際地瞭解我國政經發展，做為撰寫文章或發表談話之參考。

一九九四年到一九九九年，美、中、臺三角關係出現了激烈的變化，九五年李登輝訪美與九九年七月李登輝提出兩國論，使三邊陷入空前緊張關係，美國政府因而批評李登輝是麻煩製造者，柯林頓政府除再三重申「三不政策」，即不支持臺獨，不支持兩個中國或一中一臺，不支持臺灣以主權國名義參加世界組織外，亦開始進行預防外交與二軌會談，試圖建構一項兩岸互信機制，避免雙方因誤判而引發軍事衝突。李登輝訪美後，引發飛彈危機，海協會與海基會間之交流對話終止，關係陷入緊張狀態。為此美國認為有必要建立一套雙方互信機制，以免因誤判而引發衝突。為彌補三方溝通管道之不足，預防性外交、二軌會談等概念架構遂相繼被提出。預防外交，又稱預防性國防，是為防止軍事衝突而設計的一項戰略機制，在缺乏官方溝通管道下，為發揮此機制則必須採取半官方或民間的第二管道或第三管道來達成，即所謂「二軌會談」或「三軌會談」。

由於中美雙方關係日益密切，經貿文化等交流不斷成長，自一九九三年下半年起，美國國會中若干支持臺北之國會議員即設法提案修正「臺灣關係法」，並取消對臺軍售質量和數量上的限制，到一九九四年初，國會有意將此議併入「國務院授權法」修正案，國務卿克里斯多福擔心該項立法會增加其與北京交往的困

難，於是寫信給參議員鮑克斯（Max Baucus），反對國會修正「臺灣關係法」，表示「八一七公報」毫不減損美國對臺灣提供安全的承諾，因為「美國每一屆政府皆確認臺灣關係法在法律上優於一九八二年公報，前者是法律，後者是政策聲明」。[9]

　　李登輝在夏威夷因過境受辱而不下機，引起美國國會友人的憤慨，七十六位參議員隨即聯名邀請李登輝訪美；隨後亦有三十七位眾議員聯名函邀，另外兩黨參議員布朗（Hank Brown）、穆考斯基（Frank Murkowski）、塞門（Paul Simon）亦均提案支持我國，獲院會通過，使美國行政當局備感壓力。因此，美國國務院一方面感受到國會的壓力，一方面體認我民主進展和經濟實力，乃決定調整對臺政策，終於在一九九四年九月公佈「對臺政策檢討報告」，改變部分對我方之政策作法，由亞太事務助卿羅德正式告知我駐美丁懋時代表。其主要內容包括[10]：

一、　我北美事務協調委員會（CCNAA）駐美代表處更名為「駐美國臺北經濟文化代表處」（Taipei Economic and Cultural Representative Office in the United States）。

二、　允許美國經濟及技術機關（economic and technical agencies）之高層官員及國務院較資深之經濟及技術官員訪臺，並與我各層級官員晤談。

三、　允許美國國務院主管經濟及技術事務之次卿及以下官員，與我方代表在官署以外地點會晤。

9　胡為真，《美國對華「一個中國」政策之演變：從尼克森到柯林頓》（臺北：臺灣商務印書館股份有限公司：二〇〇一年四月），頁一六九。

10　胡為真，前揭書，頁一七一。

四、　允許美經濟及技術部會閣員，透過美國在臺協會安排，與我
　　　方代表及訪賓在官署洽公。

五、　允許美在臺協會之處長、副處長等人進入我外交部洽公。

六、　於適當時機支持加入不限以國家為會員之國際組織，並設法
　　　讓我在無法以國家身分參加之國際組織中表達意見。對於聯
　　　合國等僅以國家身分為會員之國家組織，美國不支持我參加。

七、　允許臺北高階層領袖過境美國，惟不得從事任何公開活動，
　　　每次過境將個案考量。

八、　提議經由美國在臺協會舉辦雙方次長級經濟對話，以及談判
　　　簽訂一項貿易投資架構協定。

　　　該檢討報告中對我政策未改變的部分為：

1.「美國在臺協會」將續為處理雙方非官方關係之機構。

2.為符合雙方非官方關係，不允我方高階層領袖訪美。

3.不允許我方代表進入國務院、白宮及舊行政大樓洽公。

4.對臺軍售政策並無改變。

5.美國將不支持臺灣加入以國家為會員之國際組織，例如聯合國。

　　　北京政府對美國公布此一政策檢討後，提出強烈抗議，指責
美方蓄意製造「兩個中國」、「一中一臺」的政治行動，嚴重違反
中美三個聯合公報所確定的原則，踐踏了中國的主權。華府對北
京卻一再強調對中共政策並未改變，採取「交往」而非「圍堵」
之政策亦未改變。白宮曾派季辛吉赴北京調解，隨後克里斯多福
與錢其琛也在汶萊同時參加東協組織相關會議時舉行會談，克卿
除向錢其琛提出保證之外，並遞交柯林頓致江澤民一長達三頁之
信函，強調美國將

1.反對臺灣獨立；

2. 不支持兩個中國或一中一臺；

3. 不支持臺灣加入聯合國。

　　此信函成為新的「三不」政策的濫殤，克卿還表示今後美方批准簽證供臺北領袖們訪美將是（1）個人身分、（2）私人、（3）非官方、（4）非政治、（5）稀少（personal, private, unofficial, non-political and rare）五原則。[11]

　　為了改進與中共的關係，美國在三方面進行努力：[12]

一、 把雙方官員互訪再度予以制度化（re-institutionalize ties）：如派遣新任國務卿歐布萊特（Madeleine Albright）、副總統高爾、前國防部長裴里、財政部長魯賓（Robert Rubin）、商務部長戴利（William Daley）等人訪問中共。

二、 再建立戰略對話：延續九六年軍演時國家安全事務顧問雷克與劉華秋見面之成例，由雷克之繼任人柏格（Sandy Berger）持續與中共保持聯繫管道。同時中共海軍艦艇編隊「哈爾濱號」於三月間首次訪問美國本土，美參謀首長聯席會議主席夏利卡席維利亦於五月訪問北京。

三、 續協助中共融入國際社會：一方面促使中共參與各項多邊合作計畫，解決日增之全球性問題，一方面期盼中共因遵守相關法律規章，其行為更受規範。

　　美國雖然極力利用元首互訪，試圖與北京增進合作，但仍未袪除雙方矛盾，柯林頓在一九九八年二月即因察覺美方先進核子機密可能外洩而下令能源部加強反情報措施。一九九九年四月二

---

[11] 前揭書，頁一七三。

[12] 前揭書，頁一七九。

十一日，恰在朱鎔基訪美之後，美國能源部長李察遜正式發佈聲
明，承認經由損害評估小組之鑑定，中共確實透過間諜竊取了美
國核子武器的機密。國會眾議院國家安全委員會下之考克斯委員
會發佈長達七百頁之解密調查報告，指出在過去數十年來，中共
已竊取美國各種重要核子彈頭機密，大部分失竊情形發生於過去
四年間，包括 W88（1）型核彈頭的七種最新型核彈及中子彈的
設計機密及可攻擊美國衛星及潛艇的科技等，而部分原因是美國
採取「接觸」、「交往」政策所導致，結果可能影響到國家安全。[13]

　　當時美國若干著作之暢銷亦反映美方對中共之不安心理，一
九九六年杭廷頓（Samuel Huntington）《文明的衝突與世界秩序
的重建》（The Clash of Civilizations And The Remaking of
World Order）一書即假設「統一的中國」會與美國發生戰爭[14]，
一九九七年，美國學者白禮博與孟儒（Richard Bernstein and
Ross Munro）所著《即將到來的中美衝突》（The Coming Conflict
with China）亦作此結論。[15]此外，美國不同政治立場之期刊報
紙包括自由派的《新共和》（New Republic），保守派的《標準週
刊》（Weekly Standard），社會團體如「基督教聯盟」（Christian
Coalition）、美國全國工會（AFL-CIO）等亦經常自不同角度批評

---

[13] http://www.usia.gov/regional/ea/uschina/richrdsn.htm

[14] 黃裕美譯，《文明衝突與世界秩序的重建》，Samuel p. Huntington 原
著，《The Clash of Civilization and The Remaking of World Order》
（臺北：聯經出版事業公司，一九九七年），頁二二六。

[15] 許綬南譯，《即將到來的中美衝突》，Richard Bernstein and Ross
Munro 原著，《The Coming Conflict with China》（臺北市：麥田出
版，一九九七年），頁三。

美國之對華政策。[16]所以亨利魯斯基金會（Henry Luce Foundation）在一九九九年所作民意調查顯示「中國」是美國人在亞洲最關切的議題，也是今後數年間亞洲安定與和平最大的威脅。哈里斯民調（Harris Poll）亦發現百分之三十三的美國民眾認為中國是美國的潛在敵人，相對於天安門事件時只有百分之十二點五的美國人視中共為敵人。[17]

　　與此相反的發展是，美國國會在這幾年中卻陸續通過不少對臺灣友好或對我國表示支持的決議案及法案。其內容或支持臺灣加入多邊經濟組織，或重申美國在臺灣關係法下對我之承諾，或要求中共放棄對臺用武，或表明國會關切行政當局對我之軍售案等等，其中一九九九年間參院 S1059 號「二〇〇〇年會計年度國防授權法案」經柯林頓總統簽署成為法律後，根據國會所增加之內容，每年須提報中共軍力年度報告（Annual Report on Military Power of the People's Republic of China）。具體而言，每年三月一日前，美國國防部長應向參眾兩院之軍事及外交委員會提交關於中共軍力的機密及非機密報告。[18]國會對臺灣持續性的支持，必須歸功於美國智庫長期持續將臺灣民主化的分析報告提供國會議員參考，使得美國國會議員對臺灣有深切而且及時的了解。

　　一九九九年三月二十八日，亞太事務助卿陸士達在華府為紀念「臺灣關係法」成立二十週年的一項公開演講中，即呼籲兩岸能用創造力進行「有意義的對話」，以形成一種「臨時協議」或是

---

[16] David Shambaugh, 《The 1997 Sino-American Summit》（New York: Asia Society, October 1997），11.

[17] 胡為真，前揭書，頁一九一。

[18] 前揭書，頁一九四。

「中程協議」，此協議或許可以與某些信心建立措施（confidence building measures）相結合，以處理兩岸各項難題。陸士達之副手，亞太副助卿謝淑麗（Susan Shirk）在同年四月十四日之國會聽證會中在稱許「臺灣關係法」之成就後，用「新瞭解」（new understandings）表達相同概念，並強調美方將是兩岸爭論和平解決之貢獻者（contributor），而非調停者（mediator）。[19]該等協議之主要構想，係指政治上具有重要性之協議，非指具高度政治性之「一次性協議」，但也非指事務性之協議。

臺海危機發生後，美國深恐事端擴大，即下令國防部「評估臺灣防空需要」訪問團延期來臺，另柯林頓先於七月十八日用熱線電話與江澤民通話，向其保證對中共政策不變，繼而在一項記者會中強調，美國的中國政策係「一個中國」、「兩岸對話」，以及「臺灣前途應和平解決」之「三大支柱」（three pillars）。美國隨即派國安會資深官員李侃如及國務院亞太事務助卿陸士達赴大陸，另派美國在臺協會理事主席卜睿哲（Richard Bush）來臺加強溝通，並說明美國之政策立場，以維護臺海和平。[20]這些動作的背後可以看出，美國外交政策，包括兩岸政策的制定背後均具嚴密的政策思考過程。當一個政策賦予執行時，已屬政策的下游，而一個政策的形成過程，始自於上游的政策思考，到中游時經由政黨人士結合凝聚共識，然後才有下游的政策執行。雖然智庫並非一定有機會將自己研擬的政策送到決策者手中並經採用，但是智庫在這一過程當中扮演的是上游提供政策之角色，對決策之影

---

[19] 前揭書，頁一九六。

[20] 前揭書，頁一九七。

響程度將依智庫與決策者之關係而有所差異，因此積極並廣泛的
與美國智庫交往，才不至於造成誤判情勢，錯失爭取對自己有利
的政策制定。

第八章　結論

　　美國智庫近幾十年來以其專業的學術背景、良好的政商關係，和有效的行銷手腕，立足於華府政治圈，成為決策者在政策制定上不可或缺的倚仗，其中兩岸問題更是智庫身手的素材。

　　兩岸問題之所以被美國決策者和智庫學者重視，一方面在於臺灣近年來的民主化和經濟的成就，使得臺灣得以彈丸之地受到美國各界重視，二方面在於臺灣政治民主化合乎美國利益和價值，經濟實力也因受到美國企業界重視，而成為美國決策當局不得不關心的課題。三方面是，美國領導者在商務貿易考量下，覬覦中國大陸快速成長的廣大市場，基於上述原因，美國政府勢須在政策上有所因應，公聽各方面意見乃成為必要步驟，不同意識形態之華府智庫兩岸問題專家，亦因而在美國是否應該圍堵中國或與中國持續交往議題上，展開激烈的辯論。

　　美國智庫在政府與企業都仰賴並且重視的優勢下，活躍於臺海兩岸之間，他們從事資訊提供、政策研究和評估的工作，讓美國政治決策人士和企業界領袖都能獲益，其影響程度難以量化，只因為免觸及法令對非營業利益團體所做的遊說工作，損及智庫享有「免稅」的優惠，智庫工作者多數不願表示他們介入美國決策制定或影響美國決策，但是從李登輝總統於一九九五年訪美一案看來，傳統基金會和美國企業研究院等智庫的作為，都已經是涉及「間接」遊說，他們以學術研究方式，透過正式或非正式管道，企圖在臺海政策制定上影響決策者。

　　李登輝總統訪問美國母校康乃爾大學一案，雖是由臺灣綜合研究院聘僱美國公關公司卡西迪公司所主導，而非經由我政府外交體系運作而成，但是挾著「國家元首」出訪之勢，外交體系豈能不全力運用自己建立的管道一同出力，以彰顯外交部和駐外單位的功能與角色？事實上，我外交體系長年對美國許多智庫的捐款和交流，確實在此發揮了作用。

　　在李登輝訪美案中，卡西迪公司是「主攻」角色，智庫是處於加強攻勢之「助攻」角色，但是，「助攻」卻成功的促成美國參眾兩院以壓倒性支持，抗議柯林頓政府對李登輝在九四年過境夏威夷時的「待客之道」。卡西迪的實際成效仍值得懷疑，因為公關公司無法進入決策關鍵之行政體系，所彰顯的遊說效用，也僅止於國會。反觀智庫，雖然並未主導整個事件，但是智庫彙集民意形成輿論以影響國會，且進一步將其主張和理念延伸到行政部門，使得卡西迪因「粗糙」、「令人嫌惡」的作為而產生許多負面評價的李總統訪美一事，變得具有正當性、合理性、甚至帶有某些「英雄色彩」，不致使美國民間認為臺灣「財大氣粗」而產生不良的印象，影響美國和臺灣的關係。不過，智庫的作為令衍生兩岸後續變化，因為自李訪美後，臺海危機升高，迫使柯林頓政府必須對長年模糊的兩岸政策重新定位，因而引發李侃如與何漢理等兩位中國問題專家，分別利用「二軌會談」機制，提出「中程協議」或「臨時協議」的主張，此舉不僅使臺灣領導人將之視為美國政府將迫使臺灣和大陸走向統一談判的警訊，更導致李登輝提出「兩國論」，使兩岸關係的緊張程度再度拉高。何漢理曾任職布魯金斯研究院七年，是當前美國著名之兩岸問題專家，以此為例，可見智庫所提的理念或意見，如果受到決策者青睞，勢必牽動不可預測的影響，也由此可見智庫在美國決策者制定兩岸政策

中，確有強大影響力。

美國智庫對政策制定的影響力頗受日本政府重視，官方甚至指派外交人員就近觀察智庫的活動，但是大多數觀察家仍對智庫所能產生的政策影響力，抱存懷疑態度，主要原因是，因為智庫一直以「影舞者」（hidden participants）角色在美國政策圈中活動，不像政黨、國會和行政部門在政策制定過程中，不僅角色透明化，且擁有較高的正當性。智庫雖然表面上是藉著出版書籍或發表文章傳達政策主張或理念，並企圖影響政策制定，但是，單憑一本書或一篇文章是很難改變一個特定政策的，其主要影響方式是，靠著各種管道和技巧織成一個介於政府決策和政策研究之間的角色，因此，智庫的影響力很難明確度量。智庫在媒體的曝光率，或是斷言智庫改變了某項政策。因此，與其度量智庫對外影響程度，不如探討其作為與政府決策所產生的關聯性。智庫對美國兩岸政策制定之影響力雖然缺乏實例證實，但是許多政策研究機構，卻曾在諸多政策議題上，喚起政府對某些重大議題的意識，且促成政策之一致性。例如，呼籲自由市場經濟的重要性，便是智庫常為之舉。

知識與理念是權力的根本，一個現代化的國家，仰賴專家對政策的建言，可以強化政策或法案的合理性。雖然政府機制仍然主導政策制定，但卻不是政策制定的唯一來源，它仍需其他利益團體或不同機制提供訊息和建議，以求政策制定更趨完善，智庫就是扮演著這樣的功能和角色。這些政策制定機構更透過研討會或研究小組的腦力激盪和意見交流，創造共識或尋求共同價值，再集結輿論形成議題，而提供給決策者參考。理念的結合與擴散，影響性遠超過智庫對政策或法案的提倡，智庫同時運用各種有利的管道，巧妙地與權力核心相結合，發揮對決策的影響。然而，

智庫之影響力仍然未受到許多研究學者之注意，主要原因如下：

一、　智庫處於正式決策圈的外圍，對決策的影響，缺乏直接與正
　　　當性，而且智庫面臨與其他研究機構競爭的生存壓力，它所
　　　憑藉的政策分析報告，如果無法有效送到決策者手中並經詳
　　　讀，再精闢的分析也徒勞無功。

二、　大多數智庫成立的宗旨，皆自我定位為教育性之研究機構，
　　　先天上便限制了他們的政治活動和與政黨關係。聯邦稅法也
　　　禁止智庫進行遊說工作，使他們無法明示政黨認同，或直接
　　　地參與政治活動。大多數智庫均依靠基金會之捐款而生存，
　　　基金會董事成員或其他贊助者，有權對決策議題的優先順序
　　　表示意見，因此，智庫看似獨立，卻仍會因捐款者的個人利
　　　益，而侷限研究之自主性。

三、　智庫近三十年來大量興起，新興的智庫影響力遠不如成立較
　　　早和財力雄厚的智庫，在高度競爭下，許多智庫的專業與影
　　　響力都被稀釋了。

四、　許多智庫並不僅侷限於做政策分析或研究的工作，或者只是
　　　將政府視為它唯一發揮影響力的對象，教育民眾經常是許多
　　　智庫宣稱的主要目標，他們所冀望的是長期影響民眾接受他
　　　們的主張或意識形態，而非僅受一屆政府或一位領導者青睞。

　　　當代智庫與政治、政黨和意識形態結合已經愈來愈緊密，主
要原因是，包括資金取得在內的高度競爭環境、對政府的政策建
議，和吸引傳播媒體的注意。同時，當代的智庫也愈來愈政治化，
主要是因為政黨或利益團體認識到政策理念的重要性，或知識立
法的必要性。基於此，現在的智庫如果仍然重提獨立或自主，是
值得懷疑的。

　　回顧自美、中建交後的臺灣、中共與美國關係，顯然幾十年
以來三者之間並沒有什麼太多的改變。同樣是處於一種不確定
性，在此之下任何的改變和驚訝都可能發生，這似乎是一個新世
紀的賭注。在這樣的情況下，決策者與大眾對於能夠在三方之間
維持基本關係的架構，有著一種特別敏感的需求，任何高明且具
深度的見解、建議和有利於美國處理兩岸情勢發展的事件，都會
受到決策者或美國各界的重視。基於歷史、地緣戰略及國際政治
等因素，美國在臺海安全問題上一直扮演關鍵性的角色。而美國
基於亞太情勢穩定的考量，更積極鼓勵或敦促兩岸應進行對話，
美國智庫所發表的研究分析報告，時時提醒美國在處理兩岸問題
上「必須小心，不要在這過程中成為不聰明的幫兇」。[1]

　　冷戰終結後，使美國曾志得意滿地宣稱以「擴大民主和市場」
（enlargement of democracy and market）為新一波國家戰
略，在此前提下，美國與中共開始改善關係，但是好景不常，八九
年「天安門事件」後，美國與中共之間因為對抗共同敵人而被刻意
隱藏的矛盾，大量浮現。反觀當時的臺灣，挾其民主化及經濟成就
所累積的聲譽，企圖取得應有的國際地位時，美國無論從價值觀或
情感上，都難以再維持二十多年來的假象。[2]而在這段過程當中，美
國智庫經常性的就臺灣問題發表文章，表達意見，使得臺灣在美國

---

[1]　章孝嚴，〈從危機到轉機〉，《臺灣有沒有明天？臺海危機美中關係揭密》
　　（Crisis in The Taiwan Strait），李潔明、唐思合編（臺北：先覺出版股
　　份有限公司，一九九九年），頁一二。

[2]　林濁水，〈政策不能建立在虛幻的假設上〉，《臺灣有沒有明天？臺海危
　　機美中關係揭秘》（Crisis in The Taiwan Strait），李潔明、唐思合編（臺
　　北：先覺出版股份有限公司，一九九九年），頁一四～一五。

甚至是國際上的能見度上，幾乎和中國大陸一樣受到美國政府同等對待。一位熟稔美國事務的資深外交官表示，以所處地位和面積的大小而言，臺灣能在全世界這麼多的國家裡面，受到美國朝野的重視，實屬不易，以鄰近我國的菲律賓而言，它受美國重視的程度就遠不及我國，這除了要拜與中共為鄰可能產生衝突外，美國瞭解並認同臺灣的民主化和進步，則是主要原因。[3]

　　美國華府政治人物對政策專家的需求已成為趨勢，類似像布魯金斯研究院、美國企業研究院和傳統基金會等重要智庫，確實在質與量的產能上，都能滿足政府或贊助企業主的需要。臺灣由於其特殊外交處境，使得中華民國政府為求生存，必須盡力爭取外交空間和維護國家安全。而美國便是臺灣最主要的依靠及爭取認同的國家，因之，試圖影響美國政策，厥為中華民國政府最優先考慮。這方面的努力，從任命耶魯大學政治學博士學位的美國事務專家錢復，擔任駐美代表一職，即可看出。錢復非常善於打動意識型態堅定的聽眾，他與州和地方政府、企業界、利益團體、學術界，也擁有良好關係。錢復在華府任職期間，參議員訪問臺灣的次數比前四年增加百分之三百六十，眾議員的訪問次數也增加百分之二百五十。這項努力，即使在與美斷交後的一九八〇年代中期，北美事務協調委員會仍積極雇用遊說人員，聯絡報界及國會，並邀請重要人士赴臺灣訪問旅行。[4]除此之外，臺灣也鼓勵學者加強與許多美國研究機構、智庫和政治協會聯繫。一九九一年，在臺灣許多國際關係專家參加全球現實狀況的討論會後，「前

---

[3]　受訪者為我國資深外交官，目前仍擔任外交部駐外官員。

[4]　唐耐心，《不確定的友情——臺灣、香港與美國，1945 至 1992》（臺北：新新聞文化事業股份有限公司，一九九四），頁三四五～三四六。

瞻基金會」宣告成立，其成立宗旨明定為進行學術合作交流，對
象則集中於美國一些在政治上對臺灣抱持同情態度的機構，例如
傳統基金會、美國企業研究院和胡佛戰爭革命研究所等，臺灣也
提供款項酬謝他們宣揚美國對臺灣所承諾的重要性思想。[5]

　　智庫的最終目的是在決策過程中取得強有力的立足點，雖然
有些學者辯稱，智庫的主要目標任務是促進他們背後的企業贊助
者，在經濟上及政治上的利益，但從實際表現看，他們的動機，
似乎涵蓋了多重議題。最重要的是，智庫認為除非他們在整個決
策群中能成功推銷出他們的研究商品，否則他們將無法受到決策
者的青睞，若無法實際接觸到他們主要消費者，也就是決策者，
他們所能發揮的影響力就會降低，長期下來也可能失去企業贊助
者的信任，政策研究機構很可能會因此而消失。

　　在二十世紀的後半段，智庫在美國受到支持而逐漸興盛的情
況，不單只是改變了決策群的組成，還對政治性新聞的發表與評
論方式產生非常明顯的影響。先不討論智庫希望將自己的想法傳
達給美國大眾知道的慾望，單就媒體對這些政策專家逐漸增加的
依賴，已經使智庫等政策研究機構與新聞媒體之間，產生一種相
互依賴的關係，媒體依靠智庫取得快速且深入的分析研究，而智
庫也藉由媒體的報導提昇組織知名度。

　　從研究中可發現政策專家可以對政策制定過程有影響力，但
是，是否具有實質的影響力，則取決於政治環境的特質和決策者的
個人喜好。事實上，不管是智庫組織本身或是政策專家個人，都可
藉由他們的特色和策略直接地發揮影響力，尤其是他們所累積培養

5　前揭書，頁三四九。

的信用、人脈，和發展出來的行銷策略和專業技術，都可以決定在
什麼時機和用什麼方法讓決策者和新聞媒體聽到他們的聲音。有一
些國會幕僚或助理是最熟練的專業消費者，有些議題適合政策專家
發揮，有些政治時機最適合政策專家的表現，一旦這些政策專家進
入政治決策圈，且其專業和認知有利於向新工作挑戰時，智庫的協
助，可以使這些政策專家，在決策圈中更具實力。

　　近幾年來，美國華府智庫已經愈來愈走向市場導向，而一些
較新成立的智庫，也明顯具有意識型態。從李登輝訪美後所造成
的一連串政治效應，便可以看出智庫的主張或理念對美國兩岸議
題的決策影響，柯林頓時期的模糊政策和小布希新就任時的明顯
態度，就和兩派爭執不下的智庫學者所主張的兩岸政策一樣。華
府智庫愈來愈野心勃勃的專注於市場行銷，和促銷更多具意識型
態色彩的研究和出版品，傳統上被視為鼓吹政策制度專家們的成
就和貢獻，也漸漸消失了。無論未來新興的智庫如何產生，行銷
策略仍將是智庫特質之一，而且將是決定是否具政策影響力的要
素，筆者藉由訪問分析得知，促銷智庫的理念和主張，用以確保
智庫在國會及新聞媒體中的知名度與能見度，已經是大多數智庫
的主要策略目標。在美國華府充滿競爭的環境之中，專業的行銷
手腕在未來很可能成為智庫最優先的工作項目，也是政策專家尋
求發揮影響力的主要策略。以智庫企圖影響美國政策制定的決心
和努力，以及他們幾十年來所累積的專業素養和政治資源，加上
兩岸對美國兼具經濟和戰略利益，華府智庫在將來勢必會在美國
決策圈中扮演著更積極、顯著的角色，而對兩岸政策制定的影響
也會愈來愈重要。

　　華府說客及背後的利益團體勢力日漸膨脹，儼然有與新聞界

並駕齊驅之勢，成為影響政府決策的「第四權」。智庫雖不是媒體，但是，智庫不但具備傳播媒體的敏銳和效率，而且整體而言智庫之研究分析遠比傳播媒體更具學術價值和深度；智庫不同於大學教授，但是智庫政策專家不但具備教授學者的學術根基和涵養，而且具有教授學者所欠缺的影響管道；智庫不是公關公司，但是，智庫不但具有遊說的影響力和管道，而且具備令人尊重的專業素養；智庫不是政治人物，但是對政治具備充分的熟悉度和敏感度，而且沒有政治人物的包袱與行政事務憂心，兼具上述種種特質，使得智庫在華府決策圈中佔有得天獨厚的優勢。近年來美國智庫雖無遊說之名，卻行遊說之實，加上支撐智庫財源的企業主，對中國大陸市場的覬覦，使得美國智庫對美國未來兩岸政策制定的參與，日益積極。李登輝訪美的成功，曾顯示美國遊說力量足以影響美國政府的決策，對說客而言，影響力就是一種政治貨幣，決策圈內人士最了解如何交換運用。

華府智庫和其研究兩岸問題的專家，自成一個特定的圈子，平時即藉著學術研討會或私下聚會，互通訊息、交換資訊。雖然這些學者專家在基本立場上有所不同，但是，只要關於兩岸之間的任何作為經討論或辯論後，很快會產生「共識」，例如國民黨失去政權後，即有戰略暨國際安全中心之研究專家葛萊儀（Bonnie Glazer）撰文表示國民黨向中共靠攏，聯合打壓執政之民進黨。一位共和黨「藍隊」強硬派人士也表示，他們在美國政壇強烈支持臺灣，在國會裡不厭其煩的提出維護臺灣安全的提案，為的就是維護臺灣的安全，保護臺灣的民主自由，同時也符合美國利益。[6]

6　曹郁芬，〈國民黨漸失華府政界信任〉，《自由時報》，民國九十年十月十

對於這種訊息，國民黨如果沒有適時地加以解釋，類似葛萊儀之說，可能就成為美國政府將來制定兩岸政策上的參考依據。因此不論北京或臺北當局，若能與美國智庫保持密切而且良好的互動，必有助於提供美國決策者正確、客觀的兩岸資訊，讓美、中、臺三方不致因誤解而產生摩擦與衝突。尤其是臺灣與美國缺乏正式溝通機制，更需把握任何有助於與美國維持關係的管道，如果沒有善用智庫作為對美政策宣傳或平衡的管道，臺灣在華府政界或學界，很可能淪於邊緣化的命運。過去，國民黨政府挾著經濟的優勢，資助美國許多智庫，使傳統基金會等「友我」之智庫為我國發聲，其後，臺灣民主化的成就，也可以讓不接受也不需要我國資助的布魯金斯研究院，表示認同與肯定。如今，面對中國大陸廣大市場的誘因和臺灣經濟競爭力逐漸下滑的情勢，我國應深思：政府或民間企業是否還有足夠能力長年資助已傾向「市場導向」之智庫？臺灣因民主化而產生的統獨爭議之際，是否還能吸引「堅持中立客觀」的智庫給予認同？在臺灣與美國沒有正式外交關係和暢通的溝通管道情形下，如果美國智庫不再表示支持臺灣，或不再堅持美國政府善意對待臺灣時，美國政府的臺海兩岸政策極可能失去平衡點，臺灣應如何以對？

九日，頁六。

附錄一　A Note on Tax Regimes
（政策研究機構稅法規定）

All the American organizations listed in the appendix have, or have had, legal status as a 501（c）（3）non-profit organization under the Internal Revenue Service（IRS）code.　Within this category there are several quite diverse organizations.　The Russell Sage Foundation, the Carnegie Endowment and the Twentieth Century Fund, for example, are general purpose operating foundations.　The Progressive Policy Institute was a 501（c）（3）but since merging with the Democratic Leadership Council it has become the research arm of a larger 501（c）（4）organization.　Organizations that are involved in substantial political advocacy and lobbying are general categorized under Section 501(c)(4)of the Code.　They are prohibited for private foundations and re non-deductible for individuals.

US law regarding 501（c）（3）organizations is complex and has been subject to numerous interpretations.　Tax deductibility is limited to 'religious, educational, charitable, scientific and literary' 501（c）（3）organizations.　These organizations are barred from 'substantial political activity'. The meaning of 'substantial political activity' is somewhat ambiguous but has been clarified by IRS rulings and legislation.　In 1996, the IRS ruled that non-profit organizations which convened public forums and debates on social, political and international matters qualified as exempt bodies regardless of whether or not they sparked controversy, provided that the primary purpose is to promote a fair and open-minded consideration of such questions. The charter of such organizations must specifically state that, firstly, it has no institutional point of view and is not responsible for the views expressed by its scholars, speakers, and secondly, its responsibility is to bring views expressed to the attention of the community (Hopkins and Summer, 1991:8).

The major clarification of 'political' came in the Tax Reform Act of 1969. Congress defined 'politics' narrowly as direct involvement in campaign activity of attempts directly to influence Congress and the executive branch. Organizations may still legally appear and give testimony before Congress or administrative bodies provided such activities are 'educational'. That is, factual and solicited by the governmental body in questions, or if the activities represent an insubstantial portion of the organization's endeavors. Charitable organizations are precluded from attempting to influence legislation. Such attempts include: i) contacting or urging the public to contact members of a legislative body for the purpose of proposing, supporting or opposing legislations; or ii) advocating the adoption or rejection of legislation. If a substantial portion or an organization's activities are devoted to influencing legislation, the organization is denominated an 'action' organization which cannot qualify as an exempt entity. An organization may analyze a subject of proposed or forthcoming legislation and prepare for the public an objective bills to the legislature and does not engage in any campaign to secure enactment of the legislation.

附錄二　智庫學者暨相關人士訪談摘要

Name & Position	Dates and Venue	訪談內容摘要
Authur Waldron（林霨）Director, Asian Studies, Lauder Professor of International Relations, University of Pennsylvania, American Enterprise Institute for Public Policy Research	二〇〇一年一月二十三日 AEI office	（1）美國智庫在兩岸政策上的影響分為政治、經濟及軍事上。 （2）美國政府部門人員有很多都有在智庫工作的經驗。 （3）兩岸問題的困難和複雜性遠超過想像，因此政府尋求各種建議有助於政策制定及執行，智庫即為提供政策建議者之一。 （4）智庫不制定政策，僅提供一個環境討論不清楚的外交政策。 （5）智庫工作者很多都希望能涉及與外交政策有關的討論。 （6）經由退休官員提供很多訊息和看法，李潔明給 AEI 很多見解，而非是「等候室」（waiting room）。 （7）有機會見很多政要。
James Lilley（李潔明）Senior Fellow,	二〇〇一年一月二十四日 AEI office	（1）AEI 自 1993 年起連續八年召開中共解放軍（PLA）年會，親北京人士認為

American Enterprise Institute		美國不應視中共為問題。 ◎ 智庫經由日積月累的收集事件演變的訊息,非一份報告就可見成改變政策。 ◎ 藉由出書或發表文章提供大眾改變對中共的看法形成輿論而影響政策。 (2)透過進入政府的智庫人員影響政治看法、不同學派人士進入新政府形成競爭。 (3)邀請兩岸政要為兩岸關係提供新觀念、新做法的建議,同時通知政府部門和大眾。 (4)臺海危機後立即出書「臺海危機」影響臺海情勢。
Charles W. Freeman Ⅲ, Assistant of Senator Frank Moukaski	一月二十四日 15:30 Hart Building United States Senate	(1)智庫人員進入政府後,才可能有機會發揮影響力。 (2)積極地舉辦或參與事件的討論以增加其公信力,常受邀以收集某些特定議題資訊。 (3)智庫與議員助理關係良好,助理在為議員收集資料或提供建言,時常向智庫請求協助,尤其

		非個人專業領域。
		（4）行政幕僚如能有智庫經驗將更有行政效率，行政部門需要專家。
		（5）智庫較具彈性。
Cathrine Delpino Deputy Director, Northeast Asian Program, Brookings Institution	一月二十五日 Brookings office	（1）智庫為儲存退休官員或有潛力或為官員的人才庫以華府智庫為主。
		（2）比大學提供更多外交政策看法及建議給新政府，沒有學校和政府之間許多看法上的分歧。
		（3）提供事件的真相分析供政府機關參考，而影響政策制定。
		（4）發表文章及出書政策。
		（5）舉辦有關外交議題討論會，比政府自由可邀請很多外國學者參與辯論。
		（6）臺灣的民主使美國不致放棄臺灣，對臺灣而言，智庫角色更不尋常，因為美臺無外交關係，因此臺灣外交人員更需要智庫人員接觸。
Ed Feulner （佛訥） President, Heritage Foundation	一月二十八日 11:00 President office heritage foundation	（1）提供非正式諮詢和建議予兩岸領導人。
		（2）智庫對國家政策及利益的長遠性超過任何政府一次選舉的改朝換代，使新領導人初就任時容易失去方向。智庫提供

		政策一致性供思維接近之領導決策者參考。 （3）利用媒體向大眾或政要傳達訊息和對問題的看法。 （4）臺海危機，力促柯林頓派遣航空母艦到臺灣，有效說服兩黨國會議員。 （5）H.F.並非是「共和黨」智庫。 （6）抓住國會議員太忙無暇專注主議題時，藉由專家評論分析提供意見，由議員提供「購物單」（shopping list），智庫將其買齊。 （7）抓住議題的時效性，沒有辦法重建立議題。
Gerrit W. Gong（江文漢）Director, Asia Program, CSIS	一月二十九日Gerrit Gong's office, CSIS	（1）智庫角色：策略分析；將文字轉換成行動。 （2）田弘茂常參加 CSIS 舉辦之辯論或研討會。 （3）卜睿哲表示討論會對政策制定有幫助。 （4）專注於時事分析，提供大眾參與討論機會。 （5）與國會關係良好。 （6）提供政府新的見解或看法，提供新政府政策如何落實。 （7）管道：報告給政府簡報。

		（8）美國幅員廣大：學者教授很少有政策傾向的，很少涉及政府政策。 （9）職員需要 P.H.D.在政策做過事。 （10）董事會成員組織很廣，但不會要求智庫人員怎麼做。
John Bolton Vice President American Enterprise Institute	五月二十四日 Marriott Hotel, Metro Center, Washington DC. IDU Meeting	（1）不要孤立中共，美國沒有像對待蘇聯一樣的對待中共。 （2）進入政府後，在官方說法上我不同意自己的某些看法。 （3）建立全國飛彈防禦系統是為了要保護自己和世界的友邦國家。
Richard Haass Senior Fellow, Brookings Institution	五月二十四日 Marriott Hotel, Metro Center, Washington, IDU Meeting	（1）中美關係是美國歷史上最困難處理的雙方關係。 （2）尋找中美間一種合作的方法。
Alan K. Yu Deputy Advisor, Taiwan Coordination Staff, Bureau of East Asian and Pacific Affairs, Department of State	一月二十六日 13:50 Telephone	（1）從智庫處吸收更多看法，多聽建議總是好的，智庫人員也常主動接觸他。 （2）定期收到智庫刊物，但不一定會看。 （3）從智庫到政府或反之是極平常的事。 （4）引起決策者的注意。
張嘉政 駐美國經濟文化	一月二十六日 15:30	（1）智庫人員接近權力核心，培養關係，伺機再

代表處秘書 （主掌對美國智庫業務）	TECRO	回到政府。 （2）做為政府與學術界的橋樑。 （3）政策做法：濃縮政府要點，提供政界人士資訊。 （4）◎ 影響政策。 ◎ 參與政策討論。 ◎ 瞭解政界看法及見解。 ◎ 培養人際關係。 ◎ 增添訪晤行程。 ◎ 舉辦論壇與卸任及即將出任閣員接觸。 ◎ 傳達我方訊息。
James Gilmore, Chairman, RNC and Governor, Virginia	二〇〇一年五月十五日	（1）美國政治體系運作基於理念（idea）。 （2）美國兩黨意識型態分明，沒有選舉分裂的情形。
David Lampton（藍普頓）Director, China Studies, Johns Hopkins University Director, China Center, Nixon Center	April 30, 2001 美國在臺協會文化中心	（1）智庫對美國最大的貢獻在於政府人才的儲備和培養，和建議或提供新政府轉型交接的意見。 （2）曾在柯林頓第二任總統任期內擔任過分析員工作。 （3）小布希總統政府的中國政策太過倚賴中國問題專家，而國務院未能扮演關鍵角色、國家安全顧問也變成總統

		個人顧問。 （4）策略模糊有時候反而對國家利益有所幫助。 （5）美國應該在不激怒中共的情況下保護臺灣。 （6）臺灣問題棘手，美國近代約三分之二的總統未能成功地處理這個問題。 （7）美國的中國政策以白宮、國務院和國防部三個單位為主要的決策單位。 （8）經濟議題是美國、中國和臺灣三方面都共同面臨和關心的問題。 （9）柯林頓政府擔心透過非政府認識所傳遞消息的二軌外交，會有個人訊息夾雜在其中。
Richard Fisher （費雪） Senior Fellow, Jamestown Foundation	July 16, 2001	（1）人就是政策，政策就是人。 （2）智庫藉由出版品或座談會、餐會等形式教育人民、形成輿論影響政府決策及建立和政府與國會的關係。 （3）智庫背後財團對智庫主張的影響值得觀察。（波音公司對臺灣的報復行動）
Stephen Yates （葉望輝）	July 16, 2001	（1）政府工作和智庫的不同在於在政府中有很

Assistant to Vice President National Security Affairs		多的會議和訪客。 （2）副總統辦公室需要具相同意識型態並且有中國事務專長的人，透過管道表達意願。 （3）在智庫工作期間建立聯繫管道和知名度，並且累積對組織忠誠度和信賴度，受到賞識。
程建人，中華民國駐美代表	July 17, 2001	（1）代表處和智庫的關係是相對的，但是大多是智庫主動邀請代表處或國內官員演講、參加餐會等。 （2）智庫中中國（包括臺灣）問題專家值得注意。 （3）智庫對政策的影響在直接接觸，透過拜會總統或決策高層、出版品、研討會、媒體發表文章頻率、國會聽證、進入政府工作、和企業界及學術界互動等多元管道，影響程度則是本身力量和對方接受程度。 （4）智庫學者進出政府發揮影響力。
John Garver, Professor, Georgia Institute of	July 19, 2001 Heritage Foundation （seminar）	（1）美國必須在亞洲維持平衡的力量，以免中國獨大後產生更多問題，亦可維護美國在亞洲

Technology		的利益。	
		（2）	美國未來和中國的衝突必然會增加，因此更應該建立更多的友邦。
王建偉 Visiting Scholar, George Washington Univeristy	July 26, 2001 Sigur Center, George Washington University	（1） （2）	美國智庫對中國問題或兩岸問題的研究值得重視。 智庫中國問題專家經常受邀入閣執掌美國、中國和兩岸事務。
Bruce Dickson （狄忠浦） Director, Sigur Center, George Washington University	July 30, 2001 Sigur Center, George Washington University	（1） （2）	智庫中國問題專家漸漸受到政府的重視，不過不同的領導者有不同的重視程度。 進出政府部門應該是智庫專家發揮影響力最具體與直接的方式。
任曉 中國復旦大學國際關係與公共事務學院副教授	July 31, 2001 Sigur Center, George Washington University	（1） （2）	美國智庫對於美國兩岸政策制定具有影響力也具有研究價值。 中國政府與美國政府之間具有直接的溝通管道，對美國智庫的需求度並不高，對臺灣可能比較有幫助，不過中國政府和學術界也相當重視美國智庫對中國或兩岸問題所發表的文章和建議。
Philip Liu, （劉曉鵬） Analyst, CSIS	August 4, 2001 CSIS	（1）	CSIS 不同於華府主要智庫，它是靠行制，即各研究部門行政作業獨立，部門主管需籌募

		資金，但募得的款項也具獨立支配權。 （2）CSIS的亞洲研究部門對美國兩岸政策並不具影響力，但是其他部門或個人仍然甚具影響力，例如 Kurt Campbell, Henry Kissinger 等。 （3）臺灣國關中心和軍方與 CSIS 仍然保持密切的合作關係，但是主要是基於雙方部分人士之間的特殊關係和 CSIS 內部擁有幾個具號召力的人士，至於對臺灣的國際地位和對美關係是否有實質的幫助，有待評估。
Michael Pillbury（白邦瑞）Senior Analyst, The Pentagon	August 6, 2001 telephone	智庫在「第二軌道」上對美國兩岸政策的確具有一定程度的影響力。
John Tai, Policy Analyst, U.S. Commission on International Religious Freedom, Congress	August 8, 2001 Congress	（1）智庫對美國兩岸政策制定有日趨顯著的影響力。他們利用國會的管道和在總統大選時暗中的為特定候選人獻策並企圖進入政府的方式，間接和直接的影響美國政府的兩岸政策制定。 （2）智庫學者專家多以個人名義發表言論和主

		張，而利益團體的遊說人士則鮮以個人名義行事，多以公司或組織名義進行遊說工作。 （3） 智庫的存在可以使政務官下臺後仍具有舞臺持續發揮專業和影響力，消除只有在朝才能報效國家的觀念。
John Forde （傅強） Vice President, The US-China Business Council	August 8, 2001 U.S.-China Business Council	（1） 美「中」關係正常化之前，美中貿易協會幾乎就是美國在中國大陸的代表處，兩國建立外交關係後，該協會協助美國使領館快速成立及交接，該協會在兩國建交一事上頗有貢獻。 （2） 美中貿易協會會員大概涵蓋了美國主要大型企業，但是他們也選擇會員，如果企業型態有危美國國家安全或造成兩國糾紛之企業則會予以拒絕。
John Tkacik （譚慎格） Senior Fellow, The Heritage Foundation	August 8, 2001 The Heritage Foundation	（1） 傳統基金會的最主要對象是國會議員和新聞媒體，顯現出它企圖影響美國政策的決心。 （2） 傳統基金會多位研究人員受延攬加入小布希政府，可以證實其策略成功，而且對政策影響力將與日俱增。

Samantha Ravich（賴維琪）Assistant to Vice President National Security Affairs	August 22, 2001 Eisenhower Executive Office Building, White House	（1）	智庫沒有行政部門的束縛，對具有爭端的問題可以創造更多的解決方案。但是智庫對自己所提的政策主張通常看不到成果。
		（2）	美國政府對於「第二軌道」會談的結果頗為重視，畢竟有一群人為政府思考問題的解決方案，絕對是利多於弊，在不考慮其結論是否受到政府採用之前，已經具有傳達政策建議的管道。
		（3）	臺灣在智庫的投資上是浪費金錢，沒有把握智庫的特質，除了投資金錢外，應該要實際參與活動的設計和研究，並積極加強與各智庫發展關係。
Mike Mochisuki（望月正人）Director, Sigur Center, George Washington University, non-residence Fellow, Brookings Institution.	August 22, 2001 Sigur Center Office, George Washington University, Washington DC.	（1）	智庫內部對議題討論的意見多元化，是在智庫工作最大的收穫，智庫中之政策專家彼此智庫本身對政策制定更具影響力。
		（2）	所有智庫均稱自己為中立、獨立和非黨派的組織，但是每個智庫對政策議題仍然有屬於自己的主張或意識型

		態，例如眾所皆知傳統基金會是保守派的大本營，布魯金斯研究院整體而言較為中立，但是傳統上仍被視為是自由派的代表性智庫。蘭德公司的主要財源來自政府機構，尤其是國防部，因此其立場和主張較不受政黨或意識型態的影響。然而智庫之中的學者專家則可能有自己個人的政治主張或意識型態。 （3）智庫主要是透過聽證會、文章和媒體傳播來影響議題辯論的本質，它可能會在政策制定之前改變政府對議題的看法，引導政策制定的方向。 （4）外界總是認為智庫對政策制定具有影響力，但是布魯金斯研究院的研究專家認為，智庫對於政府決策的影響極為有限。 （5）智庫研究人員因為可以取得與行政部門的特殊管道，因此他們可以比一般新聞記者取得更多的資訊，也可以撰寫更深入的分析報

		告。 （6）許多政治人物或希望從政的學者視智庫為重返或進攻政治圈的基地，華府如果沒有智庫組織的存在，每次政權替換時，將會有很多政府官員失業。
Joanna Yu, Congressinal Staff, House Majority Leader Office	August 22, 2001 Congress	以共和黨的國會領袖助理而言，可能接觸到的議題範圍很廣，每個助理雖然具有個人專長，但不可能精通各項議題，因此藉助智庫政策專家所提供的資料是很平常的事，而又因為理念與意識型態的關係，共和黨或保守派國會議員習慣向傳統基金會或美國企業研究院的政策專家請益，一方面是彼此熟識聯繫容易，另一方面則不必擔心所提供的資料與國會議員本身的理念和政治主張有太大的差異。
Keith Schuette, lobbyist, Barbour and Griffth Corporation	August 24, 2001 Barbour and Grifth Corporation	（1）智庫在每次的總統大選競選期間，均會私下主動以「個人名義」提供協助，但是總統候選人會選擇邀請他個人欣賞或認同的智庫政策專家做為競選幕僚或提供策略。 （2）傳統基金會在每次共和黨的大選活動上都不會缺席，但至於涉略的程

		度，仍然受到候選人的需求與喜好程度的影響。
Wayne Morrison, Research, Congressional Research Service	August 27, 2001 Madison Building, Library of Congress	（1）智庫在政府決策制定具有影響力，目前雖然未看出有任何兩岸議題的政策制定是受到智庫直接的影響，但是以他們積極和專業的做法，智庫的影響力和影響層面將與日俱增。 （2）國會研究中心的研究人員也會參考智庫專家的政策分析報告，例如布魯金斯研究院的經濟學大師拉迪（Nicholas Lardy），就經常受邀到國會為中國經貿問題作簡報或聽證，而國會研究中心研究人員在撰寫中國經貿問題分析報告時，也經常參考拉迪的報告。 （3）傳統基金會的企圖心最強，國會各部門隨時可以看到傳統基金會所發表的政策分析或時事分析，而且通常是事件發生的二十四小時之內就可以收到傳統基金會的分析報告，但是它所做的分析報告不如布魯金斯研究院、美國企業研

		究院或卡托研究院的分析報告來得深入精闢。
曹郁芬 自由時報駐華府特派員	September 6, 2001 telephone	（1）美國許多主管臺海兩岸事務之行政部門官員也開始注意到美國智庫的影響力，例如美國在臺協會理事長卜睿哲，即表示智庫在臺海兩岸未來的發展，將扮演著重要的角色。 （2）許多研究兩岸問題之智庫專家學者進入政府工作，就是智庫對兩岸政策最具體的影響。
Edward Marco Acting Dean, The Elliott School, George Washington University	September 6, 2001 Sigur Center, George Washington University	（1）智庫政策專家如果不是立志從政型的學者，經常受到大學研究機構爭相邀請任教，因為他們通常兼具理論與務實經驗，深刻瞭解學術和實務之間的落差，受到學生的歡迎。 （2）柯林頓總統在中國事務問題上常邀請布魯金斯研究院的專家學者做簡報。
Bates Gill （季北慈） Director, Northeastern Asia Program, Brookings Institution	September 6, 2001 telephone	（1）布魯金斯研究院是一個具教育性的智庫，對政府兩岸政策制定並沒有影響，也不企圖影響政府。 （2）布魯金斯研究院兼具中立與獨立，被視為自由

		派或親民主黨是不公平的說法，他們的政策專家不僅受邀為民主黨政府效力，共和黨籍政府也會邀請他們的學者入閣。
沈呂巡 中華民國駐美國代表處副代表	September 7, 2001 TECRO	（1）美國智庫並非中華民國的傳聲筒，駐美代表處與智庫之間的關係可以說是反映所需，瞭解訊息。 （2）智庫對中華民國的主要功能之一是集中注意力，以美國在全世界的地位和所扮演的角色，可以讓美國政府注意臺灣、關心臺灣，是一項成就。 （3）華府智庫經常會主動舉辦有關兩岸議題的研討會，邀情兩岸官員或學者參加，我方並非總是主動向智庫提出要求。
史哲維 無線衛星電視臺（TVBS）新聞部駐華府特派員	September 7, 2001 telephone	（1）雖然目前尚無具體的實例看出智庫影響美國兩岸政策的制定，但是從近年來智庫與政府和國會的互動關係，可以察覺智庫已經漸漸在影響美國的兩岸政策制定。 （2）美國的中國或兩岸政策有兩派人馬在角力，智庫中的政策專家就明顯

		的分為這兩派勢力。 （3）身為臺灣的新聞媒體工作人員，訪問不同智庫中之中國問題專家經常可以明顯看出美國的兩岸政策的方向和爭議。
David Shambaugh （沈大偉） Director, China Program, Sigur Center, George Washington University	September 13, 2001 Sigur Center, George Washington University	（1）「藍隊」長年在學術界和政府之中的言論和主張嚴重破壞美「中」關係，對美國的外交政策而言是不健康的，他們的影響力難以評估。 （2）研究美國的中國政策就必須先找出關鍵的組織機構和關鍵的個人。 （3）以華府為例，愈來愈多的大學設有中國問題研究，許多智庫都至少有一至二位中國問題專家，這些人與政府之間的互動愈來愈頻繁，影響力當然是愈來愈強。
Robert Sutter （沙特） Professor, Asian Studies Program, Edmund A. Walsh School of Foreign Service, Georgetown University	September 17, 2001 Sigur Center, George Washington University	（1）美國利益團體對臺海兩岸政策的影響日趨顯著，如果某些智庫已經不單純只是從事學術研究工作，而加強對行政或立法部門的遊說工作，則可能同樣具有影響力。 （2）智庫對臺海兩岸政策的影響上無實際的案例出現，不過對其他地方如

		歐洲和拉丁美洲則有成功的案例可尋，未來是否會具體影響兩岸政策，則有待觀察。
Harry Harding（何漢里）Dean, The Elliot School, George Washington University	September 18, 2001Dean's Office George Washington University	（1）智庫對兩岸政策制定的影響遠遠低於大多數人的想法，雖然曾幾次受邀為柯林頓總統的中國行做簡報和參加聽證會，但僅止於提供參考意見，因為認為智庫沒有影響力，所以轉任大學教職。（2）曾經和李侃如共同提出「中程協議」（interim agreement），但是與李侃如的主張不同，強調以經濟文化交流開始做起，減少對話的框架，沒有預定的期限。（3）智庫所扮演的角色值得注意的不是在於智庫對現任政府的影響，而是智庫對下一任政府的影響。（4）「第二軌道」外交是可以取得更多的資訊，但並不是美國政府樂於採用的，除非是美國政府無法以官方身分參與的對話場合。（5）如果是政府贊助所舉辦的研討會或「二軌會

		談」，政府會特別加以重視，例如蘭德公司所舉辦的研討會或所做的研究分析，具有較直接的影響力。而例如傳統基金會的影響力則集中在國會。 （6）政策並不是靠分析而來，分析結果也不一定就會成為政策。

附錄三　美國重要對華智庫一覽表

卡內基國際和平基金會
（Carnegie Endowment for International Peace）
成立於一九一〇年
總部地點：華盛頓特區
兩岸問題專家：卡耐特（Sherman Garnett）
網址：http://www.ceip.org

卡內基倫理暨國際事務會
（Carnegie Council on ethics and International Affairs, Inc.）
成立於一九一四年
總部地點：紐約
兩岸問題專家：西格爾（Christopher J. Sigur）
網址：http://cceia.org

胡佛戰爭革命暨和平研究所
（Hoover Institution on War, Revolution and Peace）
成立於一九一八年
總部地點：加州史丹佛
兩岸問題專家：舒茲（George Shultz）
網址：http://http://www-hoover.stanford.edu/

外交關係協會（Council on Foreign Relations）
成立於一九二一年
總部地點：紐約
兩岸問題專家：曼寧（Robert A. Manning）
網址：http://www.foreignrelations.org

布魯金斯研究院（Brookings Institution）
成立於一九二七年
總部地點：華盛頓特區
兩岸問題專家：季北慈（Bates Gill）
　　　　　　　拉迪（Nicholas Lardy）
網址：http://www.brookings.org
　　　http://www.brook.edu

美國企業研究院
（American Enterprise Institute for Policy Research, AEI）
成立於一九四三年
總部地點：華盛頓特區
兩岸問題專家：李潔明（James Lilley）
　　　　　　　林霨（Arthur Waldron）
　　　　　　　古倫比契（Mark Groombridge）
網址：http://www.aei.org

蘭德公司（Rand Corporation）
成立於一九四八年
總部地點：加州聖塔蒙尼加
兩岸問題專家：史溫（Michael Swaine）
　　　　　　　波洛克（Jonathan D. Pollack）
　　　　　　　福山（Francis Fukuyama）
網址：http://www.rand.org

美國議會（American Assembly）
成立於一九五〇年
總部地點：紐約
兩岸問題專家：夏普（Daniel A. Sharp）
網址：http://columbia.edu/cu/asassembly

亞洲基金會（Asia Foundation）
成立於一九五四年
總部地點：舊金山
兩岸問題專家：裘德（Allen C. Choate）
網址：http://asiafoundation.org

外交政策研究學所（Foreign Policy Research Institute）
成立於一九五五年
總部地點：費城
兩岸問題專家：高斯登（Avery Goldstein）
電子信箱：FRPI@aol.com

亞洲學會（Asia Society）
成立於一九五六年
總部地點：紐約
兩岸問題專家：羅斯（Robert S. Ross）
網址：http://www.asiasociety.org

東西中心（East-West Center）
成立於一九六〇年
總部地點：夏威夷
亞洲問題專家：穆迪亞（A. L. Muthiah）
　　　　　　　范倫西亞（Mark Valencia）
網址：http://www.ewc.hawaii.edu

美國大西洋理事會
（Atlantic Council of the United States）
成立於一九六一年
總部地點：華盛頓特區
兩岸問題專家：文厚（Alfred D. Wilhelm, Jr.）
網址：http://www.acus.org

戰略暨國際研究中心
（Center for Strategic & International Studies, CSIS）
成立於一九六二年
總部地點：華盛頓特區
兩岸問題專家：坎貝爾（Kurt Campbell）
　　　　　　　雷龍（Alexander T. Lennon）
網址：http://www.csis.org

美中關係全國委員會
（National Committee on U.S.-China Relations）
成立於一九六六年
總部地點：紐約
兩岸問題專家：赫頓（John L. Holden）
　　　　　　　貝里斯（Jan Carol Berris）
網址：http://www.ncuscr.org

傳統基金會（Heritage Foundation）
成立於一九七三年
總部地點：華盛頓特區
兩岸問題專家：費浩偉（Harvey Feldman）
　　　　　　　伍爾茲（Larry Wortzel）
　　　　　　　譚慎格（John Tkacik）
網址：http://www.heritage.org

美國外交政策全國委員會
（National Committee on American Foreign Policy）
成立於一九七四年
總部地點：紐約
亞洲問題專家：蕭瓦柏（George D. Schwab）
網址：http://ncafp.org

太平洋論壇（Pacific Forum）
成立於一九七五年
總部地點：夏威夷
兩岸問題專家：柯薩（Ralph Cassa）
網址：http://www.csis.org

外交政策分析研究所（Institute for Foreign policy Analysis）
成立於一九七六年
總部地點：波士頓
兩岸問題專家：麥利凱（Eric McVadon）
網址：http://www.ifpa.org

卡托研究所（Cato Institute）
成立於一九七七年
總部地點：華盛頓特區
亞洲問題專家：卡本特（Ted Galen Carpenter）
網址：http://www.cato.org

亞太研究中心（Asia/Pacific Research Center）
成立於一九七七年
總部地點：加州史丹佛
兩岸問題專家：奧森柏格（Michel Oksenberg）
　　　　　　　勞羅倫（Lawrence Lau）
　　　　　　　瓦德（Andrew Walder）
網址：http://www.stanford.edu/group/APARC

美國外交政策理事會（American Foreign Policy Council）
成立於一九八二年
總部地點：華盛頓特區
兩岸問題專家：普奇耐（Herman Perchner）
網址：http://www.afpc.org

美國和平研究所（United States Institute of Peace）
成立於一九八四年
總部地點：華盛頓特區
兩岸問題專家：史耐德（Scott Snyder）
　　　　　　　柯寧（Patrick M. Cronin）
網址：http://www.usip.org

詹姆斯成基金會（Jamestown Foundation）
成立於一九八四年
總部地點：華盛頓特區
兩岸問題專家：費學禮（Richard Fisher）
網址：http://www.jamestown.org

史汀生中心（Stimson Center）
成立於一九八九年
總部地點：華盛頓特區
兩岸問題專家：亞倫（Kenneth W. Allen）
　　　　　　　龍柏（Alan Romberg）
網址：http://stimson.org

國家亞洲研究局
（The National Bureau of Asian Research）
成立於一九八九年
總部地點：西雅圖
兩岸問題專家：佛萊哲（Mark W. Frazier）
網址：http://www.nbr.org

亞太政策中心（Asia Pacific Policy Center）
成立於一九九三年
總部地點：華盛頓特區
兩岸問題專家：布朗（David G. Brown）
網址：http://www.appcusa.com

尼克森中心（The Nixon Center）
成立於一九九四年
總部地點：華盛頓特區
兩岸問題專家：藍普頓（David Lampton）
　　　　　　　方馬克（Mark T. Fung）
網址：http://www.nixoncenter.org

亞太安全研究中心（Asia-Pacific Center for Security）
成立於一九九五年
總部地點：夏威夷
兩岸問題專家：馬利可（Mohan Malik）
　　　　　　　羅怡（Denny Roy）
　　　　　　　范雷（Herman Finley）
　　　　　　　戴維絲（Elizabeth Van Wie Davis）
網址：http://apcss.org

附錄四　美國智庫兩岸問題專家個人專長及對兩
岸政治主張一覽表

姓名	專長	兩岸政治主張
李潔明 James Lilley	兩岸政治、軍事	1. 主張「中國威脅論」。 2. 主張持續對臺軍售。 3. 主張給予中國永久正常貿易關係。
林霨 Authur Waldron	兩岸政治	1. 主張向中國政府明示美國維護臺海和平的決心。 2. 主張應對北京政府態度強硬。 3. 主張持續鼓勵兩岸不具形式溝通對話。
費學理 Richard Fisher	兩岸軍事	1. 主張「中國威脅論」。 2. 主張提昇臺灣防衛能力。 3. 主張放棄中國為美國策略夥伴的想法。
葉望輝 Stephen Yates	兩岸政治、經濟	1. 主張停止「一個中國」的說法。 2. 主張持續對臺軍售，並重申維護臺海和平的決心。 3. 主張有步驟地與中國貿易正常化。
武爾茲 Larry Wortzel	兩岸政治、軍事	1. 主張以軍事回應中國對臺海和平的威脅。 2. 主張兩岸放棄以武力解決問題的想法。 3. 主張促進與中國的經貿往來，以經濟成長帶動政治改革。
沈大偉 David	兩岸政治、軍事	1. 主張對臺軍售有損兩岸統一。 2. 主張中國是美國重要夥伴。

Shambaugh		3. 主張以「一個中國」作為兩岸談判基礎。
藍普頓 David Lampton	兩岸政治、經濟	1. 主張北京政府的垮臺會造成美國和世界的動盪。 2. 主張加強與中國經貿合作發展。 3. 主張「部分的模糊」策略是對兩岸問題最好的做法。
季北慈 Bates Gill	兩岸軍事	1. 主張以「策略重新保證」與中共持續交往。 2. 主張任何的軍事部署應考慮中國的影響力。 3. 主張美國對兩岸問題應採「無為而治」的態度。
拉迪 Nicholas Lardy	兩岸經濟	1. 主張解除任何對中國的經濟制裁，加速中國進入世界貿易組織。 2. 主張與中國更緊密的合作關係，尋求中國對美國兩岸政策的意見和看法。 3. 主張持續表明對臺海和東南亞和平的承諾。
江文漢 Gerrit Gong	兩岸政治	1. 主張華府、北京與臺北三方尋求在臺海的共同利益。 2. 主張兩岸加入世貿組織有利臺海和平繁榮。 3. 主張強調重視兩岸問題的過程而非結果。

附錄五　美中貿易全國委員會會員一覽表

ABB Inc.

ACE INA

The AES Corporation

AOL Time Warner Inc.

APL Limited

AT&T

Abbott Laboratories

Accenture B.V.

Agilent Technologies, Inc.

Air Products and Chemicals, Inc.

Albany International Corp.

Albemarle Corporation

Allen & Overy

Alliant Energy International

Altheimer & Gray

Alticor Inc.

American Airlines, Inc.

American Express Company

American International Group, Inc.

Andreae, Vick & Associates, LLC

Anheuser-Busch Companies, Inc.

Applica Incorporated

Applied Materials, Inc.

Archer Daniels Midland Company

ASIMCO

Avon Products, Inc.

BP

Baker & Daniels

Baker & McKenzie

Baker, Donelson, Bearman & Caldwell

Bank of America Corporation

Bechtel Group, Inc.

BellSouth Corporation

The Blackstone Group LP

The Boeing Company

Bryan Cave LLP

Caltex Corporation

Cargill, Incorporated

Caterpillar Inc.

Celanese Acetate

Central Purchasing of China, Inc.

Chart Industries, Inc.

Chevron Corporation

China Human Resources Group

China Products North America, Inc.

Chindex International, Inc.

The Chubb Corporation

CIGNA Corporation

Cisco Systems, Inc.

Citigroup Inc.

Cleary, Gottlieb, Steen & Hamilton

Clifford Chance

The Coca-Cola Company

Colgate-Palmolive Company

Commerce One

Computer Associates International, Inc.

Corning Incorporated

Coudert Brothers

DaimlerChrysler

Dana Corporation

Davis Wright Tremaine

Dewey Ballantine LLP

Discovery Networks,
International
The Walt Disney
Company
Dolly, Inc.
Dorsey & Whitney LLP
The Dow Chemical
Company
Dow Jones &
Company
John Dudinsky &
Associates
Dun & Bradstreet
E. I. du Pont de
Nemours &
Company
Eastern American
Eastman Chemical
Company
Eastman Kodak
Company
Edelman Public
Relations
Worldwide
El Paso Corporation
Emerson
Exxon Mobil
Corporation
FMC Corporation
Fedders Corporation
FedEx Corporation
First International
Resources, Inc.

Fluor Corporation
Ford Motor Company

Forgent （formerly
VTEL
Corp.）
Foster Wheeler
Corporation
The Foxboro
Company
Barbara Franklin
Enterprises
Freshfields Bruckhaus
Deringer
Garvey, Schubert &
Barer
General Electric
Company
General Motors
Corporation
Gibson, Dunn &
Crutcher
The Goldman Sachs
Group, Inc.
The Goodyear Tire &
Rubber
Company
Gulfstream Aerospace
Corporation
Halliburton Company
Harmon, Wilmot &
Brown, LLP
Henny Penny

Corporation
Hercules Incorporated
Hewlett-Packard
Company
Hills & Company
The Hoffman Agency
Honeywell
IBM Corporation
IMC Global Inc.
Ingersoll-Rand
Company
Intel Corporation
Interliance, LLC
International
Development
Ventures, Ltd.
International Trade
Services
Corporation
Johnson & Johnson
Johnston
Development
Company, LLC
Jones, Day, Reavis &
Pogue
Kamsky Associates,
Inc.
Kaye Scholer LLP
Julius Klugmann
International
Corp.
E. J. Krause &
Associates

357

Kroll Associates

LaFrance Corp.

Land & Lemle

LeBoeuf, Lamb,
Greene &
MacRae, LLP

Levi Strauss & Co.

Lexmark International,
Inc.

Liberty International
Holdings, Inc.

Eli Lilly and Company

Lincoln National
Corporation

Lockheed Martin
Corporation

Long Aldridge &
Norman LLP

Lucent Technologies

Lyondell Chemical
Company

Marsh & McLennan
Companies, Inc.

Mary Kay Inc.

Mayer, Brown & Platt

Maytag International

McCandlish Kaine

The McGraw-Hill
Companies, Inc.

Merrill Lynch

Metropolitan Life
Insurance
Company

Microsoft Corporation

Mine Safety
Appliances
Company

Monarch Import
Company

Monitor Company

Monsanto Company

Moody's Investors
Service

Moore Recycling
Associates Inc.

J. P. Morgan Chase &
Co.

Morgan Stanley

Morrison & Foerster LLP

Motorola Inc.

Nationwide Global
Holdings Inc.

NetCel360, Inc.

Network Associates,
Inc.

New York Life
International, Inc.

Noble Drilling
Corporation

Nortel Networks
Corporation

Northern
Transportation
Industries

O'Melveny & Myers

Oracle Corporation

Pacific Solutions
Group

Paul, Weiss, Rifkind,
Wharton &
Garrison

Payless ShoeSource

PepsiCo, Inc.

Perkins Coie LLP

Pfizer Inc

Philip Morris
Companies

Phillips Petroleum
Company

Pitney Bowes Inc.

Polaroid Corporation

Portman Overseas

Powell, Goldstein,
Frazer & Murphy
LLP

Praxair, Inc.

Preston Gates & Ellis
LLP

PricewaterhouseCoop
ers

The Procter & Gamble
Company

Prudential Financial

QUALCOMM
Incorporated

RTKL Associates Inc.

Raytheon Company

The Reader's Digest
Association, Inc.

Rich Products Corp.

Riggs Tool Company Inc.

Rockwell

Rohm and Haas Company

E. C. Ryan International, Inc.

The St. Paul Companies

Sara Lee Corporation

The Scowcroft Group

Sharretts, Paley, Carter & Blauvelt

Shearman & Sterling

A. O. Smith Corporation

Squire Sanders & Dempsey

Starcon Corporation

Sterling Capital Ventures LLC

Edward D. Stone, Jr. & Associates, Inc. (EDSA)

The Stowell Company

Sun Microsystems, Inc.

TRW Inc.

Technitrol, Inc.

Tektronix, Inc.

Texaco Inc.

Texas Instruments Incorporated

Thacher Proffitt & Wood

3M

The Timken Company

Toys "R" Us, Inc.

Trans-Ocean Import Co.

Transamerica Corporation

Tyco Electronics

United Airlines, Inc.

United Parcel Service

United Technologies Corporation

Unocal Corporation

VeriSign, Inc.

Vivendi Universal (Seagram)

WPP Group

Wal-Mart Stores, Inc.

Watson Wyatt Worldwide

Westinghouse Electric Co.

Weyerhaeuser Company

Whirlpool Corporation

White & Case LLP

Wm. Wrigley Jr. Company

Zachry Global Services, Inc.

附錄六　美中臺關係重要文件

Mutual Defense Treaty between the United States of America and the Republic of China

Signed at Washington 2 December 1954
Entered into Force 3 March 1955 by the exchange of
instruments of ratification at Taipei
Terminated by the United States of America 1980

Mutual Defense Treaty between the United States of America and the Republic of China

The Parties to this Treaty, Reaffirming their faith in the purposes and principles of the Charter of the United Nations and their desire to live in peace with all peoples and all Governments, and desiring to strengthen the fabric of peace in the West Pacific Area, Recalling with mutual pride the relationship which brought their two peoples together in a common bond of sympathy and mutual ideals to fight side by side against imperialist aggression during the last war, Desiring to declare publicly and formally their sense of unity and their common determination to defend themselves against external armed attack, so that no potential aggressor could be under the illusion that either of them stands alone in the West Pacific Area, and Desiring further to strengthen their present efforts for collective defense for the preservation of peace and security pending the development of a more comprehensive system of regional security in the

West Pacific Area, Have agreed as follows:

Article 1

The Parties undertake, as set forth in the Charter of the United Nations, to settle any international dispute in which they may be involved by peaceful means in such a manner that international peace, security and justice are not endangered and to refrain in their international relations from the threat or use of force in any manner inconsistent with the purposes of the United Nations.

Article 2

In order more effectively to achieve the objective of this Treaty, the Parties separately and jointly by self-help and mutual aid will maintain and develop their individual and collective capacity to resist armed attack and communist subversive activities directed from without against their territorial integrity and political stability.

Article 3

The Parties undertake to strengthen their free institutions and to cooperate with each other in the development of economic progress and social well-being and to further their individual and collective efforts toward these ends.

Article 4

The Parties, through their Foreign Ministers or their

deputies, will consult together from time to time regarding the implementation of this Treaty.

Article 5

Each Party recognizes that an armed attack in the West Pacific Area directed against the territories of either of the Parties would be dangerous to its own peace and safety and declares that it would act to meet the common danger in accordance with its constitutional processes. Any such armed attack and all measures taken as a result thereof shall be immediately reported to the Security Council of the United Nations. Such measures shall be terminated when the Security Council has taken the measures necessary to restore and maintain international peace and security.

Article 6

For the purposes of Articles 2 and 5, the terms "territorial" and "territories" shall mean in respect of the Republic of China, Taiwan and the Pescadores; and in respect of the United States of America, the island territories in the West Pacific under its jurisdiction. The provisions of Articles 2 and 5 will be applicable to such other territories as may be determined by mutual agreement.

Article 7

The Government of the Republic of China grants, and the Government of the United States of America accepts, the right to dispose such United States land, air, and sea forces in and about Taiwan and the Pescadores as may be required for their defense, as determined by mutual agreement.

Article 8

This Treaty does not affect and shall not be interpreted as affecting in any way the rights and obligations of the Parties under the Charter of the United Nations or the responsibility of the United Nations for the maintenance of international peace and security.

Article 9

This Treaty shall be ratified by the Republic of China and the United States of America in accordance with their respective constitutional processes and will come into force when instruments of ratification thereof have been exchanged by them at Taipei.

Article 10

This Treaty shall remain in force indefinitely. Either Party may terminate it one year after notice has been given to the other party. IN WITNESS WHEREOF, The undersigned Plenipotentiaries have signed this Treaty. DONE in duplicate, in the Chinese and English languages, at Washington on this Second day of the Twelfth month of the Forty-third Year of the Republic of China, corresponding to the Second day of December of the Year One Thousand Nine Hundred and Fifty-four.

For the Republic of China:
GEORGE K.C. YEH

For the United States of America:
JOHN FOSTER DULLES

中華民國、美利堅合眾國共同防禦條約

本條約締約國

　　茲重申其對聯合國憲章之宗旨與原則之信心，及其與所有人民及政府和平相處之願望，並欲增強西太平洋區域之和平結構；

　　以光榮之同感，追溯上次大戰期間，兩國人民為對抗帝國主義侵略，而在相互同情與共同理想之結合下，團結一致並肩作戰之關係；

　　願公開正式宣告其團結之精誠，及為其自衛而抵禦外來武裝攻擊之共同決心，俾使任何潛在之侵略者不存有任一締約國在西太平洋區域立於孤立地位之妄想；並願加強兩國為維護和平與安全而建立集體防禦之現有努力，以待西太平洋區域安全制度之發展；

茲議訂下列各條款。

第一條

　　本條約締約國承允依照聯合國憲章之規定，以不危及國際和平安全與正義之和平方法，解決可能牽涉兩國之任何國際爭議，並在其國際關係中，不以任何與聯合國宗旨相悖之方式，作武力之威脅或使用武力。

第二條

　　為期更有效達成本條約之目的起見，締約國將個別並聯合以自助及互助之方式，維持並發展其個別及集體之能力，以抵抗武裝攻擊，及由國外指揮之危害其領土完整與政治安定之共產顛覆

活動。

第三條

締約國承允加強其自由制度，彼此合作以發展其經濟進步與社會福利，並為達到此等目的，而增加其個別與集體之努力。

第四條

締約國將經由其外交部部長或其代表，就本條約之實施隨時會商。

第五條

每一締約國承認對在西太平洋區域內任一締約國領土之武裝攻擊，即將危及其本身之和平與安全。茲並宣告將依其憲法程式採取行動，以對付此共同危險。

任何此項武裝攻擊及因而採取之一切措施，應立即報告聯合國安全理事會。此等措施應於安全理事會採取恢復並維持國際和平與安全之必要措施時予以終止。

第六條

為適用於第二條及第五條之目的，所有『領土』等辭，就中華民國而言，應指臺灣與澎湖；就美利堅合眾國而言，應指西太平洋區域內在其管轄下之各島嶼領土。第二條及第五條之規定，並將適用於共同協議所決定之其他領土。

第七條

中華民國政府給予，美利堅合眾國政府接受，依共同協議之決定，在臺灣澎湖及其附近，為其防衛所需而部署美國陸海空軍之權利。

第八條

本條約並不影響，且不應被解釋為影響，締約國在聯合國憲章下之權利及義務，或聯合國為維持國際和平與安全所負之責任。

第九條

本條約應由美利堅合眾國與中華民國各依其憲法程序以批准，並將於在臺北互換批准書之日起發生效力。

第十條

本條約應無限期有效。任一締約國得於廢約之通知送達另一締約國一年後，予以終止。

為此，下開各全權代表爰於本條約簽字，以昭信守。

本條約用英文及中文各繕二份。

西曆一千九百五十四年十二月二日

中華民國四十三年十二月二日訂於華盛頓。

美利堅合眾國代表：John Foster Dulles

中華民國代表：葉公超

The Shanghai Communiqué

Joint Communiqué of the United States of America and the People's Republic of China

February 28, 1972

1. President Richard Nixon of the United States of America visited the People's Republic of China at the invitation of Premier Chou En-lai of the People's Republic of China from February 21 to February 28, 1972. Accompanying the President were Mrs. Nixon, U.S. Secretary of State William Rogers, Assistant to the President Dr. Henry Kissinger, and other American officials.

2. President Nixon met with Chairman Mao Tsetung of the Communist Party of China on February 21. The two leaders had a serious and frank exchange of views on Sino-U.S. relations and world affairs.

3. During the visit, extensive, earnest and frank discussions were held between President Nixon and Premier Chou En-lai on the normalization of relations between the United States of America and the People's Republic of China, as well as on other matters of interest to both sides. In addition, Secretary of State William Rogers and Foreign Minister Chi Peng-fei held talks in the same spirit.

4. President Nixon and his party visited Peking and viewed cultural, industrial and agricultural sites, and

they also toured Hangchow and Shanghai where, continuing discussions with Chinese leaders, they viewed similar places of interest.

5. The leaders of the People's Republic of China and the United States of America found it beneficial to have this opportunity, after so many years without contact, to present candidly to one another their views on a variety of issues. They reviewed the international situation in which important changes and great upheavals are taking place and expounded their respective positions and attitudes.

6. The Chinese side stated: Wherever there is oppression, there is resistance. Countries want independence, nations want liberation and the people want revolution--this has become the irresistible trend of history. All nations, big or small, should be equal: big nations should not bully the small and strong nations should not bully the weak. China will never be a superpower and it opposes hegemony and power politics of any kind. The Chinese side stated that it firmly supports the struggles of all the oppressed people and nations for freedom and liberation and that the people of all countries have the right to choose their social systems according their own wishes and the right to safeguard the independence, sovereignty and territorial integrity of their own countries and oppose foreign aggression, interference, control and subversion. All foreign troops should be withdrawn to their own countries. The Chinese side expressed its firm support to the peoples of Viet Nam, Laos and Cambodia in their efforts for the attainment of their

goal and its firm support to the seven-point proposal
of the Provisional Revolutionary Government of the
Republic of South Viet Nam and the elaboration of
February this year on the two key problems in the
proposal, and to the Joint Declaration of the Summit
Conference of the Indochinese Peoples. It firmly
supports the eight-point program for the peaceful
unification of Korea put forward by the Government
of the Democratic People's Republic of Korea on
April 12, 1971, and the stand for the abolition of the
"U.N. Commission for the Unification and
Rehabilitation of Korea". It firmly opposes the revival
and outward expansion of Japanese militarism and
firmly supports the Japanese people's desire to build
an independent, democratic, peaceful and neutral
Japan. It firmly maintains that India and Pakistan
should, in accordance with the United Nations
resolutions on the Indo-Pakistan question,
immediately withdraw all their forces to their
respective territories and to their own sides of the
ceasefire line in Jammu and Kashmir and firmly
supports the Pakistan Government and people in
their struggle to preserve their independence and
sovereignty and the people of Jammu and Kashmir
in their struggle for the right of self-determination.

7. The U.S. side stated: Peace in Asia and peace in the
world requires efforts both to reduce immediate
tensions and to eliminate the basic causes of
conflict. The United States will work for a just and
secure peace: just, because it fulfills the aspirations
of peoples and nations for freedom and progress;
secure, because it removes the danger of foreign

aggression. The United States supports individual freedom and social progress for all the peoples of the world, free of outside pressure or intervention. The United States believes that the effort to reduce tensions is served by improving communication between countries that have different ideologies so as to lessen the risks of confrontation through accident, miscalculation or misunderstanding. Countries should treat each other with mutual respect and be willing to compete peacefully, letting performance be the ultimate judge. No country should claim infallibility and each country should be prepared to reexamine its own attitudes for the common good. The United States stressed that the peoples of Indochina should be allowed to determine their destiny without outside intervention; its constant primary objective has been a negotiated solution; the eight-point proposal put forward by the Republic of Viet Nam and the United States on January 27, 1972 represents a basis for the attainment of that objective; in the absence of a negotiated settlement the United States envisages the ultimate withdrawal of all U.S. forces from the region consistent with the aim of self-determination for each country of Indochina. The United States will maintain its close ties with and support for the Republic of Korea; the United States will support efforts of the Republic of Korea to seek a relaxation of tension and increased communication in the Korean peninsula. The United States places the highest value on its friendly relations with Japan; it will continue to develop the existing close bonds.

Consistent with the United Nations Security Council Resolution of December 21, 1971, the United States favors the continuation of the ceasefire between India and Pakistan and the withdrawal of all military forces to within their own territories and to their own sides of the ceasefire line in Jammu and Kashmir; the United States supports the right of the peoples of South Asia to shape their own future in peace, free of military threat, and without having the area become the subject of great power rivalry.

8. There are essential differences between China and the United States in their social systems and foreign policies. However, the two sides agreed that countries, regardless of their social systems, should conduct their relations on the principles of respect for the sovereignty and territorial integrity of all states, non-aggression against other states, non-interference in the internal affairs of other states, equality and mutual benefit, and peaceful coexistence. International disputes should be settled on this basis, without resorting to the use or threat of force. The United States and the People's Republic of China are prepared to apply these principles to their mutual relations.

9. With these principles of international relations in mind the two sides stated that:
    o   progress toward the normalization of relations between China and the United States is in the interests of all countries
    o   both wish to reduce the danger of international military conflict

- o neither should seek hegemony in the Asia-Pacific region and each is opposed to efforts by any other country or group of countries to establish such hegemony
- o neither is prepared to negotiate on behalf of any third party or to enter into agreements or understandings with the other directed at other states.

10. Both sides are of the view that it would be against the interests of the peoples of the world for any major country to collude with another against other countries, or for major countries to divide up the world into spheres of interest.

11. The two sides reviewed the long-standing serious disputes between China and the United States. The Chinese side reaffirmed its position: the Taiwan question is the crucial question obstructing the normalization of relations between China and the United States; the Government of the People's Republic of China is the sole legal government of China; Taiwan is a province of China which has long been returned to the motherland; the liberation of Taiwan is China's internal affair in which no other country has the right to interfere; and all U.S. forces and military installations must be withdrawn from Taiwan. The Chinese Government firmly opposes any activities which aim at the creation of "one China, one Taiwan", "one China, two governments", "two Chinas", an "independent Taiwan" or advocate that "the status of Taiwan remains to be determined".

12. The U.S. side declared: The United States acknowledges that all Chinese on either side of the Taiwan Strait maintain there is but one China and that Taiwan is a part of China. The United States Government does not challenge that position. It reaffirms its interest in a peaceful settlement of the Taiwan question by the Chinese themselves. With this prospect in mind, it affirms the ultimate objective of the withdrawal of all U.S. forces and military installations from Taiwan. In the meantime, it will progressively reduce its forces and military installations on Taiwan as the tension in the area diminishes. The two sides agreed that it is desirable to broaden the understanding between the two peoples. To this end, they discussed specific areas in such fields as science, technology, culture, sports and journalism, in which people-to-people contacts and exchanges would be mutually beneficial. Each side undertakes to facilitate the further development of such contacts and exchanges.

13. Both sides view bilateral trade as another area from which mutual benefit can be derived, and agreed that economic relations based on equality and mutual benefit are in the interest of the peoples of the two countries. They agree to facilitate the progressive development of trade between their two countries.

14. The two sides agreed that they will stay in contact through various channels, including the sending of a senior U.S. representative to Peking from time to time for concrete consultations to further the normalization of relations between the two countries

and continue to exchange views on issues of common interest.

15. The two sides expressed the hope that the gains achieved during this visit would open up new prospects for the relations between the two countries. They believe that the normalization of relations between the two countries is not only in the interest of the Chinese and American peoples but also contributes to the relaxation of tension in Asia and the world.

16. President Nixon, Mrs. Nixon and the American party expressed their appreciation for the gracious hospitality shown them by the Government and people of the People's Republic of China.

中共、美國「上海公報」全文

　　應「中華人民共和國」總理周恩來的邀請，美利堅合眾國總統理查德‧尼克松自一九七二年二月二十一日至二月二十八日訪問了「中華人民共和國」。陪同總統的有尼克松夫人、美國國務卿威廉‧羅杰斯、總統助理亨‧基辛格博士和其他美國官員。

　　尼克松總統於二月二十一日會見了中國共產黨毛澤東。兩位領導人就中美關係和國際事務認真、坦率地交換了意見。

　　訪問中，尼克松總統和周恩來總理就美利堅合眾國和「中華人民共和國」關係正常化以及雙方關心的其他問題進行了廣泛、認真和坦率的討論。此外，國務卿威廉‧羅杰斯和外交部長姬鵬飛也以同樣精神進行了會談。

　　尼克松總統及其一行訪問了北京，參觀了文化、工業和農業項目，還訪問了杭州和上海，在那裏繼續同中國領導人進行討論，並參觀了類似的項目。

　　「中華人民共和國」和美利堅合眾國領導人經過這麼多年一直沒有接觸之後，現在有機會坦率地互相介紹彼此對各種問題的觀點，對此，雙方認為是有益的。他們回顧了經歷著重大的變化和巨大動盪的國際形勢，闡明了各自的立場和態度。

　　中國方面聲明，哪裏有壓迫，哪裏就有反抗。國家要獨立，民族要解放，人民要革命，已成為不抗拒的歷史潮流。國家不分大小，應該一律平等，大國不應欺負小國，強國不應欺負弱國。中國決不做超級大國，並且反對任何霸權主義和強權政治。

　　中國方面表示：堅決支持一切被壓迫人民和被壓迫民族爭取自由、解決的鬥爭；各國人民有權按照自己的意願，選擇本國的

社會制度，有權維護本國獨立、主權和領土完整，反對外來侵略、干涉、控制和顛覆。一切外國軍隊都應撤回本國去。中國方面表示：堅決支持越南、老撾、柬埔寨三國人民為實現自己的目標所作的努力，堅決支持越南南方共和臨時革命政府的七點建議以及在今年二月對其中兩個關鍵問題的說明和印度支那人民最高級會議聯合聲明；堅決支持朝鮮民主主義人民共和國政府一九七一年四月十二日提出的朝鮮和平統一的八點方案和取消「聯合國韓國統一復興委員會」的主張；堅決反對日本軍國主義的復活和對外擴張，堅決支持日本人民要求建立一個獨立、民主、和平和中立的日本的願望，堅決主張印度和巴基斯坦按照聯合國關於印巴問題的決議，立即把自己的軍隊全部撤回到本國境內以及查謨和克什米爾停火線的各自一方，堅決支持巴基斯坦政府和人民維護獨立、主權的鬥爭以及查謨和克什米爾人民爭取自決權的鬥爭。

美國方面聲明：為了亞洲和世界的和平，需要對緩和當前的緊張局勢和消除衝突的基本原因作出努力。美國將致力於建立公正而穩定的和平。這種和平是公正的，因為它滿足各國人民和各國爭取自由和進步的願望。這種和平是穩定的，因為它消除外來侵略的危險。美國支持全世界各國人民在沒有外來壓力和干預的情況下取得個人自由和社會進步。美國相信，改善具有不同意識形態的國與國之間的聯繫，以便減少由於事故、錯誤估計或誤會而引起的對峙的危機，有助於緩和緊張局勢的努力。各國應該互相尊重並願進行和平競賽，讓行動作出最後判斷。任何國家都不應自稱一貫正確，各國都要準備為了共同的利益重新檢查自己的態度。美國強調：應該允許印度支那各國人民在不受外來干涉的情況下決定自己的命運；美國一貫的首要目標是談判解決；越南共和國和美國在一九七二年一月二十七日提出的八點建議提供了

實現這個目標的基礎；在談判得不到解決時，美國預計在符合印
度支那每個國家自決這一目標的情況下從這個地區最終撤出所有
美國軍隊。美國將保持其與大韓民國的密切聯繫和對它的支持；
美國將支持大韓民國為謀求在朝鮮半島緩和緊張局勢和增加聯繫
的努力。美國最高度地珍視同日本的友好關係，並將繼續發展現
存的緊密紐帶。按照一九七一年十二月二十一日聯合國安全理事
會的決議，美國贊成印度和巴基斯坦之間的停火繼續下去，並把
全部軍事力量撤至本國境內以及查謨和克什米爾停火線的各自一
方；美國支持南亞各國人民和平地、不受軍事威脅地建設自己的
未來的權利，而不使這個地區成為大國競爭的目標。

　　中美兩國的社會制度和對外政策有著本質的區別。但是，雙
方同意，各國不論社會制度如何，都應根據尊重各國主權和領土
完整、不侵犯別國、不干涉別國內政、平等互利、和平共處的原
則來處理國與國之間的關係。國際爭端應在此基礎上予以解決，
而不訴諸武力和武力威脅。美國和「中華人民共和國」準備在他
們的相互關係中實行這些原則。

　　考慮到國際關係的上述這些原則，雙方聲明：

- 中美兩國關係走向正常化是符合所有國家的利益的；
- 雙方都希望減少國際軍事衝突的危險；
- 任何一方都不應該在亞洲——太平洋地區謀求霸權，每
  一方都反對任何其他國家或國家集團建立這種霸權的
  努力；
- 任何一方都不準備代表任何第三方進行談判，也不準備
  同對方達成針對其他國家的協議或諒解。

雙方都認為，任何大國與另一大國進行勾結反對其他國家，

或者大國在世界上劃分利益範圍，那都是違背世界各國人民利益的。

雙方回顧了中美兩國之間長期存在的嚴重爭端。「中國」方面重申自己的立場；臺灣問題是阻礙中美兩國關係正常化的關鍵問題；「中華人民共和國」政府是中國的唯一合法政府；臺灣是中國的一個省，早已歸還祖國；解決臺灣是中國內政，別國無權干涉；全部美國武裝力量和軍事設施必須從臺灣撤手。中國政府堅決反對任何旨在製造「一中一臺」、「一個中國、兩國政府」、「兩個中國」、「臺灣獨立」和鼓吹「臺灣地位未定」的活動。

美國方面聲明：美國認識到，在臺灣海峽兩邊的所有中國人都認為只有一個中國，臺灣是中國的一部分。美國政府對這一立場不提出異議。它重申它對由中國人自己和平解決臺灣問題的關心。考慮到這一前景，它確認從臺灣撤出全部美國武裝力量和軍事設施的最終目標。在此期間，它將隨著這個地區緊張局勢的緩和逐步減少它在臺灣的武裝力量和軍事設施。

雙方同意，擴大兩國人民之間的了解是可取的。為此目的，他們就科學、技術、文化、體育和新聞方面的具體領域進行了討論，在這些領域中進行人民之間的聯繫和交流將會是互相有利的。雙方各自承認對進一步發展這種聯繫和交流提供便利。

雙方把雙邊貿易看作是另一個可以帶來互利的領域，並一致認為平等互利的經濟關係是符合兩國人民的利益的。他們同意為逐步發展兩國間的貿易提供便利。

雙方同意，他們將通過不同渠道保持接觸，包括不定期地派遣美國高級代表前來北京，就促進兩國關係正常化進行具體磋商並繼續就共同關心的問題交換意見。

　　雙方希望，這次訪問的成果將為兩國關係開闢新的前景。雙方相信，兩國關係正常化不僅符合中美兩國人民的利益，而且會對緩和亞洲及世界緊張局勢作出貢獻。

　　尼克松總統、尼克松夫人及美方一行對「中華人民共和國」政府和人民給予他們有禮貌的款待，表示感謝。

（一九七二年二月二十八日）

JOINT COMMUNIQUE ON THE ESTABLISHMENT OF DIPLOMATIC RELATIONS BETWEEN THE UNITED STATES OF AMERICA AND THE PEOPLE'S REPUBLIC OF CHINA JANUARY 1, 1979

(The communique was released on December 15, 1978, in Washington and Peking.)

The United States of America and the People's Republic of China have agreed to recognize each other and to establish diplomatic relations as of January 1, 1979.

The United States of America recognizes the Government of the People's Republic of China as the sole legal Government of China. Within this context, the people of the United States will maintain cultural, commercial, and other unofficial relations with the people of Taiwan.

The United States of America and the People's Republic of China reaffirm the principles agreed on by the two sides in the Shanghai Communique and emphasize once again that:

- Both wish to reduce the danger of international military conflict.
- Neither should seek hegemony in the Asia-Pacific region or in any other region of the world and each is opposed to efforts by any other country or group of countries to establish such hegemony.
- Neither is prepared to negotiate on behalf of any third party or to enter into agreements or understandings with the other directed at other states.
- The Government of the United States of America acknowledges the Chinese position that there is but one China and Taiwan is part of China.

- Both believe that normalization of Sino-American relations is not only in the interest of the Chinese and American peoples but also contributes to the cause of peace in Asia and the world.

The United States of America and the People's Republic of China will exchange Ambassadors and establish Embassies on March 1, 1979.

Documents on the Normalization of U.S.-China Relations

Joint Communique On The Establishment of Diplomatic Relations between the People's Republic of China and the United States of America

The United States of America and the People's Republic of China have agreed to recognize each other and to establish diplomatic relations as of January 1, 1979.

The United States of America recognizes the Government of the People's Republic of China as the sole legal Government of China. Within this context, the people of the United States will maintain cultural, commercial, and other unofficial relations with the people of Taiwan.

The United States of America and the People's Republic of China reaffirm the principles agreed on by the two sides in the Shanghai Communique and emphasize once again that:

- Both wish to reduce the danger of international military conflict.
- Neither should seek hegemony in the Asia-Pacific region or in any other region of the world and each is opposed to efforts by any other country or group of countries to establish such hegemony.
- Neither is prepared to negotiate on behalf of any third party or to enter into agreements or understandings with the other directed at other states.
- The Government of the United States of America acknowledges the Chinese position that there is but one China and Taiwan is part of China.
- Both believe that normalization of Sino-American

relations is not only in the interest of the Chinese and American peoples but also contributes to the cause of peace in Asia and the world.

The United States of America and the People's Republic of China will exchange Ambassadors and establish Embassies on March 1, 1979.

中共、美國建交聯合公報全文

（一九七九年一月一日）

中華人民共合國和美利堅合眾國商定自一九七九年一月一日起互相承認並建立外交關係。

美利堅合眾國承認中華人民共和國政府是中國的唯一合法政府。在此範圍內，美國人民將同臺灣人民保持文化、商務和其他非官方關係。

中華人民共和國和美利堅合眾國重申上海公報中雙方一致同意的各項原則，並再次強調

- 雙方都希望減少國際軍事衝突的危險。

- 任何一方都不應該在亞洲——太平洋地區以及世界上任何地區謀求霸權，每一方都反對任何其他國家或國家集團建立這種霸權的努力。

- 任何一方都不準備代表任何第三方進行談判，也不準備同對方達成針對其他國家的協議或諒解。

- 美利堅合眾國政府承認中國的立場，即只有一個中國，臺灣是中國的一部分。

- 雙方認為，中美關係正常化不僅符合中國人民和美國人民的利益，而且有助於亞洲和世界的和平事實。

中華人民共和國和美利堅合眾國將於一九七九年三月一日互派大使並建立大使館。

Documents on U.S. Arms Sales to Taiwan

1. In the Joint Communique on the Establishment of
    Diplomatic Relations on January 1, 1979, issued by the
    Government of the United States of America and the
    Government of the People's Republic of China, the
    United States of America recognized the Government
    of the People's Republic of China as the sole legal
    government of China, and it acknowledged the Chinese
    position that there is but one China and Taiwan is part of
    China. Within that context, the two sides agreed that
    the people of the United States would continue to
    maintain cultural, commercial, and other unofficial
    relations with the people of Taiwan. On this basis,
    relations between the United States and China were
    normalized.

2. The question of United States arms sales to Taiwan was
    not settled in the course of negotiations between the two
    countries on establishing diplomatic relations. The two
    sides held differing positions, and the Chinese side stated
    that it would raise the issue again following normalization.
    Recognizing that this issue would seriously hamper the
    development of United States-China relations, they have
    held further discussions on it, during and since the
    meetings between President Ronald Reagan and Premier
    Zhao Ziyang and between Secretary of State Alexander
    M. Haig, Jr., and Vice Premier and Foreign Minister Huang
    Hua in October 1981.

3. Respect for each other's sovereignty and territorial
    integrity and non-interference each other's internal
    affairs constitute the fundamental principles guiding

United States-China relations. These principles were confirmed in the Shanghai Communique of February 28, 1972 and reaffirmed in the Joint Communique on the Establishment of Diplomatic Relations which came into effect on January 1, 1973. Both sides emphatically state that these principles continue to govern all aspects of their relations.

4. The Chinese government reiterates that the question of Taiwan is China's internal affair. The Message to the Compatriots in Taiwan issued by China on January 1, 1979, promulgated a fundamental policy of striving for Peaceful reunification of the Motherland. The Nine-Point Proposal put forward by China on September 30, 1981 represented a Further major effort under this fundamental policy to strive for a peaceful solution to the Taiwan question.

5. The United States Government attaches great importance to its relations with China, and reiterates that it has no intention of infringing on Chinese sovereignty and territorial integrity, or interfering in China's internal affairs, or pursuing a policy of "two Chinas" or "one China, one Taiwan." The United States Government understands and appreciates the Chinese policy of striving for a peaceful resolution of the Taiwan question as indicated in China's Message to Compatriots in Taiwan issued on January 1, 1979 and the Nine-Point Proposal put forward by China on September 30, 1981. The new situation which has emerged with regard to the Taiwan question also provides favorable conditions for the settlement of United States-China differences over the question of United States arms sales to Taiwan.

6. Having in mind the foregoing statements of both sides, the United States Government states that it does not seek to carry out a long-term policy of arms sales to Taiwan, that its arms sales to Taiwan will not exceed, either in qualitative or in quantitative terms, the level of those supplied in recent years since the establishment of diplomatic relations between the United States and China, and that it intends to reduce gradually its sales of arms to Taiwan, leading over a period of time to a final resolution. In so stating, the United States acknowledges China's consistent position regarding the thorough settlement of this issue.

7. In order to bring about, over a period of time, a final settlement of the question of United States arms sales to Taiwan, which is an issue rooted in history, the two governments will make every effort to adopt measures and create conditions conducive to the thorough settlement of this issue.

8. The development of United States-China relations is not only in the interest of the two peoples but also conducive to peace and stability in the world. The two sides are determined, on the principle of equality and mutual benefit, to strengthen their- ties to the economic, cultural, educational, scientific, technological and other fields and make strong. joint efforts for the continued development of relations between the governments and peoples of the United States and China.

9. In order to bring about the healthy development of United States China relations, maintain world peace and oppose aggression and expansion, the two governments reaffirm the principles agreed on by the two sides in the Shanghai Communique and the Joint Communique on

the Establishment of Diplomatic Relations. The two sides will maintain contact and hold appropriate consultations on bilateral and international issues of common interest.

中共、美國「八一七公報」全文

一、 在美利堅合眾國政府與「中華人民共和國政府」於一九七九年
　　 元旦一日建立外交關係所簽署的聯合公報中，美利堅合眾國承
　　 認「中華人民共和國政府」為中國唯一的合法政府，其亦認知
　　 中國立場即只有一個中國而臺灣是中國的一部分。在此前提
　　 下，雙方同意美國人民將繼續與臺灣人民維持文化、商業與其
　　 他非正式關係。在此一基礎上，美國與「中國」間關係得以正
　　 常化。

二、 在兩國建立外交關係之談判過程中，美國對臺軍售問題並未獲
　　 得解決。雙方曾抱持不同立場，而「中方」宣稱其在（關係）
　　 正常化之後，將再度提出此一問題。雙方認識到此一問題將嚴
　　 重阻擾美「中」關係之發展，其等已在自雷根總統與趙紫陽總
　　 理及海格國務卿與副總理兼外交部長黃華於一九八一年十月
　　 所舉行的數次會談之中與會談後曾就此作進一步討論。

三、 尊重彼此之主權、領土完整及不干涉彼此內政，構成指引「中」
　　 美關係的基本原則。該原則於一九七二年二月二十八日之上海
　　 公報中獲得確認並於一九七九年元月一日生效的建交聯合公
　　 報中再次予以確認。雙方明白地表示此等原則繼續地支配其等
　　 全面關係。

四、 「中國政府」重申臺灣問題是中國的內政事務。「中國」在一
　　 九七九年元月一日所發表的致臺灣同胞書揭櫫了力求祖國和
　　 平統一的基本政策。「中國」在一九八一年九月三十日所提出
　　 的九點建議代表著在此基本政策下謀求臺灣問題和平解決的
　　 進一步之主要努力。

五、 美國政府對於其與「中國」之關係極為重視，並重申其無意侵
　　 犯「中國」之主權與領土完整或干涉「中國」內政或採行「兩

個中國」或「一中一臺」之政策。美國政府瞭解並體諒「中國」於一九七九年一月一日告臺灣同胞書及一九八一年九月三十日「中國」提出之九點建議所顯示其致力於和平解決臺灣問題之政策。此一有關臺灣問題之新情勢亦對解決美「中」就對臺灣武器銷售問題之歧見提供有利之條件。

六、　有鑒於前述雙方之陳述，美國政府茲聲明其並不謀求執行一對臺銷售武器之長期政策，對臺灣武器銷售在質或量上均不會超過美「中」兩國建立外交關係後近年來（美對臺灣）所提供之水準，美國意圖逐漸減少對臺灣之武器銷售，經由一段時間而趨於一最終解決。藉此聲明，美國認知「中國」關係此一問題徹底解決之一貫立場。

七、　為促成經由一段時間後就美國對臺灣武器銷售此一植根於歷史問題之最終解決，兩國政府將盡一切努力採取措施並造成有利於徹底解決此一問題之條件。

八、　美「中」關係之發展不但符合兩國人民之利益，並有助於世界之和平與安定，雙方決心基於平等互惠之原則，加強彼此在經濟、文化、教育、科學、技術及其他方面之聯繫，並作堅強共同努力以繼續發展美「中」人民與政府間之關係。

九、　為使美「中」關係健全發展，維持世界和平，反對侵略及擴張，兩國政府重申上海公報及建交公文業經雙方同意之原則。雙方將保持聯繫並就共同興趣之雙邊及國際事務作適當磋商。

The Taiwan Relations Act

January 1, 1979

Public Law 96-8 96th Congress

An Act

To help maintain peace, security, and stability in the Western Pacific and to promote the foreign policy of the United States by authorizing the continuation of commercial, cultural, and other relations between the people of the United States and the people on Taiwan, and for other purposes.

Be it enacted by the Senate and House of Representatives of the United States of America in Congress assembled.

SHORT TITLE

SECTION 1. This Act may be cited as the "Taiwan Relations Act".

FINDINGS AND DECLARATION OF POLICY

SECTION 2.

a. The President——having terminated governmental relations between the United States and the governing authorities on Taiwan recognized by the United States as the Republic of China prior to January 1, 1979, the Congress finds that the enactment of this Act is necessary——

1. to help maintain peace, security, and stability in the Western Pacific; and

2. to promote the foreign policy of the United States by authorizing the continuation of commercial, cultural, and other relations between the people of the United States and the people on Taiwan.

b. It is the policy of the United States——

1. to preserve and promote extensive, close, and friendly commercial, cultural, and other relations between the people of the United States and the people on Taiwan, as well as the people on the China mainland and all other peoples of the Western Pacific area;

2. to declare that peace and stability in the area are in the political, security, and economic interests of the United States, and are matters of international concern;

3. to make clear that the United States decision to establish diplomatic relations with the People's Republic of China rests upon the expectation that the future of Taiwan will be determined by peaceful means;

4. to consider any effort to determine the future of Taiwan by other than peaceful means, including by boycotts or embargoes, a threat to the peace and security of the Western Pacific area and of grave concern to the United States;

5. to provide Taiwan with arms of a defensive character; and

6. to maintain the capacity of the United States to resist any resort to force or other forms of coercion that would jeopardize the security, or the social or economic system, of the people on Taiwan.

c. Nothing contained in this Act shall contravene the interest of the United States in human rights, especially with respect to the human rights of all the approximately eighteen million inhabitants of Taiwan. The preservation and enhancement of the human rights of all the people on Taiwan are hereby reaffirmed as objectives of the United States.

IMPLEMENTATION OF UNITED STATES POLICY WITH REGARD TO TAIWAN
SECTION 3.

a. In furtherance of the policy set forth in section 2 of this Act, the United States will make available to Taiwan such defense articles and defense services in such quantity as may be necessary to enable Taiwan to maintain a sufficient self-defense capability.

b. The President and the Congress shall determine the nature and quantity of such defense articles and services based solely upon their judgment of the needs of Taiwan, in accordance with procedures established by law. Such determination of Taiwan's defense needs shall include review by United States military authorities in connection with recommendations to the President and the Congress.

c. The President is directed to inform the Congress promptly of any threat to the security or the social or economic system of the people on Taiwan and any danger to the interests of the United States arising therefrom. The President and the Congress shall determine, in accordance with constitutional processes, appropriate action by the United States in response to any such danger.

APPLICATION OF LAWS; INTERNATIONAL AGREEMENTS
SECTION 4.

a. The absence of diplomatic relations or recognition shall not affect the application of the laws of the United States with respect to Taiwan, and the laws of the United States shall apply with respect to Taiwan in the manner that the laws of the United States applied with respect to Taiwan prior to January 1, 1979.

b. The application of subsection （a） of this section shall include, but shall not be limited to, the following:

1. Whenever the laws of the United States refer or relate to foreign countries, nations, states, governments, or similar entities, such terms shall include and such laws shall apply with such respect to Taiwan.

2. Whenever authorized by or pursuant to the laws of the United States to conduct or carry out programs, transactions, or other relations with respect to foreign countries, nations, states, governments, or similar entities, the President or any agency of the United States Government is authorized to conduct and carry out, in accordance with section 6 of this Act, such programs, transactions, and other relations with respect to Taiwan （including, but not limited to, the performance of services for the United States

through contracts with commercial entities on Taiwan), in accordance with the applicable laws of the United States.

3.

    A. The absence of diplomatic relations and recognition with respect to Taiwan shall not abrogate, infringe, modify, deny, or otherwise affect in any way any rights or obligations (including but not limited to those involving contracts, debts, or property interests of any kind) under the laws of the United States heretofore or hereafter acquired by or with respect to Taiwan.

    B. For all purposes under the laws of the United States, including actions in any court in the United States, recognition of the People's Republic of China shall not affect in any way the ownership of or other rights or interests in properties, tangible and intangible, and other things of value, owned or held on or prior to December 31, 1978, or thereafter acquired or earned by the governing authorities on Taiwan.

4. Whenever the application of the laws of the United States depends upon the law that is or was applicable on Taiwan or compliance therewith, the law applied by the people on Taiwan shall be considered the applicable law for that purpose.

5. Nothing in this Act, nor the facts of the President's action in extending diplomatic recognition to the People's Republic of China, the absence of diplomatic relations between the people on Taiwan and the United States, or the lack of

recognition by the United States, and attendant circumstances thereto, shall be construed in any administrative or judicial proceeding as a basis for any United States Government agency, commission, or department to make a finding of fact or determination of law, under the Atomic Energy Act of 1954 and the Nuclear Non-Proliferation Act of 1978, to deny an export license application or to revoke an existing export license for nuclear exports to Taiwan.

6. For purposes of the Immigration and Nationality Act, Taiwan may be treated in the manner specified in the first sentence of section 202(b) of that Act.

7. The capacity of Taiwan to sue and be sued in courts in the United States, in accordance with the laws of the United States, shall not be abrogated, infringed, modified, denied, or otherwise affected in any way by the absence of diplomatic relations or recognition.

8. No requirement, whether expressed or implied, under the laws of the United States with respect to maintenance of diplomatic relations or recognition shall be applicable with respect to Taiwan.

c. For all purposes, including actions in any court in the United States, the Congress approves the continuation in force of all treaties and other international agreements, including multilateral conventions, entered into by the United States and the governing authorities on Taiwan recognized by the United States as the Republic of China prior to January 1, 1979, and in

force between them on December 31, 1978, unless
and until terminated in accordance with law.

d. Nothing in this Act may be construed as a basis for
supporting the exclusion or expulsion of Taiwan from
continued membership in any international financial
institution or any other international organization.

OVERSEAS PRIVATE INVESTMENT CORPORATION

SECTION 5.

a. During the three-year period beginning on the date of enactment of this Act, the $1,000 per capita income restriction in insurance, clause （2） of the second undesignated paragraph of section 231 of the reinsurance, Foreign Assistance Act of 1961 shall not restrict the activities of the Overseas Private Investment Corporation in determining whether to provide any insurance, reinsurance, loans, or guaranties with respect to investment projects on Taiwan.

b. Except as provided in subsection （a） of this section, in issuing insurance, reinsurance, loans, or guaranties with respect to investment projects on Taiwan, the Overseas Private Insurance Corporation shall apply the same criteria as those applicable in other parts of the world.

THE AMERICAN INSTITUTE OF TAIWAN

SECTION 6.

a. Programs, transactions, and other relations conducted or carried out by the President or any agency of the United States Government with respect to Taiwan shall, in the manner and to the extent directed by the President, be conducted and carried out by or through——
   1. The American Institute in Taiwan, a nonprofit corporation incorporated under the laws of the District of Columbia, or
   2. such comparable successor nongovernmental entity as the President may designate, (hereafter in this Act referred to as the "Institute").

b. Whenever the President or any agency of the United States Government is authorized or required by or pursuant to the laws of the United States to enter into, perform, enforce, or have in force an agreement or transaction relative to Taiwan, such agreement or transaction shall be entered into, performed, and enforced, in the manner and to the extent directed by the President, by or through the Institute.

c. To the extent that any law, rule, regulation, or ordinance of the District of Columbia, or of any State or political subdivision thereof in which the Institute is incorporated or doing business, impedes or otherwise interferes with the performance of the functions of the Institute pursuant to this Act; such law, rule, regulation, or ordinance shall be deemed to be preempted by this Act.

SERVICES BY THE INSTITUTE TO UNITED STATES CITIZENS ON TAIWAN
SECTION 7.

    a. The Institute may authorize any of its employees on Taiwan——
      1. to administer to or take from any person an oath, affirmation, affidavit, or deposition, and to perform any notary act which any notary public is required or authorized by law to perform within the United States;
      2. To act as provisional conservator of the personal estates of deceased United States citizens; and
      3. to assist and protect the interests of United States persons by performing other acts such as are authorized to be performed outside the United States for consular purposes by such laws of the United States as the President may specify.
    b. Acts performed by authorized employees of the Institute under this section shall be valid, and of like force and effect within the United States, as if performed by any other person authorized under the laws of the United States to perform such acts.

TAX EXEMPT STATUS OF THE INSTITUTE
SECTION 8.

    a. The Institute, its property, and its income are exempt from all taxation now or hereafter imposed by the

United States （except to the extent that section 11
（a）（3） of this Act requires the imposition of taxes
imposed under chapter 21 of the Internal Revenue
Code of 1954, relating to the Federal Insurance
Contributions Act） or by State or local taxing
authority of the United States.

b. For purposes of the Internal Revenue Code of 1954,
the Institute shall be treated as an organization
described in sections 170（b）（1）（A）, 170（c）, 2055
（a）, 2106（a）（2）（A）,, 2522（a）, and 2522（b）.

FURNISHING PROPERTY AND SERVICES TO AND OBTAINING
SERVICES FROM THE INSTITUTE
SECTION 9.

a. Any agency of the United States Government is
authorized to sell, loan, or lease property （including
interests therein） to, and to perform administrative
and technical support functions and services for the
operations of, the Institute upon such terms and
conditions as the President may direct. Reimbursements
to agencies under this subsection shall be credited
to the current applicable appropriation of the
agency concerned.

b. Any agency of the United States Government is
authorized to acquire and accept services from the
Institute upon such terms and conditions as the
President may direct. Whenever the President
determines it to be in furtherance of the purposes of
this Act, the procurement of services by such
agencies from the Institute may be effected without
regard to such laws of the United States normally

applicable to the acquisition of services by such agencies as the President may specify by Executive order.

c. Any agency of the United States Government making funds available to the Institute in accordance with this Act shall make arrangements with the Institute for the Comptroller General of the United States to have access to the; books and records of the Institute and the opportunity to audit the operations of the Institute.

TAIWAN INSTRUMENTALITY

SECTION 10.

a. Whenever the President or any agency of the United States Government is authorized or required by or pursuant to the laws of the United States to render or provide to or to receive or accept from Taiwan, any performance, communication, assurance, undertaking, or other action, such action shall, in the manner and to the. extent directed by the President, be rendered or Provided to, or received or accepted from, an instrumentality established by Taiwan which the President determines has the necessary authority under the laws applied by the people on Taiwan to provide assurances and take other actions on behalf of Taiwan in accordance with this Act.

b. The President is requested to extend to the instrumentality established by Taiwan the same number of offices and complement of personnel as were previously operated in the United States by the governing authorities on Taiwan recognized as the Republic of China prior to January 1, 1979.

c. Upon the granting by Taiwan of comparable privileges and immunities with respect to the Institute and its appropriate personnel, the President is authorized to extend with respect to the Taiwan instrumentality and its appropriate; personnel, such privileges and immunities （subject to appropriate conditions and obligations） as may be necessary for the effective performance of their functions.

SEPARATION OF GOVERNMENT PERSONNEL FOR EMPLOYMENT WITH THE INSTITUTE
SECTION 11.

a.

1. Under such terms and conditions as the President may direct, any agency of the United States Government may separate from Government service for a specified period any officer or employee of that agency who accepts employment with the Institute.

2. An officer or employee separated by an agency under paragraph （1） of this subsection for employment with the Institute shall be entitled upon termination of such employment to reemployment or reinstatement with such agency （or a successor agency） in an appropriate position with the attendant rights, privileges, and benefits with the officer or employee would have had or acquired had he or she not been so separated, subject to

such time period and other conditions as the President may prescribe.

3. An officer or employee entitled to reemployment or reinstatement rights under paragraph （2） of this subsection shall, while continuously employed by the Institute with no break in continuity of service, continue to participate in any benefit program in which such officer or employee was participating prior to employment by the Institute, including programs for compensation for job-related death, injury, or illness; programs for health and life insurance; programs for annual, sick, and other statutory leave; and programs for retirement under any system established by the laws of the United States; except that employment with the Institute shall be the basis for participation in such programs only to the extent that employee deductions and employer contributions, as required, in payment for such participation for the period of employment with the Institute, are currently deposited in the program's or system's fund or depository. Death or retirement of any such officer or employee during approved service with the Institute and prior to reemployment or reinstatement shall be considered a death in or retirement from Government service for purposes of any employee or survivor benefits acquired by reason of service with an agency of the United States Government.

4. Any officer or employee of an agency of the United States Government who entered into service with the Institute on approved leave of

absence without pay prior to the enactment of this Act shall receive the benefits of this section for the period of such service.

b. Any agency of the United States Government employing alien personnel on Taiwan may transfer such personnel, with accrued allowances, benefits, and rights, to the Institute without a break in service for purposes of retirement and other benefits, including continued participation in any system established by the laws of the United States for the retirement of employees in which the alien was participating prior to the transfer to the Institute, except that employment with the Institute shall be creditable for retirement purposes only to the extent that employee deductions and employer contributions.. as required, in payment for such participation for the period of employment with the Institute, are currently deposited in the system' s fund or depository.

c. Employees of the Institute shall not be employees of the United States and, in representing the Institute, shall be exempt from section 207 of title 18, United States Code.

d.

1. For purposes of sections 911 and 913 of the Internal Revenue Code of 1954, amounts paid by the Institute to its employees shall not be treated as earned income. Amounts received by employees of the Institute shall not be included in gross income, and shall be exempt from taxation, to the extent that they are equivalent to amounts received by civilian officers and employees of the

Government of the United States as allowances and benefits which are exempt from taxation under section 912 of such Code.

2. Except to the extent required by subsection （a）（3）of this section, service performed in the employ of the Institute shall not constitute employment for purposes of chapter 21 of such Code and title II of the Social Security Act.

REPORTING REQUIREMENT

SECTION 12.

a. The Secretary of State shall transmit to the Congress the text of any agreement to which the Institute is a party. However, any such agreement the immediate public disclosure of which would, in the opinion of the President, be prejudicial to the national security of the United States shall not be so transmitted to the Congress but shall be transmitted to the Committee on Foreign Relations of the Senate and the Committee on Foreign Affairs of the House of Representatives under an appropriate injunction of secrecy to be removed only upon due notice from the President.

b. For purposes of subsection（a）, the term "agreement" includes——

1. any agreement entered into between the Institute and the governing authorities on Taiwan or the instrumentality established by Taiwan; and

2. any agreement entered into between the Institute and an agency of the United States Government.

c. Agreements and transactions made or to be made by or through the Institute shall be subject to the same congressional notification, review, and approval requirements and procedures as if such agreements and transactions were made by or through the agency of the United States Government on behalf of which the Institute is acting.

d. During the two-year period beginning on the effective date of this Act, the Secretary of State shall transmit to the Speaker of the House and Senate House of Representatives and the Committee on Foreign Relations of Foreign Relations the Senate, every six months, a report describing and reviewing economic relations between the United States and Taiwan, noting any interference with normal commercial relations.

RULES AND REGULATIONS

SECTION 13.

The President is authorized to prescribe such rules and regulations as he may deem appropriate to carry out the purposes of this Act. During the three-year period beginning on the effective date speaker of this Act, such rules and regulations shall be transmitted promptly to the Speaker of the House of Representatives and to the Committee on Foreign Relations of the Senate. Such action shall not, however, relieve the Institute of the responsibilities placed upon it by this Act.'
CONGRESSIONAL OVERSIGHT
SECTION. 14.

a. The Committee on Foreign Affairs of the House of Representatives, the Committee on Foreign Relations of the Senate, and other appropriate committees of the Congress shall monitor——

1. the implementation of the provisions of this Act;
2. the operation and procedures of the Institute;
3. the legal and technical aspects of the continuing relationship between the United States and Taiwan; and
4. the implementation of the policies of the United States concerning security and cooperation in East Asia.

b. Such committees shall report, as appropriate, to their respective Houses on the results of their monitoring.

DEFINITIONS
SECTION 15. For purposes of this Act——

1. the term "laws of the United States" includes any statute, rule, regulation, ordinance, order, or judicial rule of decision of the United States or any political subdivision thereof; and
2. the term "Taiwan" includes, as the context may require, the islands of Taiwan and the Pescadores, the people on those islands, corporations and other entities and associations created or organized under the laws applied on those islands, and the governing authorities on Taiwan recognized by the United States as the Republic of China prior to January 1, 1979, and any successor governing authorities (including political subdivisions, agencies, and instrumentalities thereof).

AUTHORIZATION OF APPROPRIATIONS
SECTION 16.

In addition to funds otherwise available to carry out the provisions of this Act, there are authorized to be appropriated to the Secretary of State for the fiscal year 1980 such funds as may be necessary to carry out such provisions. Such funds are authorized to remain available until expended.

SEVERABILITY OF PROVISIONS
SECTION 17.

If any provision of this Act or the application thereof to any person or circumstance is held invalid, the remainder of the Act and the application of such provision to any other person or circumstance shall not be affected thereby.

EFFECTIVE DATE
SECTION 18.

This Act shall be effective as of January 1, 1979. Approved April 10, 1979.

「臺灣關係法」全文

簡稱

第一條：本法律可稱為「臺灣關係法」

政策的判定及聲明

第二條：

（A）由於美國總統已終止美國和臺灣統治當局（在一九七九年一月一日前美國承認其為中華民國）間的政府關係，美國國會認為有必要制訂本法：

    （1）有助於維持西太平洋地區的和平、安全及穩定；

    （2）授權繼續維持美國人民及臺灣人民間的商務、文化及其他各種關係，以促進美國外交政策的推行。

（B）美國的政策如下：

    （1）維持及促進美國人民與臺灣人民間廣泛、密切及友好的商務、文化及其他各種關係；並且維持及促進美國人民與中國大陸人民及其他西太平洋地區人民間的同種關係；

    （2）表明西太平洋地區的和平及安定符合美國的政治、安全及經濟利益，而且是國際關切的事務；

    （3）表明美國決定和「中華人民共和國」建立外交關係之舉，是基於臺灣的前途將以和平方式決定這一期望；

    （4）任何企圖以非和平方式來決定臺灣的前途之舉——包括使用經濟抵制及禁運手段在內，將被視為對西太平洋地區和平及安定的威脅，而為美國所嚴重關切；

（5）提供防禦性武器給臺灣人民；

（6）維持美國的能力，以抵抗任何訴諸武力、或使用其他方式高壓手段，而危及臺灣人民安全及社會經濟制度的行動。

（C）本法律的任何條款不得違反美國對人權的關切，尤其是對於臺灣地區一千八百萬名居民人權的關切。茲此重申維護及促進所有臺灣人民的人權是美國的目標。

美國對臺灣政策的實行

第三條：

（A）為了推行本法第二條所明訂的政策，美國將使臺灣能夠獲得數量足以使其維持足夠的自衛能力的防衛物資及技術服務；

（B）美國總統和國會將依據他們對臺灣防衛需要的判斷，遵照法定程序，來決定提供上述防衛物資及服務的種類及數量。對臺灣防衛需要的判斷應包括美國軍事當局向總統及國會提供建議時的檢討報告。

（C）指示總統如遇臺灣人民的安全或社會經濟制度遭受威脅，因而危及美國利益時，應迅速通知國會。總統和國會將依憲法程序，決定美國應付上述危險所應採取的適當行動。

法律的適用和國際協定

第四條：

（A）缺乏外交關係或承認將不影響美國法律對臺灣的適用，美國法律將繼續對臺灣適用，就像一九七九年元月一日之前，美國法律對臺灣適用的情形一樣。

（B） 前項所訂美國法律之適用，包括下述情形，但不限於下述情
形：

（1） 當美國法律中提及外國、外國政府或類似實體、或與
之有關之時，這些字樣應包括臺灣在內，而且這些法
律應對臺灣適用；

（2） 依據美國法律授權規定，美國與外國、外國政府或類
似實體所進行或實施各項方案、交往或其他關係，美
國總統或美國政府機構獲准，依據本法第六條規定，
遵照美國法律同樣與臺灣人民進行或實施上述各項方
案、交往或其他關係（包括和臺灣的商業機構締約，
為美國提供服務）。

（3）（a） 美國對臺灣缺乏外交關係或承認，並不消除、剝
奪、修改、拒絕或影響以前或此後臺灣依據美國
法律所獲得的任何權利及義務（包括因契約、債
務關係及財產權益而發生的權利及義務）。

（b）為了各項法律目的，包括在美國法院的訴訟在內，
美國承認「中華人民共和國」之舉，不應影響臺
灣統治當局在一九七八年十二月三十一日之前取
得或特有的有體財產或無體財產的所有權，或其
他權利和利益，也不影響臺灣當局該日之後所取
得的財產。

（4） 當適用美國法律需引據遵照臺灣現行或舊有法律，則
臺灣人民所適用的法律應被引據遵照。

（5） 不論本法律任何條款，或是美國總統給予「中華人民
共和國」外交承認之舉、或是臺灣人民和美國之間沒
有外交關係、美國對臺灣缺乏承認，以及此等相關情

勢，均不得被美國政府各部門解釋為，依照一九五四年原子能法及一九七八年防止核子擴散法，在行政或司法程序中決定事實及適用法律時，得以拒絕對臺灣的核子輸出申請，或是撤銷已核准的輸出許可證。

（6）至於移民及國籍法方面，應根據該法二〇二項（b）款規定對待臺灣。

（7）臺灣依據美國法律在美國法院中起訴或應訴的能力，不應由於欠缺外交關係或承認，而被消除、剝奪、修改、拒絕或影響。

（8）美國法律中有關維持外交關係或承認的規定，不論明示或默示，均不應對臺灣適用。

（C）為了各種目的，包括在美國法院中的訴訟在內，國會同意美國和（美國在一九七九年元月一日前承認為中華民國的）臺灣當局所締結的一切條約和國際協定（包括多國公約），至一九七八年十二月三十一日仍然有效者，將繼續維持效力，直至依法終止為止。

（D）本法律任何條款均不得被解釋為，美國贊成把臺灣排除或驅逐出任何國際金融機構或其他國際組織。

美國海外私人投資保證公司

第五條：

（A）當本法律生效後三年之內，一九六一年援外法案二三一項第二段第二款所訂國民平均所得一千美元限制。將不限制美國海外私人投資保證公司活動，其可決定是否對美國私人在臺投資計畫提供保險、再保險、貸款或保證。

（B） 除了本條（A）項另有規定外，美國海外私人投資保證公司
在對美國私人在臺投資計畫提供保險、再保險、貸款或保證
時，應適用對世界其他地區相同標準。

美國在臺協會

第六條：

（A） 美國總統或美國政府各部門與臺灣人民進行實施的各項方
案、交往或其他關係，應在總統指示的方式或範圍內，經由
或透過下述機構來進行實施：

　　（1） 美國在臺協會，這是一個依據哥倫此亞特區法律而成
立的一個非營利法人：

　　（2） 總統所指示成立，繼承上述協會的非政府機構。（以下
將簡稱「美國在臺協會」為「該協會」。）

（B） 美國總統或美國政府各部門依據法律授權或要求，與臺灣達
成、進行或實施協定或交往安排時，此等協定或交往安排應
依美國總統指示的方式或範圍，經由或透過該協會達成、進
行或實施。

（C） 該協會設立或執行業務所依據的哥倫比亞特區、各州或地方
政治機構的法律、規章、命令，阻撓或妨礙該協會依據本法
律執行業務時，此等法律、規章、命令的效力應次於本法律。

該協會對在臺美國公民所提供的服務

第七條：

（A） 該協會得授權在臺雇員：

　　（1） 執行美國法律所規定授權之公證人業務，以採錄證
詞，並從事公證業務：

（2）　擔任已故美國公民之遺產臨時保管人：

（3）　根據美國總統指示，依照美國法律之規定，執行領事
　　　　所獲授權執行之其他業務，以協助保護美國人民的利
　　　　益。

（B）　該協會雇員獲得授權執行之行為有效力，並在美國境內具有
　　　　相同效力，如同其他人獲得授權執行此種行為一樣。

該協會的免稅地位

第八條：

　　該協會、該協會的財產及收入，均免受美國聯邦、各州或地
方稅務當局目前或嗣後一切課稅。

　　對該協會提供財產及服務、以及從該協會獨得之財產及服務。

第九條：

（A）　美國政府各部門可依總統所指定條件，出售、借貸或租賃財
　　　　產（包括財產利益）給該協會，或提供行政和技術支援和服
　　　　務，供該協會執行業務。
　　　　此等機構提供上述服務之報酬，應列入各機構所獲預算之
　　　　內。

（B）　美國政府各部門得依總統指示的條件，獲得該協會的服務。
　　　　當總統認為，為了實施本法律的宗旨有必要時，可由總統頒
　　　　佈行政命令，使政府各部門獲得上述服務，而不顧上述部門
　　　　通常獲得上述服務時，所應適用的法律。

（C）　依本法律提供經費給該協會的美國政府各部門，應和該協會
　　　　達成安排，讓美國政府主計長得查閱該協會的帳冊紀錄，並
　　　　有機會查核該協會經費動用情形。

臺灣機構

第十條：

（A） 美國總統或美國政府各機構依據美國法律授權或要求，向臺灣提供，或由臺灣接受任何服務、聯絡、保證、承諾等事項，應在總統指定的方式及範圍內，向臺灣設立的機構提供上述事項，或由這一機構接受上述事項。此一機構乃總統確定依臺灣人民適用的法律而具有必需之權力者，可依據本法案代表臺灣提供保證及採取其他行動者。

（B） 要求總統給予臺灣設立的機構相同數目的辦事處及規定的全體人數，這是指與一九七九年一月一日以前美國承認為中華民國的臺灣當局在美國設立的辦事處及人員相同而言。

（C） 根據臺灣給予美國在臺協會及其適當人員的特權及豁免權，總統已獲授權給予臺灣機構及其適當人員有效履行其功能所需的此種特權及豁免權（要視適當的情況及義務而定）。

公務人員離職受僱於協會

第十一條：

（A）

（1） 依據總統可能指示的條件及情況，任何美國政府機構可在一特定時間內，使接受服務於美國在臺協會的任何機構職員或僱員脫離政府職務。

（2） 任何根據上述（1）節情況離開該機構而服務於該協會的任何職員或僱員，有權在終止於協會的服務時，以適當的地位重新為原機構（或接替的機構）僱用或復職，該職員或僱員並保有如果未在總統指示的期間及其他情況下離職所應獲得的附帶權利、特權及福利。

（3）在上述（2）項中有權重新被雇用或復職的職員或雇員，在繼續不斷為該協會服務期間，應可繼續參加未受雇於該協會之前所參加的任何福利計畫，其中包括因公殉職、負傷或患病的補償；衛生計畫及人壽保險；年度休假、病假、及其他例假計畫；美國法律下任何制度的退休安排。此種職員或雇員如果在為該協會服務期間，及重為原機構雇用或復職之前死亡或退休，應視為在公職上死亡或退休。

（4）任何美國政府機構的職員或雇員，在本法案生效前享准保留原職而停薪情況進入該協會者，在服務期間將獲受本條之下的各項福利。

（B）美國政府任何機構在臺灣雇用外國人員者，可將此種人員調往該協會，要自然增加其津貼、福利及權利，並不得中斷其服務，以免影響退休及其他福利，其中包括繼續參加調往該協會前，法律規定的退休制度。

（C）該協會的雇用人員不是美國政府的雇用的人員，其在代表該協會時，免於受美國法典第十八條二〇七項之約束。

（D）依據一九五四年美國國內稅法九一一及九一三項，該協會所付予雇用人員之薪水將不視為薪資所得。該協會雇用人員所獲之薪水應予免稅，其程度與美國政府的文職人員情況同。

（E）除了前述（A）（3）所述範圍，受雇該協會所作的服務，將不構成社會安全法第二條所述之受雇目的。

有關報告之規定

第十二條：

（A） 國務卿應將該協會為其中一造的任何協定內容全文送交國會。但是，如果總統認為立即公開透露協定內容會危及美國的國家安全，則此種協定不應送交國會，而應在適當的保密命令下，送交參院及眾院的外交委員會，僅於總統發出適當通知時才得解除機密。

（B） 為了（A）段所述的目的，「協定」一詞包括（1）該協會與臺灣的治理當局或臺灣設立之機構所達成的任何協定；（2）該協會與美國各機構達成的任何協定。

（C） 經由該協會所達成的協定及交易，應接受同樣的國會批准、審查及認可，如同這些協定是經由美國各機構達成一樣，該協會是代表美國政府行事。

（D） 本法案生效之日起的兩年期間，國務卿應每六個月向眾院議長及參院外交委員會提出一份報告，描述及檢討與臺灣的經濟關係，尤其是對正常經濟關係的任何干預。

規則與章程

第十三條：

授權總統規定適於執行本法案各項目的的規則與章程。在本法案生效之日起三年期間，此種規則與章程應立即送交眾院議長及參院外交委員會。然而，此種規則章程不得解除本法案所賦予該協會的責任。

國會監督

第十四條：

（Ａ）　眾院外交委員會、參院外交委員會及國會其他適當的委員會將監督——

（1）本法案各條款的執行；

（2）該協會的作業及程序；

（3）美國與臺灣繼續維持關係的法律及技術事項；

（4）有關東亞安全及合作的美國政策的執行。

（Ｂ）　這些委員會將適當地向參院或眾院報告監督的結果。

第十五條：

為本法案的目的：

（Ａ）　「美國法律」一詞，包括美國任何法規、規則、章程、法令、命令、美國及其政治分支機構的司法程序法；

（Ｂ）　「臺灣」一詞將視情況需要，包括臺灣及澎湖列島，這些島上的人民、公司及根據適用於這些島嶼的法律而設立或組成的其他團體及機構，一九七九年一月一日以前美國承認為中華民國的臺灣治理當局，以及任何接替的治理當局（包括政治分支機構、機構等）。

第十六條：

除了執行本法案各條款另外獲得的經費外，本法案授權國務卿在一九八○會計年度撥用執行本法案所需的經費。此等經費已獲授權保留運用，直到用盡為止。

條款的可分性

第十七條：

如果本法案的任何條款被視為無效，或條款對任何人或任何情況的
適用性無效，則本法案的其他部分，以及此種條款適用於其他個人
或情況的情形，並不受影響。

生效日期

第十八條：

本法案應於一九七九年一月一日生效。

參考書目

壹、英文部分

一、【英文書籍】

1. Abramowitz, Morton I. 《China: Can We Have a Policy?》 Washington: Carnegie Endowment for International Peace, 1997.

2. Adonis, Andrew, Hames, Tim, ed. 《A Conservative Revolution?: the Thatcher-Reagan Decade in Perspective》, New York: Greenwood Press, 1994.

3. Allen, Kenneth W., Krumel, Glenn, Pollack, Jonathan D. 《China's Air Force Enters the 21st century》. Santa Monica, CA: Rand, 1995.

4. Allison, Graham, Zelokow, Philip. 《Essence of Decision—Explaining the Cuban Missile Crisis》, Second Edition. New York: Longman, 1999.

5. Almond, Gabriel A., Verba, Sidney. 《The Civic Culture Revisited》. Boston: Little Brown And Company, 1980.

6. Babbie, Earl. 《The Practice of Social Research》. Belmont, California: Wadsworth Publishing Company, 1992.

7. Birnbaum, Jeffrey H. 《The Lobbyists: How Influence Peddlers Get Their Way in Washington》. New York: Random House, Inc., 1992.

8. Barber, James David. 《The Presidential Character: Predicting Performance in the White House》. New Jersey: Prentice-Hall, Inc., 1985.

9. Bartley, W.W. III, ed. 《The Fatal Concept: The Errors of

Socialism》. Chicago: The University of Chicago Press, 1988.

10. Bauer Raymond A. 《American Business and Public Policy》. New York: Atherton, 1963.

11. Cigler, Allan J., Loomis, Burdett A., ed. 《Interest Group Politics》. London: Oxford Press, 1998.

12. Denham, Andrew, Garnett, Mark. 《British Think-Tanks and the Climate of Opinion》. London: Oxford Press, 1998. .

13. Dickson, Paul. 《Think Tanks》. New York: Atheneum, 1971.

14. Edwards, Lee. 《The Power of Ideas — The Heritage Foundation at 25 Years》. Ottawa: Jameson Books, Inc., 1997.

15. Fischer, Frank, Forester, John, ed. 《The Argumentative Turn in Policy Analysis and Planning》. Chicago: The University of Chicago Press, 1993.

16. George, Alexander L. 《Presidential Decision Making in Foreign Policy: The Effective Use of Information and Advice》. Boulder: Westview Press, Inc., 1980.

17. George, Alexander L. ed. 《Avoiding War: Problems of Crisis Management》. Oxford: Oxford University Press, 1991.

18. Gill, Bates, Kim, Taeho. 《China's Arms Acquisitions from Abroad: A Quest for 'Superb and Secret Weapon'》. Oxford: Oxford University Press, 1996.

19. Glaser, Kurt. 《A Philosophy of American Foreign Policy》. Taipei: Graduate Institute of American Studies, Tamkang University.

20. Goodwin, Craufurd D., Nacht, Michael, ed. 《Beyond Government: Extending the Public Policy Debate in Emerging Democracies》. Oxford: Oxford University

Press, 1995.

21. Groombridge, Mark A., Barfield, Claude E. 《Tiger by the Tail, China and the World Trade Organization》. Washington, DC: The AEI Press, 1999.

22. Guttnan, Daniel. 《The Shadow Government》. New York: Pantheon Books, 1976.

23. Harding, Harry. 《A Fragile Relationship, The United States and China since 1972》. Washington DC: The Brookings Institution, 1992.

24. Ikernberry, G. John. 《American Foreign Policy: Theoretical Essays》. New York: HarperCollins College Publishers, 1996.

25. Jervis, Robert. 《Perception and Misperception in International Politics》. Princeton: Princeton University Press, 1976.

26. Lardy, Nicholas R. 《Foreign Trade and Economic Reform in China 1978-1990》. Cambridge: Cambridge University Press, 1992.

27. ＿＿＿＿＿＿＿＿＿. 《China's Unfinished Economic Revolution》. Washington DC: The Brookings Institution, 1998.

28. Lieberthal, Kenneth G., Lampton, David M. ed. 《Bureaucracy, Politics, and Decision Making in Post-Mao China》. Oxford: University of California Press, 1998.

29. Lilley, James R. Downs, Chuck, ed. 《Crisis in the Taiwan Strait》. Washington DC: National Defense University Press, 1997.

30. Lilley, James R. Shambaugh, David, ed. 《China's Military Faces the Future》. Washington DC: The AEI Press, 1999.

31. Longford, John, Brownsey, Lorne. 《Think Tanks and

Governance in the Asia-Pacific Region》. Halifax: Institute for Research on Public Policy, 1991.

32. Muravchik, Joshua. 《The Imperative of American Leadership: A Challenge to Neo-Isolationism 》. Washington DC: The AEI Press, 1996.

33. Mundo, Philip A. 《Interest Groups: Cases and Characteristics》. Chicago: Nelson-Hall Publishers, 1992.

34. Nathan, Andrew J., Ross, Robert. 《The Great Wall and the Empty Fortress: China's Search for Security》. New York: W.W. Norton, 1997.

35. Narveson, Jan. 《The Libertarian Idea》. Philadelphia: Temple University Press, 1988.

36. Olson, Mancur. 《The Logic of Collective Action: Public Goods and the Theory of groups 》. Cambridge, Massachusetts: Harvard University Press, 1971.

37. Pillsbury, Michael. "Chinese Views of Future Warfare," 《China's Military Faces The Future》. Washington DC: AEI Press, 1999.

38. Puska, Colonel Susan M. ed. 《People's Liberation Army, After Next》. Washington DC: The AEI Press, August 2000.

39. Rand, Ayn. 《For the New Intellectual》. New York: Random House, 1961.

40. Ravenal, Earl C. 《Never Again, Learning from America's Foreign Policy Failures 》. Philadelphia: Temple University Press, 1978.

41. Ricci, David M. 《The Transformation of American Politics——The New Washington and the Rise of the Think Tanks》. New Haven: Yale University Press, 1997.

42. Ripley, Randall B., Lindsay, James M. 《Congress Resurgent: Foreign and Defense Policy on Capitol Hill》. Ann Arbor: The University of Michigan Press, 1993.

43. Rodrigues, Dawn. 《The Research Paper and The World Wide Web》. New Jersey: Prentice Hall, 1997.

44. Sarkesian, Sam C. 《U.S. National Security: Policymakers, Processes, and Politics》. London: Lynne Rienner Publishers, 1995.

45. Shinn, Hames, ed. 《Weaving the Net: Conditional Engagement with China》. New York: Council of Foreign Relations, 1996.

46. Smith, Eric R. A. N. 《The Unchanging American Voter》. London: University of California Press, 1989.

47. Smith, James Allen. 《The Idea Broker: Think Tanks and the Rise of the New Policy Elite》. New York: The Free Press, 1991.

48. Stone, Diane. 《Capturing the political Imagination — Think Tank and the Policy Process》. London: Frank Cass, 1995.

49. _____. Denham, Andrew, Garnett, Mark, ed. 《Think Tanks Across Nations: A Comparative Approach》. New York: Manchester University Press, October 1998.

50. Sutter, Robert G. 《U.S. Policy Toward China: An Introduction to the Role of Interest Groups》. Lanham, Maryland: Rowman & Littlefield Publishers, INC., 1998.

51. Tai, Wan-chin. 《The Prospect of U.S. Policy Toward China: Analysis on the Occasion of the 50th Anniversary of Marshall's Mediation Mission》. Taipei: Institute of American Studies, Tamkang University, 1998.

52. Trudy, Lieberman L. 《Slanting the Story: the Forces that Shapes News》. New York: New Press, 2000.

53. Tucker, Nancy Bernkopf. 《China Confidential》. New York: Columbia University Press, 2001.

54. Tyler, Patrick. 《A Great Wall: Six Presidents And China:

An Investigation History》. New York: A Century Foundation Book, 1999.

55. Vogel, Ezra F., ed. Living With China: 《U.S./China Relations in the Twwenty-First Century》. New York: W.W. Norton, 1997.

56. Walker, Jack L. 《Mobilizing Interest Groups in America: Patrons, Professions, and Social Movements》. Ann Arbor: The University of Michigan Press, 1991.

57. Weidenbornor, Stephen, Caruso, Domenick. 《Writing Research Papers : A Guide to The Process》. New York: St. Martin's Press, 1990.

58. Wiarda, Howard J. 《Democracy and Its Discontents: Development, Interdependence, and U.S. Policy in Latin America》. New York:　The Free Press, 1995.

59. ＿＿＿＿＿＿. 《Universities, Think Tanks and War Colleges》. New York: Xlibris Corporation, 1999.

60. Wilson, James. 《American Government》. New York: Houghton Mifflin Company, 2000.

二、【英文期刊、雜誌、報紙】

(1) Journals

1. Brzezinski, Zbigniew. "A Plan for Europe." 《Foreign Affairs》, Vol. 74, No. 1 （January/February 1995）: 26.

2. Chan, Steve. "United States Public Opinion." 《Foreign Affairs》, Vol. 74, No. 1 （January/February 1995）: 485.

3. Donald Abelson and Christine Carberry. "Policy Experts in Presidential Campaigns: A Model of Think Tanks Recruitment." 《Presidential Studies Quarterly》 27 （Fall 1997）: 679-97.

4. Fauriol, George A. "Think Tanks and U.S. Foreign Policy." 《Presidential Studies Quarterly》 27 （Fall 1997）:

479.

5. Freeman, Chas. W. Jr. "Preventing War in the Taiwan Strait." 《Foreign Affairs》, Vol.77, No.4（July/August 1999）: 6-11.

6. Gill, Bates. "Chinese Military-Related Think Tanks Focusing on Arms Control and Nonproliferation Issues." 《China Quarterly》（March 2000）: 1-15.

7. Harned, Joseph W. and Pagliano, Gary J. "The Role of Non-Governmental Organizations in the Formulations of U.S. Foreign Policy." 《Presidential Studies Quarterly》 27（Fall 1997）: 475.

8. Haass, Richard N. "A New Framework for Policy." 《Foreign Affairs》, Vol. 74, No. 1（January/February 1995）: 43.

9. Hendrickson, David C. "The Recovery of Internationalism: Salvaging Clinton's Foreign Policy." 《Foreign Affairs》, Vol. 73, No. 5（September/October 1994）: 26.

10. Kemenade, Willem van. "Taiwan, Voting for Trouble?" 《The Washington Quarterly》（Spring 2000）: 135.

11. Lardy, Nicholas. "China and the Asian Contagion." 《Foreign Affairs》（July/August 1998）: 24-27.

12. _____. "The Role of Foreign Trade and Investment in China's Economic Transformation." 《China Quarterly》（December 1995）: 18-27.

13. _____. "China's Growing Role in Asia." 《The Future of China》, National Bureau of Asian Research（1992）: 13-21.

14. _____. "Chinese Foreign Trade." 《China Quarterly》（September 1992）: 16-28.

15. _____. "China and the Asian Contagion." 《Foreign Affairs》（July/August 1998）: 14-23.

16. Nathan, Andrew J. "What's Wrong with American

Taiwan Policy". 《The Washington Quarterly》(Spring 2000）: 93.

17. Rigger, Shelley. "Taiwan Rides the Democratic Dragon" 《The Washington Quarterly》(Spring 2000）: 107.

18. Roberts, Brad, Burnett, Stanton H, Weidengaum, Murray. "Think Tanks in a New World." 《The Washington Quarterly》(Winter 1993）: 169.

19. Shambaugh, David. "A Matter of Time: Taiwan's Eroding Military Advantage." 《The Washington Quarterly》(Spring 2000）: 119.

(II) Magazines

20. Haass, Richard and Lardy, Nicholas. "New Rule of China Engagement." Newsday, October 26, 1997, p.8-11.

21. Lardy, Nicholas. "China Trade Approval Would Aid U.S." Newsday, May 9, 2000, p.11.

22. _____. "Predicting the Future of China." Time, July 19, 1999, p. 22-28.

23. Spanier, John and Hook, Steven W. "American Foreign Policy Since World War II." 《Congressional Quarterly》, 1992, p.14-21.

24. Thomas, Norman C., Pika, Joseph A. and Watson, Richard A. "The Politics of The Presidency." 《Congressional Quarterly》, 1994, p.9-15.

25. "Taiwan: In Praise of Paranoia." 《A Survey of Taiwan, The Economist》, November 7, 1998.

(III) Newspapers

26. King, Neil Jr. "U.S. and China Returns to Business as Usual." 《The Wall Street Journal》, July 26, 2001, p.A16.

27. Lardy, Nicholas. "China's Worsening Debts." 《The

Financial Times》, June 22, 2001, p. A13.

28. _____. "China WTO Deal Still Faces Significant Challenges."《Asian Wall Street Journal》, April 18, 1999, p. A7.

29. _____. "China Chooses Growth Today, Reckoning Tomorrow,"《Asian Wall Street Journal》, September 30, 1998, p. A8.

30. Lee, Teng-hui. "U.S. Can't Ignore Taiwan."《Wall Street Journal》, August 3, 1998, p. A10.

31. Reuters. "Taiwan's Lee Tells US Envoy Mainland Poses Security Threat."《South China Morning Post》, March 8, 1999.

32. Wortzel, Larry. "Dealing with the China-Taiwan Puzzle."《Washington Times》, January 11, 2000, p. A11.

三、【智庫出版品、國會做證報告】

(1) Think Tank Publications

1. Haass, Richard and Lardy, Nicholas. "The United States and China: A New Framework,"《Brookings Policy Brief》(October 1997): 1-5.

2. _____. "The United States and China: A New Framework,"《Brookings Policy Brief》(October 1997): 1-6.

3. Lardy, Nicholas. "China: Searching for a Post-Cold War Formula,"《Brookings Review》(Fall 2000): 9.

4. _____. "Permanent Normal Trade Relations for China."《Brookings Policy Brief》(May 2000): 1-5.

5. _____. "China's WTO Membership."《Brookings Policy Brief》(April 1999): 1-7.

6. _____. "China and the WTO."《Brookings Policy Brief》(November 1996): 1-11.

7. _____. "Permanent Normal Trade Relations for China," 《Brookings Policy Brief》（May 2000）: 8-17.

8. _____. "China's WTO Membership." 《Brookings Policy Brief》（April 1999）: 6-13.

9. Tzeng, Fuh-Sen. "U.S.-China Relations At The Turn of The Century: Views From The Asia-Pacific Region." CSIS, May 21, 1998.

10. Wortzel, Larry M. "National Security Concerns and the China Trade Debate." 《The Heritage Foundation Executive Memorandum》, No.678 （June 5, 2000）: 1-3.

11. _____. "Challenges As China's Communist Leaders Ride The Tiger of Liberalization." 《The Heritage Lectures》, No.669 （June 13, 2000）: 1-2.

12. _____. "Why The Administration Should Reaffirm The 'Six Assurances' To Taiwan," 《The Heritage Foundation Backgrounder》, No.1352 （March 16, 2000）: 1-3.

13. Wortzel, Larry and Yates, Stephen J. "What The Election in Taiwan Should Mean To Washington and Beijing," 《The Heritage Foundation Executive Memorandum》, No.665 （March 31, 2000）": 1-4.

14. _____. "How Trade with China Benefits Americans?" 《The Heritage Foundation Backgrounder》, No. 1367 （May 5, 2000）: 1-4.

（II）Testimonies

1. Gong, Gerrit W. "On the 20th Anniversary of the Taiwan Relations Act: U.S. Anchor Interests Across the Taiwan Strait." 《Testimony before the Subcommittee on Asia and the Pacific House Committee on International Relations》（April 14, 1999）1-6.

2. Lardy, Nicholas. "When Will China's Financial System Meet China's Needs?" 《Conference on Policy Reform

in China》, Stanford University, November 11, 1999.

3. _____. Testimony, 《US-China Security Review Commission》, May 10, 2001.

4. _____. "U.S.-China Economic Issues: Implications For U.S. Policy," 《Testimony, House East Asia Subcommittee》, April 25, 2001.

5. _____. "Statement at Hearing on China's Accession to the World Trade Organization," 《Senate Committee on Finance》, April 6, 2000.

6. _____. "Changing Congressional Views of the U.S.-China Relationship." 《Senate Subcommittee on East Asian and Pacific Affairs》, Committee on Foreign Relations, June 18, 1998.

7. _____. "Accession of China and Taiwan to the World Trade Organization." 《Statement to the House Committee on Ways and Means》, September 19, 1996.

8. Lord, Winston. "Taiwan Policy Review." 《Statement before the Senate Foreign Relations Committee》, Washington DC: September 27, 1994.

9. Ministry of Defense. "The Security Situation in the Taiwan Strait." February 26, 1999.
http://www.taiwansecurity.org/IS/DL-twstrait-990226.htm

10. Office of the Press Secretary, The White House. "Press Briefing by Dr. Harry Harding And Dr. Kenneth Liberthal." October 22, 1997.
http://usconsulate.org.hk/uscn/jiang97/1022d.htm

四、【網際網路】

1. Acheson, David. "Relations Across the Taiwan Strait: Perspective from Mainland and Taiwan."
http://www/acus.org/publications/occasionalpapers/atlantic-pacific/chen-wei-fwd.html

2. Aldinger, Charles. "Cohen Says Anti-Missile System No Threat to China." January 14, 1999. http://biz.yahoo.com/rf/990114/bm.html

3. Bush, Richard. "the United States Role in the Taiwan Straits Issue." http://www.taiwansecurity.org/IS-Bush.htm

4. Ford, Carl. "America's Illogical Rules Make For Dangerous Policy In The Taiwan Strait." http://taiwansecurity.org/IS/IS-Ford-990308.htm, March 1999.

5. Goetz, Jill. "China's 'Venomous' Rhetoric on China is Denounced." http://www.news.xornell.edu/Chronicle/97China_forum.html, April 3, 1997.

6. Hackett, James. "Why an Anti-Missile Umbrella Is Needed in East Asia." http://taiwaninformation.org/view/csp/vol1num6.html

7. Hickey, Dennis Van Vranken. "The US And Cross Strait Rivalry: Strategic Partnership And Strategic Ambiguity." http://taiwansecurity.org/IS/IS-Hickey-2.htm

8. Kagan, Robert, Kristol, William. "The Good Fight." January 22, 2001. http://www.ceip.org/files/Publications/standard012201.asp?from=pubdate

9. Lasater, Martin L. "Critical Questions in U.S. Taiwan Policy." http://taiwansecurity.org/IS/IS-Lasater-990328.htm, March 1999.

10. Li, Zhao. "China Remains Committed to Cooperative U.S. Relations, Expert Insist." http://wwics.si.edu/NEWS/uschina.htm, July 12, 1999.

11. Reuters. "China Warns U.S. on Perry Taiwan Visit."

March 6, 1999.
http://cnn.com/WORLD/asiapcf/9903/06/taiwan.01/
index.thm1

12. Snyder, Charles: Beijing Issues Arms Race Alert."
January 14, 1999.
http://www.taiwansecurity.org/TS/TS-Lin.htm

13. Swaine, Michael. "Military Modernization and Asian
Security." August, 1998.
http://www.standford.edu/group/APARC

五、【學術論文】

1. Abelson, Donald Edward. 《Descending The Ivory
Tower: American Think Tanks and Their Role in United
States Foreign Policy, 1976-1988》. Kingston, Canada:
Queen's University At Kingston, 1992.

2. Bechtol, Bruce Emerson, Jr. 《Forces That Influence
United States Policy On the Korean Peninsula: The
Factors That Have Brought Change In The Land Of The
Morning Calm》. Washington DC: The Union Institute,
2000.

3. Freiman, Arnold Bruce. 《Elements: An Integrative
Vision of Health and Wellness》. Washington DC: The
Union Institute, 2000.

4. Gelman, Ruth Samberg. 《The Rhetoric of Think Tanks:
Representing A Social Reality For Public Policy》. Los
Angeles: University of Southern California, 1988.

5. Goss, Brian Michael. 《The Ideology Of Neo-Liberalism》.
Urbana-Champaign, Illinois: University of Illinois At
Urbana-Champaign, 2000.

6. Grady-Willis, Winston A. 《A Changing Tide: Black
Politics And Activism in Atlanta, Georgia, 1960-1977》.
Atlanta: Emory University, 1998.

7. Morrow, Frank Spurgeon, Jr. 《The U.S. Power Structure And The Mass Media （United States）》. Austin, Texas: The University Of Texas At Austin, 1984.

8. Smith, Mark Alan. 《The Paradox Of Unity: Business And Democracy in America》. Minnesota: University Of Minnesota, 1997.

9. Rich, Andrew Owen. 《Think Tanks, Public Policy, and The Politics of Expertise》, Hartford: Yale University, 1999.

10. Willis, Susan Marie. 《Conservative Think Tanks And Higher Education Policy: Selected Public Policy Research Institutes And Their Views On Issues In Higher Education》. Bowling Green, Ohio: Bowling Green State University, 1991.

11. Zelizer, Julian Emmanuel. 《Taxing America: Wilbur Mills And The Culture of Fiscal Policy, 1949-1969》. Washington DC: The John Hopkins University, 1996.

六、【參考書】

1. 《NIRA's World Directory of Think Tanks 1999》. 3rd ed. Tokyo: National Institute for Research Advancement, c1999.

2. 《Organizations or Policy Analysis: Helping Government Think》. Newbury Park, CA: Sage, 1992.

3. 《Public Interest Profiles》. Triennial. Washington DC: Foundation for Public Affairs, 1977/78.

4. 《Think Tank Directory: A Guide to Nonprogit Public Policy Research Organizations》. Topeka, KS: Government Research Service, 1996.

5. 《Think Tanks Across Nations: a Comparative Approach》. Manchester: Manchester University Press, 1998.

6. 《Think Tanks and Civil Societies: Catalysts for Ideas

and Action》. New Brunswick, N.J.: Transaction Publishers, c2000.

貳、中文部分

一、【中文書籍】

1. 王鐵生譯。《利益團體》。臺北市：五南圖書出版有限公司，民國八十二年。(Wilson, Graham K. Interest Groups.)

2. 丘昌泰。《公共政策：當代政策科學理論之研究》。臺北市：巨流圖書公司，民國八十四年。

3. 冉亮。《場外戰爭：公關與遊說》。臺北市：時報文化出版企業有限公司，民國七十七年。

4. 朱志宏。《公共政策》。臺北：三民書局股份有限公司，民國八十年。

5. ＿＿＿＿。《智庫與公共政策——亞洲與世界社個案分析》。臺北：亞洲與世界社，民國八十八年元月。

6. 朱志宏、謝復生。《利益團體參與政治過程之研究》。臺北市：行政院研究發展考核委員會，民國七十八年。

7. 朱建民。《美國總統繽紛錄》。臺北市：臺灣商務印書館股份有限公司，一九九六年。

8. 何大明譯，黎安友、陸伯彬著。《長城與空城計——中國尋求安全的戰略》。臺北市：麥田出版社，一九九八年。

9. 何思因主編。《美國》。臺北：政治大學國際關係研究中心，民國八十三年。

10. 范賢睿、孫家祥、楊廣輝。《領袖的外腦——世界著名思想庫》。北京：中國社會科學出版社，二○○○年五月。

11. 李本京。《美國研究論文集》。臺北：臺灣書店印行，民國八十四年三月。

12. 李國威。《國際關係新論》。臺北：臺灣商務印書館，民國七十七年。

13. 李瞻。《政府公共關係》。臺北：理論與政策雜誌社，民國八十一年。

14. 林添貴譯。James H. Mann 著。《轉向：從尼克森到克林頓美中關係揭幕》。臺北：先覺出版股份有限公司，一九九九年七月。

15. 胡為真。《美國對華「一個中國」政策之演變》。臺北：臺灣商務印書館。民國八十九年。

16. 許綏南譯，白禮博、孟儒著。《即將到來的中美衝突》。臺北市：麥田出版社，一九九七年。

17. 孫同勛主編。《美國總統制之運作》。臺北：中央研究院美國文化研究所，民國七十八年六月。

18. 陳明。《國際關係與國際問題》。臺北：亞洲與世界社，民國七十四年。

19. 陳一新。《斷交後的中美關係：一九七九至一九九四》。臺北：五南圖書出版有限公司，民國八十四年九月。

20. 陳衛平譯。《主導美國的勢力》。臺北：允晨文化實業股份有限公司，民國七十三年。

21. 彭錦鵬主編。《美國政黨與利益團體》。臺北市：中央研究院歐美研究所，民國八十三年。

22. 張亞中、孫國祥。《美國的中國政策——圍堵、交往、戰略夥伴》。臺北：生智文化事業有限公司，民國八十九年三月。

23. 張亞中。《兩岸統合論》。臺北：生智文化事業有限公司，民國八十九年八月臺北。

24. 傅建中編著，中時報系國際、大陸中心翻譯。《季辛吉秘錄》。

臺北市：時報文化，一九九一年。

25. 新新聞編譯小組譯，唐耐心著。《不確定的友情，臺灣、香港與美國，一九四五至一九九二》。臺北：新新聞文化事業股份有限公司，一九九二年三月。

26. _____。《超級說客：現代國際政治公關鼻祖》。臺北：新新聞文化事業股份有限公司，民國八十四年。（Trento, Susan B.《The Power House: Robert Keith Gray and the Selling of Access and Influence in Washington》.）

27. 裘兆琳編。《美國外交與危機處理》。臺北：中央研究院歐美研究所，民國八十二年七月。

28. _____。《中美關係專題研究 1992-1994》。臺北：中央研究院歐美研究所，民國八十五年十二月。

29. 鄭哲民主編。《美國國會之制度與運作》。臺北：中央研究院歐美研究所，民國八十一年六月。

30. 薛詢譯，費正清著。《費正清論中國》。臺北：正中書局，民國八十四年。

31. 聯合報編譯組。《中美交鋒，1996 年臺海危機的內幕》。臺北市：聯經出版社，二○○○年。

32. 聶振雄、張岱云、石浮、寧安生譯，塞謬爾杭廷頓著。《變動社會的政治秩序》。臺北市：時報文化，一九九四年。

33. 羅志淵。《美國政府及政治》。臺北：正中書局，民國七十九年三月。

二、【中文期刊、雜誌、報紙】

（一）學術期刊

1. 江炳倫。〈美國遊說活動概況〉。《憲政思潮》，六二期，民國

七十二年五月，頁一七二～二〇九。

2. 牟華瑋。〈美國遊說情形及遊說管理法簡析〉。《立法院院聞》，第二三卷，第三期，頁三八～四一。

3. _____。〈仕而優則說：美國政界遊說團體的運作方式〉。《外交部通訊》，第十二卷，第十一期，民國八十四年五月號，頁三六～三九。

4. 李大維。〈美國總統與國會在外交上之分權〉。《美國月刊》，第三卷，第二期，民國七十七年六月，頁五一～五七。

5. 周煦。〈美國柯林頓政府的亞太安全政策〉。《美歐月刊》，第十一卷，第三期，民國八十五年三月，頁四～二二。

6. 陳毓鈞。〈尼克森與美國的對華政策〉。《美歐月刊》，第九卷，第六期，民國八十三年六月，頁十三～二六。

7. 詹明瑛。〈智庫的功能與角色〉。《臺灣經濟研究月刊》，第十七卷，第十二期，民國八十三年十二月，頁九三～九五。

8. 劉淑惠。〈游說活動如何規範：從美國的立法趨勢談起〉。《國家政策雙週刊》，第一一二期，民國八十四年五月十六，頁二七～二八。

（二）普通期刊

1. 冉亮。〈美國的政商結合模式〉。《時報新聞周刊》，民國七十七年六月十九日，頁三二～三三。

2. 曾復生。〈臺北——北京——華府的互動趨勢備忘錄〉。《三民主義統一中國大同盟盟訊》，第 104 期，民國八十九年十二月二十五日，頁二三～二八。

3. _____。〈臺北——北京——華府的互動趨勢備忘錄〉。《三民主義統一中國大同盟盟訊》，第 105 期，民國九十年二月二

十五日，頁二一～二五。

（三）報紙

1. 中國時報社論。〈紐約時報：臺灣在美遊說力量強大，對象廣泛，效果顯著，與以色列不相上下〉。《中國時報》，民國八十五年四月十日，版四。

2. 冉亮。〈美臺海軍事專家白邦瑞：對臺軍售國會舉足輕重〉。《中國時報》，民國八十年四月二十四日，版一二。

3. ＿＿＿。〈美國國會與國務院鬥法〉。《中時晚報》，民國八十四年五月十日，版二。

4. ＿＿＿。〈卡西迪做到逾 101 萬美元生意〉。《中國時報》，民國八十四年九月三十日，版二。

5. ＿＿＿。〈臺灣對美遊說一擲千金〉。《工商時報》，民國八十四年九月三十日，版四。

6. ＿＿＿。〈為臺灣出兵，美民意不支持〉。《中時電子報》，一九九九年三月十六日。
http://www.chinatimes/papers/express/xfocus/88031613.htm

7. ＿＿＿。〈華府大陸政策辯論，聚焦臺灣〉。《中國時報》，民國八十九年五月十五日，版三、十四。

8. 江文漢。〈期限外交不可行〉。《世界日報》，二〇〇〇年五月十八日，頁 B4。

9. ＿＿＿。〈穩定中發展，讓兩岸關係平衡前行〉。《勁報》，民國八十九年六月二十六日，頁 N3。

10. 余志明。〈臺灣政府在美委託七公司『遊說』〉。《民眾日報》，民國八十四年二月二十一日，版二。

11. 沙特。〈美國海外利益法的影響性〉。《自由時報》，民國八十四年五月二十四日，頁十九。

12. 周怡倫。〈魯肇中：中共以大幅加強對美國會工作〉。《聯合報》，民國八十四年一月十日，版四。

13. 林少予。〈卡西迪或臺研院允諾續約〉。《中時晚報》，民國八十四年五月十九日，版二。

14. 林寶慶。〈華府人士反應，布希處理得不錯〉。《聯合報》，民國九十年四月十二日，版十三。

15. _____。〈卡西迪公司美國公關業盟主〉。《聯合報》，民國九十年十月二十四日，版四。

16. 俞智敏。〈美企業是中共在華府最佳說客〉。《自由時報》，民國八十六年三月二十五日，頁八。

17. 孫楊明。〈李總統訪美之路幕後角力〉。《聯合報》，民國八十四年五月九日，版三九。

18. 徐麗玲。〈從李總統訪美國行看美國府會外交決策權爭奪戰〉。《工商時報》，民國八十四年六月十一日，版十。

19. 陸以正。〈布希對華兩手策略：參院生變數〉。《聯合報》，民國九十年六月四日，版十五。

20. 郭崇倫。〈第二軌道保持健康距離〉。《中時電子報》，民國八十七年七月十五日。
http://www.chinatimes.com/report/trackII/87071501.htm

21. _____。〈對第二軌道的偏見與誤解〉。《中時電子報》，民國八十七年八月二十一日。
http://www.chinatimes.com/report/trackII/87082101.htm

22. ＿＿＿。〈美應否介入兩岸關係看法互異〉。《中時電子報》，一九九九年五月十九日。
http://111.chinatimes/papers/ctimes/cfocus/88051904.htm

23. 曹郁芬。〈透視對美公關的來龍去脈〉。《中國時報》，民國八十三年十一月十五日，版二三。

24. ＿＿＿。〈國民黨漸失華府政界信任〉。《自由時報》，民國九十年十月十九日，頁六。

25. 陳一新。〈對美遊說與外交工作的定位〉。《中國時報》，民國八十四年二月十五日，版十一。

26. 傅建中。〈臺研院三年花 570 萬美金請卡西迪做公關〉。《中國時報》，民國八十四年二月二十日，版二。

27. ＿＿＿。〈劉院長如認有出入，何不公佈委託合同〉。《中國時報》，民國八十四年二月二十一日，版二。

28. ＿＿＿。〈臺研院在美遊說費空前絕後〉。《中國時報》，民國八十四年二月二十三日，版七。

29. ＿＿＿。〈無底前坑：臺灣在美遊說活動面面觀〉。《中國時報》，民國八十四年三月二十日，版二三。

30. ＿＿＿。〈評美國務院關於李總統訪美時聲明〉。《中國時報》，民國八十四年五月六日，版二。

31. ＿＿＿。〈李總統的『美』夢成真——美國民意的洪流沖垮了國務院的大壩〉。《中國時報》，民國八十四年五月二十二日，版四。

32. ＿＿＿。〈羅德：兩岸對談美決不走上提建議的華坡〉。《中時電子報》，一九九九年五月十五日。
http://www.chinatimes.c/papers/ctims/cfocus/88051

515.htm

33. 裘兆琳。〈人亡政不息〉。《中國時報》，民國八十四年十一月六日，版三。

34. 劉其筠。〈指臺北遊說，美國會施壓，羅德向魯肇中表達不滿〉。《聯合報》，民國八十四年五月十一日，版二。

35. 蔡滄波。〈九四年臺美關係回顧〉。《自由時報》，民國八十四年一月二日，頁六。

36. _____。〈從卡西迪事件看外交系統認知差距〉。《自由時報》，民國八十四年二月十五日，頁二四。

37. _____。〈兩岸國會遊說的新態勢〉。《自由時報》，民國八十四年十二月一日，頁八。

38. 蘇起。〈美禮遇扁：是補償與預防〉。《中時晚報》，民國九十年六月三日，版五。

39. 蘇永耀。〈對美工作，我宜鎖定小布希幕僚〉。《自由時報》，民國八十九年十二月十五日，頁二。

三、【網際網路】

1. http://www.arc.org.tw，中美關係網頁。

2. http://thomas.loc.gov，美國國家圖書館網站。

3. http://www.heritage.org，傳統基金會網站。

4. http://www.brookings.org，布魯金斯研究院網站。

5. http://www.lib.umich.edu/govdocs/psthink.html，密西根大學網站。

6. http://www.columbia.edu/cu/lweb/inviv/lehman/ttanks.html，哥倫比亞大學網站。

參、【訪談紀錄】：依照訪問時間先後順序

1. Feldman, Harvey J. Senior Fellow, Asian Studies Center, The Heritage Foundation. Washington DC, U.S.A., August 20, 2000.

2. Feulner, Edwin Jr. President, The Heritage Foundation, Washington DC, U.S.A. August 20, 2000.

3. Wortzel, Larry M. Director, Asian Studies Center, The Heritage Foundation. Washington DC, U.S.A. August 20, 2000.

4. Yates, Stephen J. Senior Policy Analyst, Asian Studies Center, The Heritage Foundation. Washington DC, U.S.A. August 21, 2000.

5. Neilan, Edward. Senior Fellow, Asian Studies Center, The Heritage Foundation. Washington DC, U.S.A., August 20, 2000.

6. Marshall, Will. President, Progressive Policy Institute. Washington DC, U.S.A., August 22, 2000.

7. Bates, Jenny. International Economist, Progressive Policy Institute. Washington DC, U.S.A., August 22, 2000.

8. Nider, Steven J. Director, Foreign & Security Studies, Progressive Policy Institute. Washington DC, U.S.A., August 22, 2000.

9. Gill, Bates. Director, Fellow and Director, Center for Northeast Asian Policy Studies, Foreign Policy Studies

Program, The Brookings Institution, Washington DC, U.S.A. August 22, 2000.

10. Gershamn, Carl. President, National Endowment for Democracy. Washington DC, August 23, 2000.

11. Bolton, John R. Senior Vice President, American Enterprise Institute for Public Policy Research. Washington DC, U.S.A., August 23, 2000.

12. Lilley James R. Resident Fellow, Asian Studies, American Enterprise Institute for Public Policy Research. Washington DC, U.S.A., January 25, 2001.

13. Waldron, Arthur. Director, Asian Studies, American Enterprise Institute for Public Policy Research. Washington DC, U.S.A., January 24, 2001.

14. Zhao, Menghao. Research Assistant, Asian Studies, American Enterprise Institute for Public Policy Research. Washington DC, U.S.A., January 24, 2001.

15. Yu, Joanna C. Research Assistant, Asian Studies, American Enterprise Institute for Public Policy Research. Washington DC, U.S.A, January 24, 2001.

16. Dalpino, Catharin. Fellow and Deputy Director, Center for Northeast Asian Policy Studies, Foreign Policy Studies Program, The Brookings Institution. Washington DC, U.S.A. January 26, 2001.

17. Chang, Jennifer C. Research Assistant, Center for Northeast Asian Policy Studies, The Brookings Institution. Washington DC, U.S.A., January 26, 2001.

18. Gong, Gerrit W. Freeman Chair in China Studies, Director, Asian Studies Program, Center for Strategic and international Studies. Washington DC, U.S.A., January 29, 2001.

19. Murdock, Stacey M. Executive Assistant, Asia Program, Center for Strategic and International Studies. Washington DC, U.S.A., January 29, 2001.

20. Liu, Philip H.P. Research Associate, Center for Strategic and international Studies. Washington DC, U.S.A., January 29, 2001.

21. Yu, Alan K. Deputy Advisor, Taiwan Coordination Staff, Bureau of East Asian and Pacific Affairs, United States Department of State. Washington DC, U.S.A., January 26, 2001.

22. Jarrett, Kenneth. Director for Asian Affairs, National Security Council, The White House. Washington DC, U.S.A., January 26, 2001.

23. Freeman, Charles W. III. Counsel for International Affairs to Senator Frank Murkowski, United States Senate. Washington DC, U.S.A., January 25, 2001.

24. 張嘉政，駐美國臺北經濟文化代表處秘書。美國華盛頓特區，民國九十年元月二十六日。

25. Lampton, David, M. Director of Chinese Studies, The Nixon Center. Taipei, Taiwan, April 30, 2001.

26. Bolton, John. Deputy Secretary of State, Marriot Hotel, Metro Center, Washington DC, IDU Meeting, May 24th,

2001.

27. Haass, Richard. Presidential Advisor. The Old Executive Office Building, White House, Washington DC, IDU Meeting, May 24th, 2001.

28. Gilmore, James. Chairman, Republican National Committee and Governor of Virginia, Marriot Hotel, Metro Center, Washington DC, IDU Meeting, May 25th, 2001.

29. Fisher, Richard. Senior Fellow, The Jamestown Foundation. Washington DC, July 16, 2001.

30. Yates, Stephen. Assistant to Vice President National Security Affairs. The Old Executive Office Building, The White House, July 16, 2001.

31. 程建人。中華民國駐美代表。華盛頓特區駐美代表處，民國九十年七月十七日。

32. Garver, John. Professor, Georgia Institute of Technology. Heritage Foundation, July 19, 2001.

33. 王建偉。中國籍喬治華盛頓大學訪問學者。喬治華盛頓大學，民國九十七年七月二十六日。

34. Dickson, Bruce. Director, Sigur Center, George Washington University, July 30, 2001.

35. 任曉。中國復旦大學國際關係與公共事務學院副教授。喬治華盛頓大學，民國九十七年七月三十一日。

36. 劉曉鵬。戰略暨國際研究中心亞洲事務部分析員，民國九十七年八月四、十、十七日。

37. Pillsbury, Michael. Senior Analyst, The Pentagon.

Interviewed by telephone, August 6, 2001.

38. Wortzel, Larry. Director, Asian Studies Center, Heritage Foundation, August 6, 2001.

39. Tai, John. Policy Analyst, U.S./Commission on International Religious Freedom, Congress, August 8, 2001.

40. Foarde, John. Vice President, The US-China Business Council. August 8, 2001.

41. Tkacik, John. Senior Fellow, Heritage Foundation, August 8, 2001.

42. Ravich, Samantha. Assistant to Vice President National Security Affairs,

43. August 22, 2001.

44. Mochisuki, Mike. Director, Sigur Center, George Washington University and non-residence Fellow, Brookings University. August 22, 2001.

45. Yu, Joanna. Congressional Staff of House Majority Leader. August 22, 2001.

46. Schuette, Keith. Lobbyist, Barbour Griffith & Rogers, August 24, 2001.

47. Morrison, Wayne. Researcher, Congressional Research Center, Congress. August 27, 2001.

48. 曹郁芬。自由時報駐華府特派員。電話訪談，民國九十年九月六日。

49. Marco, Edward. Acting Dean, The Elliott School, George Washington University. September 6, 2001.

50.　Gill, Bates. Director, Northern Asia Program, Brookings Institution. Interviewed by telephone, September 6, 2001.

51.　沈呂巡。中華民國駐美副代表。華盛頓特區駐美代表處，民國九十年九月七日。

52.　史哲維。無限衛星電視臺（TVBS）新聞部駐華府特派員。電話訪問，民國九十年九月七日。

53.　Shambaugh, David. Director, China Program, Sigur Center, George Washington University and non-residence Fellow, Brookings Institution. September 13, 2001.

54.　Sutter, Robert. Professor, Asian Studies Program, Edmund A. Walsh School, Georgetown University. September 17, 2001.

55.　Harding, Harry. Dean, The Elliott School, George Washington University. September 18, 2001.

國家圖書館出版品預行編目

華府智庫對美國臺海兩岸政策制定之影響：對李登輝總統
九五年訪美案例之研究 / 郭壽旺撰. -- 一版. --
臺北市：秀威資訊科技, 2006 [民95]
　　面 ；　公分. --（實踐大學數位出版合作系列社會科
　　學類 ；AF0056）
參考書目：面
ISBN 978-986-7080-70-7（平裝）

1. 兩岸關係　1. 美國 - 外交關係 - 中國

578.522　　　　　　　　　　　　　　　95013377

實踐大學數位出版合作系列
社會科學類　AF0056

華府智庫對美國臺海兩岸政策制定之影響－ 對李登輝總統九五年訪美案例之研究

作　　者　郭壽旺
統籌策劃　葉立誠
文字編輯　王雯珊
視覺設計　賴怡勳
執行編輯　賴敬暉
圖文排版　莊芯媚
數位轉譯　徐真玉　沈裕閔
圖書銷售　林怡君
網路服務　徐國晉
法律顧問　毛國樑律師
發 行 人　宋政坤
出版印製　秀威資訊科技股份有限公司
　　　　　台北市內湖區瑞光路583巷25號1樓
　　　　　電話：(02) 2657-9211
　　　　　傳真：(02) 2657-9106
　　　　　E-mail：service@showwe.com.tw
經 銷 商　紅螞蟻圖書有限公司
　　　　　台北市內湖區舊宗路二段121巷28、32號4樓
　　　　　電話：(02) 2795-3656
　　　　　傳真：(02) 2795-4100
　　　　　http://www.e-redant.com

2006 年 7 月
BOD 一版
定價：540元

讀　者　回　函　卡

感謝您購買本書，為提升服務品質，煩請填寫以下問卷，收到您的寶貴意見後，我們會仔細收藏記錄並回贈紀念品，謝謝！

1.您購買的書名：＿＿＿＿＿＿＿＿＿＿＿＿＿＿＿＿＿

2.您從何得知本書的消息？

　　□網路書店　□部落格　□資料庫搜尋　□書訊　□電子報　□書店

　　□平面媒體　□ 朋友推薦　□網站推薦　□其他＿＿＿＿＿＿

3.您對本書的評價：(請填代號　1.非常滿意 2.滿意 3.尚可 4.再改進)

　　封面設計＿＿　版面編排＿＿　內容＿＿　文/譯筆＿＿　價格＿＿

4.讀完書後您覺得：

　　□很有收穫　□有收穫　□收穫不多　□沒收穫

5.您會推薦本書給朋友嗎？

　　□會　□不會，為什麼？＿＿＿＿＿＿＿＿＿＿＿＿＿＿＿＿＿

6.其他寶貴的意見：＿＿＿＿＿＿＿＿＿＿＿＿＿＿＿＿＿＿＿＿

＿＿＿＿＿＿＿＿＿＿＿＿＿＿＿＿＿＿＿＿＿＿＿＿＿＿＿＿＿＿＿

＿＿＿＿＿＿＿＿＿＿＿＿＿＿＿＿＿＿＿＿＿＿＿＿＿＿＿＿＿＿＿

＿＿＿＿＿＿＿＿＿＿＿＿＿＿＿＿＿＿＿＿＿＿＿＿＿＿＿＿＿＿＿

讀者基本資料

姓名：＿＿＿＿＿＿＿＿＿＿　年齡：＿＿＿＿　性別：□女 □男

聯絡電話：＿＿＿＿＿＿＿＿　E-mail：＿＿＿＿＿＿＿＿＿＿

地址：＿＿＿＿＿＿＿＿＿＿＿＿＿＿＿＿＿＿＿＿＿＿＿＿＿

學歷：□高中(含)以下　　□高中　　□專科學校　　□大學

　　　□研究所(含)以上 □其他＿＿＿＿＿＿＿

職業：□製造業 □金融業 □資訊業 □軍警 □傳播業 □自由業

　　　□服務業 □公務員 □教職　□學生 □其他＿＿＿＿＿＿